Die Frau in der Literatur

Anne Green

Meine entflohenen Tage

Erinnerungen an Anne und Julien Green

Mit 11 Abbildungen
Mit einem Nachwort von Julien Green

Ullstein Taschenbuch

Die Frau in der Literatur
Ullstein Buch Nr. 30284
im Verlag Ullstein GmbH,
Frankfurt/M – Berlin

Ungekürzte Ausgabe
Titel der amerikanischen
Originalausgabe:
›With Much Love‹
Ins Deutsche übertragen von
Jürgen Abel

Umschlagentwurf:
Theodor Bayer-Eynck
unter Verwendung einer Illustration von
Abel Truchet
© Archiv für Kunst und Geschichte, Berlin
Alle Rechte vorbehalten
Erstmals erschienen bei
E. P. Dutton & Co., Inc., New York, 1948
© Julien & J. E. Green
Deutsche Taschenbuchausgabe mit freundlicher
Genehmigung des Verlages Busse+Seewald GmbH,
Herford
© Verlag Busse+Seewald GmbH, Herford, 1987

© dieser Ausgabe 1992
by Verlag Ullstein GmbH,
Frankfurt/M – Berlin
Printed in Germany 1992
Druck und Verarbeitung:
Ebner Ulm
ISBN 3 548 30284 X

August 1992

Die Deutsche Bibliothek – CIP-Einheitsaufnahme

Green, Anne:
Meine entflohenen Tage: Erinnerungen an Anne und Julien Green / Anne
Green. Mit einem Nachw. von Julien Green. [Ins Dt. übertr. von Jürgen Abel]. –
Ungekürzte Ausg. – Frankfurt/M; Berlin: Ullstein, 1992
(Ullstein-Buch; Nr. 30284: Die Frau in der Literatur)
Einheitssacht.: With much love <dt.>
ISBN 3-548-30284-X
NE: GT

Inhalt

Ein Wort vorab 7

Kindheit – Der alte Süden 9

Die »City of Savannah« 23

Edward oder Die Last der Vergangenheit 40

Der Kotillon oder Wie man Leute brüskiert 45

Liebesleid trifft meist nur einen 52

Das Wunder oder Der Sinneswandel 64

Szenenwechsel – Die Überfahrt nach Europa 72

Dunklere Wolken, noch kein Silberstreif 88

Paris im Morgengrauen des 20. Jahrhunderts 104

Lichtblicke, noch kein Durchbruch 120

Eine Menge Neuigkeiten 132

Der Aufschwung – Optimismus hilft weiter 144

Emily, Agnes und Dreyfus 152

Ein Haus mit Garten 182

Das Teilzahlungssystem oder
Wer arm ist, zahlt mehr 207

1907 – Das Jahr von Eleanor 240

1908 – Kleine Freuden 260

Die Rue de la Pompe 275

Das Goldene Zeitalter 286

Nachwort 299

Ein Wort vorab

Meine frühesten Erinnerungen: Meine Eltern saßen dicht nebeneinander auf einem Rosenholzsofa und redeten. Sie hatten immer ein Publikum. Ihre langen Unterhaltungen über eine staunenswerte Vergangenheit in Amerika fanden aufmerksame Zuhörer in den Kindern, die auf dem Fußboden spielten, mit einem Buch hinter dem Sofa lagen oder eine Melodie auf dem Klavier klimperten. Wir liebten es, ihnen zuzuhören, und obwohl wir damals nicht alles begriffen, prägten ihre Worte sich unserem unverbrauchten jungen Gedächtnis ein und wurden zu einem Hintergrund für Papa und Mama gewoben, die in Paris lebten, wo sie nicht hingehörten. Wenn unsere Eltern zu Haus gelebt hätten, hätten sie bestimmt nicht so offen geredet. Ich glaube, sie hofften, uns mit ihrer Vergangenheit zu verbinden, indem sie uns möglichst viele Einzelheiten darüber erzählten. Sie wollten Sorge tragen, daß wir keine Entwurzelten wurden.

Um die Wahrheit zu sagen, redeten sie natürlich auch deshalb, weil sie für ihr Leben gern redeten. Erinnerungen an früher sind in einem fremden Land doppelt süß. Doch was sie auch bezweckt haben mochten, es gelang ihnen, uns mit Liebe zu erfüllen. Ihre Erinnerungen und das Schauspiel ihres täglichen Zusammenlebens, die Rosenholzmöbel und eine ideale Kindheit bildeten unser Erbteil. Mein Herz findet es nach all den Jahren immer noch sehr ansehnlich.

Ich habe dieses Bild nach dem Gedächtnis gezeichnet, aber ich glaube nicht, daß die Erinnerungen meiner Brüder oder Schwestern sich sehr von den meinen unterscheiden würden. Leider sind wir nur noch wenige und leben weit voneinander entfernt. Es ist zu spät, danach zu fragen, wo und mit welchem untrüglichen Blick meine Eltern ihre Freunde fanden und welchen Hintergrund diese beneidenswerten Vertrauten hatten. Doch spielt das eine große Rolle? Die Phantome gewinnen genügend Leben, wenn sie mit unserem Familienleben verbunden werden.

Auch sind einige von uns Kindern schattenhafter geraten als andere. Es ist ganz natürlich, daß die Stilleren von uns in meiner Erinnerung die schwächeren Eindrücke hinterließen, denn weil man sie so wenig sah oder hörte, waren sie nicht oft Gegenstand denkwürdiger Szenen. Edward starb, ehe ich zur Welt kam; Charles ging nach Amerika, als ich noch sehr jung war; Retta und Lucy waren nette kleine Mädchen. Diese vier gehören zu der schattenhaften Gruppe. Eleanor und Mary dagegen, durchtrieben von Anfang bis zuletzt, nehmen einen wichtigen Platz in meinen Erinnerungen ein. Julien ragt ebenfalls heraus, schon aufgrund seines ungewöhnlich guten Benehmens. Bleibt hinzuzufügen, daß ich im Ruf eines scheinheiligen kleinen Ungeheuers stand, dem ich, wie es heißt, jede Minute gerecht wurde.

Kindheit – Der alte Süden

Mein Vater, Edward Moon Green, wurde 1853 in Virginia geboren, rund zehn Meilen von Manassas entfernt. Er verbrachte seine ganze Jugendzeit in The Lawn, dem Besitz seines Vaters, und hatte dort reichlich Gelegenheit, die Kämpfe in Nordvirginia aus nächster Nähe zu beobachten. Die Entbehrungen des Sezessionskriegs hinderten ihn jedoch nicht daran, glücklich zu sein, denn all die Erregung, die andere Jungen in Büchern finden, wurde ihm unmittelbar zuteil.

Edward – ich werde ihn Edward nennen, bis er für mich Vater wird – war der Sohn eines Engländers, eines gutaussehenden Gentlemans mit tiefblauen Augen, einem frischen Gesicht und einem Hang zu eleganter Kleidung und zum Wohlleben. Er besaß eine Menge Baumwolle, hatte eine unselige Schwäche für die Börse und heiratete ein freundliches, willensstarkes Mädchen aus dem Prince William County, Lucy Hunton, die ihm viele Kinder schenkte und dann langsam dahinwelkte.

Edward liebte Großmutter Green sehr, aber er sprach kaum von ihr. Was er über seine frühe Jugend erzählte, wurde im Lauf der Zeit zu einer Reihe markanter, von safranfarbenen und grauen Schlachtenwolken gerahmter Holzschnitte. Die alte Mrs. Hunton trägt eine bestickte Haube mit einer Feder, ein abgewetztes schwarzes Seidenkleid, einen Spitzenfichu, und sie hat große weiße Locken. Ab und zu hebt Edward den Blick seiner wunderschönen braunen Augen – sie verhalfen ihm sogar zu einem Schönheitspreis – zu ihr und drückt den Kopf an ihre mageren Knie: »Großmutter, wirst du auch bestimmt meine Socken stopfen?«

»Ja, mein Schatz.«

Mrs. Hunton, die Socken für die Soldaten strickt, sitzt sehr steif und kerzengerade da, und in ihrem ausgeprägten römischen Gesicht glühen große schwarze Augen. Ihre Gedanken haben mich nicht erreicht, aber sie erscheint viel später in den Erzählungen meiner Mutter als eine unbeugsame Person wieder, die in der Kirche Pfefferminzpastillen statt Münzen in den Kollektenbeutel warf . . . Lange nachdem Edward und sein Bruder Gilbert in ihren Rollbetten eingeschlafen sind, holt die alte Dame ihre Pfeife hervor und pafft vor sich hin, starrt – zweifellos grimmig – in den Kamin und ringt im Geiste mit den Problemen eines großes Haushalts.

Das zweite Bild ist schneidiger. An einem frühen Morgen, als Herbstnebel noch die Welt ringsum verbargen, waren Edward und Gilbert schon auf den Beinen. Bald hören sie Pferde, die sich in schnellem Galopp auf der Straße von Haymarket nähern. Soldaten waren nichts Neues, und sie hatten viele Freunde unter ihnen. Die Jungen laufen über den Rasen, der eine Meile im Umkreis mißt, um die Männer am Tor zu begrüßen. Die Gruppe scheint jedoch nicht zum Haus zu wollen. Die Reiter haben die Arme voller Pakete. Einer der Soldaten wirft den beiden einige Päckchen zu und ruft: »Wir haben einen Yankee-Zug geplündert!« Ehe die Jungen feststellen können, daß es sich bei dem Geschenk um Fondants und Geleefrüchte handelt, galoppieren Verfolger heran, und wir können nur hoffen, daß die Räuber ihnen entwischten.

Das war im dritten Kriegsjahr. Edward ist eben elf geworden, und seine Erinnerungen färben sich düster. Seine Mutter ist zurückgekehrt aus Macon in Georgia, wo sie ihren Mann getroffen hat, und teilt die kargen Vorräte mit der Familie. Die inzwischen freigelassenen Sklaven, die das Gut eines Morgens unter vielen Luftsprüngen verließen, kamen noch am selben Abend zurück, da ihnen eingefallen war, daß es, wenn sich nichts Besseres bietet, nirgends so schön ist wie daheim. Also blieben sie zu Haus und benahmen sich tadellos, nur nicht in ihrem

Privatleben. Ihre ehelichen Angelegenheiten gerieten im Krieg so sehr in Unordnung, daß Weihnachten immer ein Pfarrer nach The Lawn geritten kam, um sie alle mit ihren Partnern des Augenblicks zu trauen. Es machte einen besseren Eindruck.

Es gab 1864 nichts als angeschimmelten Schinken und Kohl zu essen. Edward schoß mit seiner Zwille Krähen und brachte sie nach Haus, um das Abendessen zu bereichern. Das folgende gekritzelte Dokument, ein Fetzen recht guten Papiers, ist erhalten geblieben:

Rechnung für Kaninchen. Edward 1864.
24. September ein Kaninchen zehn Cent
oh – gestorben
24. Oktober ein Kaninchen zehn Cent

Die Pferde sind alle requiriert worden, bis auf Whitey, den Helden von tausend Anekdoten und das geliebteste Tier im ganzen County. Edward glaubt, er habe sein Pony mit seiner persönlichen Tapferkeit vor dem Feind gerettet, aber ich habe den Verdacht, daß einige Soldaten aus dem Norden selbst Kinder hatten. Jedenfalls erzählt man sich, daß Edward vor der Beschlagnahme die ganze Nacht mit blutendem Herzen wach lag. Er steht im Morgengrauen auf und wird entdeckt, wie er mit einer großen Forke in der Hand vor Whiteys Box Wache hält. Als die Feldwache der Bundestruppen erscheint, teilt Edward ihnen mit, er würde jeden umbringen, der sein Pferd »stehle«. Die Männer nahmen die anderen Tiere mit und ließen Withey da, eine freundliche Geste, die Edward, wäre er weniger voreingenommen gewesen, zu schätzen gewußt hätte. Ein um diese Zeit aufgenommenes Foto zeigt sein niedliches rundes Gesicht über einer schäbigen Jacke und langen, viel zu großen Hosen, die Großmutter aus Gott weiß welchen abgelegten Lumpen geschneidert hat.

Großvater tritt selten in Virginia in Erscheinung. Seine Baumwolle ist in Savannah, und er ist ständig auf Reisen, manchmal bis nach Kanada hinein. Er überbringt Nachrichten, erfahren wir, unterstützt leidenschaftlich die Sache des Südens, bis er wegen einer Lappalie verurteilt wird: Er versuchte, scharlachrote russische Lederstiefel einzuschmuggeln! Für sechs Monate ins Gefängnis von Fort Warren gesperrt, hat er, abgesehen von der Tatsache, daß er seine Zelle mit einem besonders verabscheuten Bekannten und Geschäftspartner teilen muß, enorm viel Spaß. Und die Damen liebten ihn so sehr, daß er insgesamt sechs Damastservietten einheimste, mit »Charles Green, Fort Warren« schwungvoll in roter Baumwolle quer über eine Ecke gestickt. Wir hatten jahrelang eine.

Edward und sein Bruder waren beneidenswert frei und unwissend. Ihr irischer Privatlehrer, ein wundervoller Mensch in einem blauen Schwalbenschwanz mit Goldknöpfen, wurde gleich zu Anfang des Krieges als Spion entlarvt. Nachdem Großvater ihn hinter den Linien der Nordstaaten ausgesetzt hatte, wurde bis zum Frieden nicht mehr gelernt. Die Jungen stromerten den lieben langen Tag mit Kameraden aus der Gegend herum, schossen, angelten, ritten.

Literatur brachte Edward weder damals noch später auf dumme Gedanken. Er machte sich nichts aus Klassikern, aber er liebte Latein und alle anderen Fremdsprachen und schrieb gute Knittelverse. Um zu demonstrieren, daß es mit seiner Bildung nicht ganz so im argen lag, raffte er sich dann und wann dazu auf, »Mein Name ist Norval« zu deklamieren, oder auch:

»Wenn ich einmal fallen sollte
   (eine abschätzige Geste)
Tiefer als Demosthenes und Cicero,
So bitt' ich euch, seid nicht schadenfroh . . .«
   (hier folgte eine schwungvolle Armbewegung).

Der Süden versank inzwischen im Sumpf der Niederlage, auch Virginia und Greenwich, das winzigste aller Dörfer. Jeder teuer erkaufte Sieg schob nur das Ende hinaus. Die blutige Spur, die barfüßige Konföderierte hinter sich ließen, zeugt mehr von ihrem Mut als Dutzende von Statuen und Reden.

Wie Edward es später ausdrückte, verpuffte der Krieg. In Virginia hatte man nicht allzusehr zu leiden, und für die kleinen Greens wurde das Leben wieder normal. Sie mußten nun Schuhe tragen, und ihre Kleidungsstücke waren haltbarer und nicht mehr so bizarr geschnitten. Die gebrechlicheren Mitglieder der Familie wurden, nachdem sie sich wie Herbstblätter ans Leben geklammert hatten, schnell in bald vergessene Gräber gebettet.

Onkel Ben Green, ein attraktiver blonder Mann mit einem Bart, der wie ein Schwamm aussah, hatte sich bei einem Feldzug »die Auszehrung geholt« und wurde in ein Zimmer gesperrt, durch das nie ein Luftzug ging. Dort verschied er dann bald zu den Klängen von Mozarts Sonaten, die er unermüdlich spielte. Anschließend erlag Großmutter demselben Leiden, das durch viele Schwangerschaften, allgemeine Erschöpfung und mannigfaltige Entbehrungen beschleunigt worden war. Als sie sich zum »hurtigen Abtreten« (wie man es seinerzeit nannte) verurteilt fühlte, legte sie sich in ihr prachtvolles geschnitztes Bett und teilte den Ihren mit, sie würde sie nun bald verlassen müssen. Wir können nur erraten, wie sehr sie sich auflehnte und litt oder welchen Schrecken die einsame Reise für sie barg. Sie liebte ihre Kinder abgöttisch. Tag um Tag versteckte sie die Kleinen unter ihrem Bett, und wenn die Krankenschwester das Zimmer verlassen hatte, beugte Großmutter sich über den Rand und winkte die Gefangenen ins Freie. Sie krabbelten hervor, drängten sich an sie, vermischten ihren Kummer mit dem schwachen Atem der Sterbenden und warfen vielleicht ein kleines tröstliches Licht auf den Weg, der vor ihr lag. Edward verweilte nie lange bei diesen traurigen Szenen, sondern wandte sich vergnügt der einen zu, die Großmutter von ihrer patriotischen Seite zeigte.

Der alte aus Holz errichtete Bahnhof von Washington wurde nach Kriegsende offenbar mit Tuchbahnen geschmückt, und die Vorderseite war fast völlig mit einem riesigen Union Jack bedeckt, unter dem alle Reisenden durchgehen mußten. Großmutter wußte dies, und sie wußte auch, daß ein Posten mit aufgepflanztem Bajonett darüber wachte, daß kein Reisender aus dem Süden dieser Heimsuchung entging, die er als demütigend empfand. Edward, erst dreizehn Jahre alt, doch von den Ereignissen zu einem kleinen Mann gemacht, wurde in irgendeiner Angelegenheit, wohl einer medizinischen, nach Washington geschickt. Aber wie sollte er es vermeiden, am Bahnhof unter der Flagge hindurch zu gehen? Um die Sache noch schlimmer zu machen, sagte die sonst so freundliche Mutter: »Ned, wenn du unter dieser Fahne durchgehst, haue ich dich mit der Pferdepeitsche windelweich. Denk daran, ich werde es erfahren. Du lügst nie!«

Am Bahnhof mischte Edward sich unter eine laute Menge, schob verstohlen eine Falte der Flagge zur Seite und hastete neben ihr ins Freie. Er erledigte seine Besorgungen, aß und dachte an die Rückfahrt. Ein Buggy würde um sieben Uhr in Nokesville auf den Zug warten, den einzigen der heute abend fuhr. In der Hoffnung, den Trick vom Vormittag wiederholen zu können, lief der Junge zum Bahnhof zurück. Die bunten Drapierungen flappten und bauschten sich, die Julisonne lachte auf den kleinen Ned Green hinunter und schien ihn herauszufordern, denn abgesehen von ein paar Müßiggängern war niemand da, der sein Flaggenmanöver kaschieren konnte. Fünf Minuten vor fünf, er näherte sich langsam dem Eingang, der Zug, der Zug! Ein stämmiger Farmer kam mit wiegenden Schritten, sah den Posten an, spuckte auf die Erde und ging hinein. Die Uhr tickte unerbittlich weiter. Um fünf blieb nichts anderes übrig, »als dem Schicksal ins Auge zu sehen, jawohl, Sir. Ich rannte zum Eingang, schob die Fahne zur Seite und sauste hinein. Der Posten, der mich beobachtet hatte, war einen Moment wie gelähmt. Dann lief er hinter mir her und brüllte: ›Du verfluchter kleiner Rebell!‹ Er verfolgte mich bis auf den Bahnsteig, bis zum Zug. Ich sprang in einen Wagen . . .«

»Und dann?« fragten wir jedesmal atemlos.

»Na ja, ich nehme an, er wollte mir nur Angst machen. Er schulterte einfach sein Gewehr und ging. Ich schätze, er mochte seinen Job sowieso nicht sehr.«

Edwards Kindheit fand an dem Tag ein dramatisches Ende, als sein Vater zum Lunch heimgeritten kam, nach oben blickte und seine jüngste Tochter aus einem Fenster über der Veranda baumeln sah. Ihre Gouvernante hatte den Verstand verloren. Sie hielt das kleine Mädchen an seinen langen Haaren, doch es wurde rechtzeitig erlöst, um Bruder Eddie einem Abschiedskuß zu geben, als er zum Hampden-Sydney College fuhr, das er mit sechzehn Jahren und über einsachtzig groß verließ, wonach er eine unstete Wanderschaft antrat.

*

Ich komme nun zu meiner Mutter, Mary Adelaide Hartridge, in Savannah geboren und aufgewachsen, vier Jahre jünger als ihr künftiger Ehemann. Mary war die Tochter von Richter Julian Hartridge, von dessen bewegtem Leben noch die Rede sein wird, und Mary Charlton. Großmutter Hartridge hatte dreizehn Kinder und nahm offenbar nicht allzu viel Notiz von ihnen. Ich nehme an, daß ihr die ganze Prozedur nach ein oder zwei Geburten lästig wurde, und obgleich sie willfährig genug fortfuhr, Kinder in die Welt zu setzen, war sie in Gedanken bei anderen Dingen. Sie war eine sehr sanfte Person, die Schwierigkeiten ungerührt meisterte.

Mit ihren einsachtundsechzig Metern zu groß für ihre Generation, rothaarig und wunderschön, galt sie ihr Leben lang als einfältig und von der Natur benachteiligt. In guten wie in schlechten Zeiten hielt sie sich strikt an ein unveränderliches Protokoll: Sie stand um ein Uhr mittags auf, ließ sich ankleiden, speiste, schlief bis sieben, besuchte eine gute Freundin, dinierte und zog sich ins Bett zurück, wo sie die ganze Nacht las. Sie konsumierte pro Nacht ein Buch, und die Rechnung für ein halbes Leben mit Büchern wurde nach ihrem Tod von ihrem Sohn beglichen. Mich packt ein Grausen, und ich stelle mir seine geheimen Gefühle vor, als er die langen Papierstreifen bekam und die Summe unter dem letzten sah . . .

Während Großmutter Hartridge las und las, segneten ihre Zwillinge Robert und Roberta unter mysteriösen Umständen das Zeitliche. Ein dritter Versuch verschied abrupt nach übermäßigem Genuß von Reis; mehrere Nachfolger wurden durch Krämpfe in ein frühes Grab geschickt. Mary Adelaide, meine Mutter, gedieh unerklärlicherweise und war klug genug, ihre Zuneigung auf ein gütiges Kindermädchen zu konzentrieren. Sie war zu jung, um sich an die Kapitulation von Savannah zu erinnern, und wollte später nie zugeben, daß Mr. Charles Green, der Vater ihres künftigen Gemahls, taktvoll handelte, als der General Sherman, dem Oberbefehlshaber der Nordstaaten, sein Haus im Tudor-Stil als Hauptquartier anbot. Da er Engländer war, glaubte er die Gefühle der Bürger schonen zu helfen, die Sherman und seinen Stab entschieden nicht mochten. Als Schwiegertochter von Großvater Green schnaubte Mary jedesmal und sprach von Angabe. Das war ungerecht, aber ihre Eifersucht auf alles, was mit der Vergangenheit ihres Mannes, seiner Familie und sogar seinen Vorfahren zusammenhing, flackerte leicht auf. Sie gab sich alle Mühe, diese Eigenheit zu unterdrücken, doch jede Bemerkung über das frühere Leben ihres Mannes löste leise schnaubende Töne und ein leichtes Rucken ihres hübschen Köpfchens aus. Sie liebte ihn mehr als eine Ehefrau, sie wollte seine Eltern, Brüder, Schwestern ersetzen, alles, was ihn interessiert hatte, ehe sie einander begegnet waren. Sie war eifersüchtig auf die Luft, die er atmete, vielleicht sogar auf das Essen, das er aß. Ich glaube, wenn sie so mit ihren Kindern dasaß und ihn liebevoll betrachtete, wünschte sie sich insgeheim, sein Gehirn zu sezieren, um zu wissen, was er dachte. Zugleich hatte sie einen aufrichtigen Horror vor »eifersüchtigen Personen«. Edward hatte eine ähnlich widersprüchliche Haltung insofern, als er Leute haßte, die beim Kartenspielen viel Geld setzten, dennoch spekulierte er seine Frau und seine Kinder frohgemut an den Rand der Armut – meines Wissens dreimal.

1864 spielte Mary mit einer Stoffpuppe, und ihre Kleider hatten Holzknöpfe; sie aß »Abfälle«, während ihr Vater, ein Abgeordneter des Südstaatenparlaments, sich versteckt hielt, weil ein Preis auf seinen Kopf ausgesetzt war, und er seinen findigen juristischen Verstand zum Vorteil seiner Sache benutzte. Ich verzichte darauf, den Wiederaufbau in Georgia zu beschreiben, denn wenn meine Mutter davon erzählte, knirschte sie so laut mit den Zähnen und stampfte so heftig mit den Füßen, daß ihre Informationen wohl nicht sehr zuverlässig waren.

Sie spielte im Forsythe Park und sah, wie sich aschfahle, abgemagerte Soldaten aus dem Norden mit Lungensteckschüssen in der milden Wintersonne langsam zu Tode husteten. Invaliden humpelten an den Kindern vorbei. Marys Kindermädchen erläuterte, daß es Yankees seien. »Aber Mami«, krähte sie, »es sind ja Menschen!« Den Gesprächen der Erwachsenen hatte das Kind entnommen, die Widersacher des Südens seien allesamt Teufel oder wilde Tiere.

Marys Tante Retta war eine sonderbare Figur in einer turbulenten Familie – und welche Familie wäre das nicht? Im Süden jener Zeit schlug das Schicksal rücksichtslos bei hellem Tageslicht zu, machte reiche Beute, vernichtete sorglose Existenzen, traf frohgemute Männer und Frauen, ehe es sich zu den sprichwörtlichen Leichen im Keller zurückzog. Andeutungen solcher Ereignisse erreichten auch mein Ohr: »Wußtest du es denn nicht? Sie ist ganz plötzlich vor Kummer gestorben. Sie ging mit Kopfschmerzen zu Bett, und am Morgen . . .« – die eifrige Stimme senkte sich – »fand man sie tot.« Oder: »Man sagt jedenfalls, Streit beim Kartenspielen . . . Sonderbar, daß jemand tot umfällt, wenn er Streit gehabt hat . . . Es ist nie geklärt worden . . .«

Tante Retta hatte große Narben an den Handgelenken, weil sie beim Schlafwandeln einmal ein Fenster zerschlagen hatte. Als sie in der Blüte ihrer Jahre starb, mußten

Klatschmäuler der Familie wohl oder übel glauben, sie sei in einem Anfall von Somnambulismus vom Balkon gestürzt. Im Augenblick, 1868, ist Tante Retta aber noch eine lebhafte, hitzige Südstaatenschöne. Mary an der Hand haltend, sah sie ebenfalls die Yankee-Soldaten im Park und pflegte zu murmeln: »Verdammt, ich wünschte, ihr wärt alle auf der Stelle tot!« Sofort danach traten ihr Tränen in die Augen, und sie eilte nach Haus, um den Männern Gebäck und anderes Naschwerk bringen zu lassen.

Nach dem Krieg kam Großvater Hartridge aus seinem Versteck. Er betätigte sich als Anwalt, als Richter, dann als Kongreßabgeordneter in Washington, und muß ein vielbeschäftigter Mann gewesen sein, denn der juristische Krieg dauerte weit länger als der militärische. Einige der Baumwollforderungen stehen noch heute aus und werden wohl nie bezahlt werden. Was ihren Vater anlangte, war Mary voreingenommen. Für sie war er äußerlich und innerlich das vollkommene Wesen, der einzige Mensch ohne jeden Makel. Wenn sie den Mund aufmachte und »Mein Vater . . .« sagte, folgte unweigerlich etwas, das ihn in den Himmel hob und uns um so geringer erscheinen ließ. *Er* war intelligent, geschmackvoll, geistreich, einfühlsam, gutaussehend, beredsam, *er* gab nie etwas auf die öffentliche Meinung, *er* bekam immer den ersten Platz, weil er es verdiente, und so fort. Er muß sehr gescheit gewesen sein, doch weil sich der juristische Verstand meist in Reden und Schriftsätzen verausgabt, wurde weiter nichts Greifbares über seine Persönlichkeit weitergegeben. Ich weiß allerdings, daß er sich darauf spezialisierte, Witwen und Waisen unentgeltlich vor Gericht zu vertreten. Und es erscheint nicht gerecht, daß seine eigene Frau und seine Kinder so wenig erbten, als er unerwartet starb.

Von Großvater Hartridge wissen wir sonst, außer daß er Rosen und Kamelien zog, nur noch, daß er für den Föderalismus eintrat, sich nicht von Kellnerinnen bedienen ließ, weil sie schlecht rochen, die Sklaverei mißbilligte, die Franzosen mochte und Dickens verehrte. Seine geheimen Gefühle könne wir nur erraten, so wie wir andere Verwandte aus seiner Generation nur vage charakterisieren können. Doch wie schnell steigen sie empor aus dem siebzigjährigen Nebel, diese in die Spinnweben des Vergessens gehüllten Phantome, wenn ein treuer Nachfahre ihnen seinen Atem einhaucht, um ihnen ein wenig Leben zu schenken!

Die Zeit zwischen Marys zehntem und fünfzehntem Lebensjahr war so durchschnittlich, daß sie später nur darauf zu sprechen kam, um zu sagen, daß sie die Höhere Töchterschule in Stanton, Virginia, besuchte, einen – absolut unverdienten – Preis in Französisch bekam, einen ebenso unverdienten Preis in Musik und eine Goldmedaille für einen Aufsatz über die Natur. Letzterer beginnt mit den Worten »Die Natur ist Gottes Magd«, und die Schrift ist fest und klar, lange nicht so eigenwillig wie später. Dann kamen die Jahre mit ekstatischen Jungmädchenfreuden, die sie in ihren Erzählungen unweigerlich mit den Worten »Oh, damals . . .« einleitete. Vielleicht übertrieb sie die Freuden, die mit den ersten Schritten in der Welt der Erwachsenen einhergehen?

Trotzdem muß es 1876 in Savannah sehr schön gewesen sein, und in meiner Phantasie bin ich recht gut mit jener Zeit vertraut. Mary hatte viele Busenfreundinnen, mit denen sie sich paarweise fotografieren ließ: zwei wogende Tournüren neben einer steinernen Vase, und die jungen Damen posieren wie zwei ernsthafte Seehunde vor ihrer großen Nummer. Durch den perlmutternen Dunst über jener fernen Epoche folge ich Mary und ihrer Freundin Nellie durch mehrere Jahre voll glänzender Triumphe. Das Paar las Tennyson, Shakespeare und Mrs. Browning, und die Bücher dieser Autoren sind noch heute in der Familie und voll von Aufrufezeichen und geheimnisvollen Randbemerkungen wie »Nie F. B. 2 vergessen« oder »Denk an den 7. März 1877« oder auch nur zwei sehr krakelige Linien unter einer besonders ergreifenden Passage über Liebeslust und -leid. Wenn die Mädchen ihre Bücher verunziert hatten, zwängten sie ihre Hände in winzige Glacéhandschuhe, umklammerten ihre Kartenschachteln aus Elfenbein und machten Besuche. In einer kleinen Stadt hat eine Debütantin eine lange Besuchsliste, und diese beiden jungen Dinger machten sich ein diebisches Vergnügen daraus, Matronen, die sie nur als vorlaute Gören kannten, plötzlich in langen Kleidern zu überfallen.

Anschließend gingen die Mädchen sicher im Park spazieren, denn Bewegung war gut für die Leber, ein Organ, das von dem Klima in Savannah sehr strapaziert wurde. Oft eilte Mary aber auch auf dem kürzesten Weg zu Solomon's, um anderthalb Stunden mit ihren guten Bekannten vom anderen Geschlecht zu albern. Solomon's war und ist, glaube ich, noch heute einer der nettesten Drugstores in Amerika und mixt köstliche Drinks. Damals, mit den jungen Leuten der Wiederaufbaugeneration, ging es dort sehr lustig zu, obgleich die Jungen, da ihre Familien ruiniert waren, kaum eine Chance hatten, aufs College zu gehen. Sie sahen den Problemen ihrer Ausbildung und ihres späteren Lebensunterhalts entgegen, so gut sie konnten. Einige verdienten ihr Brot mit anspruchslosen Beschäftigungen, andere studierten daheim und schafften es zu Ansehen zu kommen. Welchen Weg sie auch einschlugen, zwischen zwölf und zwei saßen sie alle bei Solomon's.

Nachmittags wurde Mary von ernsthaften Verehrern der Hof gemacht. Sie hatte viele Anbeter, denn sie war eine Schönheit, die gern flirtete, ohne ihren kühlen Kopf zu verlieren, eine gute Tänzerin, ein Geschöpf, das manch ein Herz brach. Man verzeihe ihr ihre Mutwilligkeit, sie wurde später dafür gestraft.

Die Jungen im Drugstore waren eine angenehmere Gesellschaft als die tolpatschigen Verehrer, denn sie kannten die Leidenschaft nur aus Büchern und achteten die Konventionen. Die Liste der Jungen ist lang, doch wen stört das? Eine gewisse Rolle spielte nur einer, Jimpsey S. ein geliebter Kamerad, der sein Brot als Pferdebahnfahrer verdiente, dann aber entlassen wurde, weil die jungen Damen, die sich in seinem Wagen drängten, ein solches Tohuwabohu entfesselten, daß die Fahrgäste protestierten. Er war aber so nett, daß ihm irgend jemand ein kleines Vermögen hinterließ, mit dem er in den Ruhestand trat, um das Leben in Frieden zu genießen.

Von Solomon's eilte Mary durch die ruhigen, ziegelgepflasterten Straßen zu einem gewaltigen Mittagessen heim. Da es heiß war, legte sie sich anschließend hin und machte später mit einer Freundesschar ein Picknick am Meer. Manchmal brachte sie alle zum Abendessen mit nach Haus. Nach dem Abendessen erwachten die Häuser an den duftenden kleinen Plätzen zum Leben, es sei denn in den sogenannten kalten Monaten. Die Jungen schlenderten auf und ab, Eltern ließen sich auf Veranden nieder, um sich zu fächeln und in ihren Schaukelstühlen zu wiegen, und die Mädchen saßen auf den Eingangsstufen. Jeder Platz verwandelte sich in einen großen Salon mit Blumen in der Mitte, und das Mandolinenklimpern und Singen wurde immer wieder unterbrochen von hellem Lachen, das raketengleich aufstieg und erstarb, um dann wieder in Kaskaden zum dunklen, sternengetüpfelten Himmel zu steigen.

Wenn die Hitze erträglich war, stieg Mary in einen Buggy und rumpelte mit einem gesetzten Herrn, einem älteren Mann um die dreißig davon. Diese ernsten Gentlemen hatten mit einem schweren Handikap zu kämpfen, *denn sie konnten oder wollten nicht tanzen.* Hier kommen wir zu Marys einziger Passion. Sie tanzte für ihr Leben gern, sie war eine federleichte Elfe, eine Königin komplizierter Schritte in einer Stadt voller stümperhafter Ballerinen. Niemand ließ sich so führen wie sie, niemand hielt so inne, versank schwerelos wie Distelwolle, um sich dann, wenn die Musik verstummte, wieder zu einer selbstbewußten jungen Dame aufzurichten.

Im Herbst fuhren Mary und Nellie hinauf nach Baltimore, um ihre Garderobe aufzufrischen. Oder sie reisten mit Großvater nach New York. Ich glaube, die meisten

Leute in Savannah taten das gleiche, und da sie, wie ich denke, allesamt im Lafayette Hotel abstiegen, konnten sie kaum geheimhalten, wo sie ihre Kleider kauften, welche geheimnisvollen Tinkturen sie für ihr Haar erstanden und womit sie ihren Bauch folterten, nicht nur die Damen, auch die Herren.

Nach der Rückkehr gab es Feste, Feste, viermal in der Woche, und jedesmal wartete Mary mit neuer freudiger Erregung auf den Kotillon, jedesmal klopfte ihr Herz von neuem, wenn der Geiger seinen Saiten das einleitende Jaulen entlockte. Elfenbeintäfelchen wurden eine Woche vorher vollgeschrieben – ich behaupte, daß die jungen Damen sich ins Verderben tanzten! Späte Soupers und das leberschädliche Klima färben rosige Wangen gelb. Oder liegt es am intensiven Morgenlicht? Oder an dem harmlosen Techtelmechtel, das eine empörte junge Schöne zugibt, wenn ihr Vater spöttelt? Mary ist nervös geworden, entschieden reizbar. Großvater beschließt, eine Reise durch die Berge von Georgia zu machen, um sie auf andere Gedanken zu bringen und ihr den Heimatstaat zu zeigen, ehe sie die versprochene Reise nach Europa antritt. Sie kehrte geheilt nach Savannah zurück und konnte später viel von Georgias Berglandschaft erzählen.

Die »City of Savannah«

»Miss Mary, ich möchte Ihnen etwas zeigen«, sagte der alte Thaddeus. Der Butler mit dem runzligen Gesicht sah das Mädchen flehend an, als es an ihm vorbeihastete, um in die ineinandergehenden Salons des Battersby-Hauses zu laufen, das inzwischen den Hartridges gehört.

»Meinetwegen, Thaddeus«, sagte Mary, »aber ich habe es eilig.«

Es war an einem schönen Dezembermorgen 1877 um elf Uhr. Mary trug unpassenderweise ein weißes, gerüschtes, mit silbernen und blauen Hufeisen besticktes Abendkleid aus Tüll. Auf der kleinen Tornüre prangte eine enorme saphirfarbene Samtschleife. Sie reckte sich vor einem hohen Spiegel zwischen zwei Fenstern, begutachtete ihr Aussehen objektiv und leidenschaftslos, wie Frauen es zu tun pflegen, wenn sie allein sind. Thaddeus zählte nicht. »Ich bin viel zu blaß«, muß sie gedacht haben. »Ich werde das Mittel benutzen, das diese kecke Person in Sulphur Springs mir empfohlen hat. Eine rote Schleife in Eau de Cologne tauchen, meine Wangen damit abreiben und ein bißchen Reispuder auflegen. Es ist mir gleich, wenn ich ordinär aussehe. Wenn sie doch endlich da wären. Nellie kommt immer zu spät.« Sie erblickte den sinnenden Thaddeus, der hinter ihr im Spiegel wartete. »Schon gut, ich komme.«

Sie folgte ihm in das Treibhaus, nicht das, wo ihr Vater Orchideen und Gardenien zog, sondern in Thaddeus' persönlichen kleinen Anbau. Leicht erschauernd blieb sie geduldig stehen und schnupperte den satten feuchten Humusgeruch.

»Miss Mary«, sagte Thaddeus und zeigte in dem gedämpften Licht auf einen langen Tisch, der mit den verschiedensten alten Körben und verblichenen Schleifen bedeckt war.

»Was ist das für ein Gerümpel?« fragte Mary und legte freundlich die Hand auf den Arm des alten Mannes.

»Ich habe sie alle aufbewahrt. Es kommt alles von Ihren Anbet . . . äh, Bekannten, von der letzten Saison. Vierundneunzig Schleifen von Blumensträußen, siebenundzwanzig Körbe und zwei Töpfe, beide leider sehr häßlich. Master Julian hat die Geranien von Mr. Williamson fortgeworfen, aber sie wachsen jetzt dicht neben dem Pferdestall.«

Mary seufzte und hantierte mit einer rosaroten Schleife. »Das ist also alles, was von einer amüsanten Saison übriggeblieben ist. Ich komme mir vor wie Hamlet in der Friedhofsszene. Du nicht?«

»Ja, ganz sicher. Hm, ich habe es für Sie aufgehoben. Keine hat so viele bekommen wie Sie. Ich habe in den Häusern der anderen jungen Damen herumgefragt.«

»Thaddeus, wie konntest du nur!« Mary war hocherfreut. »Aber ich werde langsam älter. Ich bin im August schon neunzehn geworden, und vielleicht werden diesen Winter nicht mehr so viele Körbe kommen. Und, Thaddeus . . .«

»Ja, Miss Mary?«

»Ich möchte nicht, daß du über meine Scherze lachst, wenn wir Gäste zum Essen haben.«

»Ich versuche, es nicht zu tun?« protestierte Thaddeus. »Ich drehe mich immer um, aber wenn Sie lachen, muß ich es auch, ich kann nichts dafür. Und Sie tun es fortwährend.«

»Achte nicht auf mich. Immerhin wiehere ich nicht über meine eigenen Scherze, also brauchst du es auch nicht zu tun. Oh, es läutet, das ist Mrs. Ferguson.«

»Und Miss Nellie, um für sie Klavier zu spielen.«

»So ist es. Sorg' bitte dafür, daß niemand die Sachen hier sieht, sonst würden die Leute noch denken, *ich* hätte sie aufbewahrt.« Sie rauschte strahlend davon. Es folgte der Auftritt von Mrs. Ferguson, der anerkannten Autorität für gesellschaftliche Angelegenheiten, der feinsten Gastgeberin der Stadt, einer berechnenden Matrone mit wasserblauen Augen. Hinter ihr stand Nellie, die imstande war, sich in eine Figur von Dickens zu verwandeln, fürchtete Mary. Jetzt nickte sie heftig, zwinkerte und machte ihrer Freundin geheimnisvolle Zeichen. Mary ignorierte sie und wandte sich an Mrs. Ferguson: »Oh, Miss Clara, ich habe solche Angst!«

»Sie sind vielleicht ein bißchen nervös, meine Liebe, ein bißchen aufgeregt. Drehen Sie sich bitte um, stehen Sie graziös mit dem Fächer in der Hand in der Türöffnung. Nein, nicht so, halten Sie ihn nicht wie ein Pfauenrad, lassen Sie ihn achtlos sinken, falten sie ihn zusammen, Sie Närrin. Ja, das ist viel anmutiger. Die andere Hand sollte ganz leicht an die Wange gedrückt sein. Jetzt sehen Sie so aus, als ob Sie Zahnschmerzen hätten. Haben Sie schon einmal etwas von *natürlich* aussehen gehört?« »Nicht um elf Uhr morgens in einem Ballkleid«, murmelte Mary. »Ich wünschte, ich hätte Vater nicht dazu überredet, ein Fest zu geben.«

»Aber du bist schon auf Dutzenden gewesen«, sagte Nellie. »Von deinem Debüt ganz zu schweigen.«

»Ich habe noch nie einen Kotillon angeführt. Oh, es ist schrecklich, bei sich zu Haus angestarrt zu werden. Maizie Delany sagt, daß sie es in New Orleans viel besser können als hier.«

»Meine Liebe, Sie müssen allen eine Augenweide sein. Nirgendwo im Süden wird der Kotillon besser und anmutiger getanzt als hier bei uns. Wir werden den Walzer mittendrin als Überraschung bringen. Die Räume sind groß genug. Und nun möchte ich Sie tanzen sehen. Was möchten Sie vorführen?«

»Einen Fandango. Morley Auberton und ich.«

»Und *ich*. Ist das nicht ein spanischer Tanz? Ich hoffe, er ist nicht zu offenherzig. Eleanor, wenn Sie bitte spielen würden?«

Mary mochte den Rhythmus. Sie machte ein paar

schnelle Schritte zurück, trat wieder zu ihrem imaginären Partner. Es folgten einige leicht stampfende Schritte auf der Stelle; sie faltete ihren Fächer zusammen, bewegte ihn schmachtend, indem sie ihren schlanken Arm über den Kopf hob, und schloß mit einem unvermittelten Klappern der hohen Absätze. Es war sicher eine Darbietung, die nicht viel Ähnlichkeit mit den konzentrierten und temperamentvollen Verrenkungen hatte, wie wir sie aus Spanien kennen, und eher an das fröhliche Hüpfen eines kleinen, blau und silbern getupften Lammes erinnerte.

»So wird es gehen«, verkündete die Kritikerin, »sehr dezent und anmutig. Denken Sie daran, das Ohr mit einer halb erblühten Rose zu schmücken, und vergessen Sie nicht, daß die spanischen Damen beim Tanz etwas Geheimnisvolles und Unberührbares ausstrahlen. Ihre Frau Mutter ist doch wohlauf, hoffe ich?«

»Sie schl. . . Sie hat sich kurz hingelegt, weil sie Kopfschmerzen hat«, log Mary. »Ich soll Sie grüßen. Es tut ihr sehr leid, daß sie Sie nicht sehen kann.«

»Sie weiß doch, daß Sie diesen Fandango tanzen werden? Sie wird natürlich an dem Fest teilnehmen?«

»Bestimmt, wenn sie sich gut genug fühlt.« Mary war verlegen, weil kein Mensch wissen konnte, ob ihre Mutter zum Ball aufbleiben würde oder nicht. »Auf jeden Fall wird Vater dabei sein.«

Mrs. Ferguson zog hörbar Luft durch die Nase ein. Nellie kam ihrer Freundin zu Hilfe: »Ich habe gehört, daß alle Kuchen einen Zuckerguß bekommen, und daß der alte Monsieur Mignon herkommt, um die Windbeutel zu machen und die Pfeffersauce für die Krabben und . . .«

»Nicht sehr passend für ein großes Fest.« Mrs. Ferguson zog die Augenbrauen hoch; ihr Tisch bog sich nie unter den raffinierten Kreationen, die der alte französische Koch komponierte. Er kam nur zu den Hartridges, zum Dank für erwiesene Dienste.

Nellie versuchte es noch einmal: »Der junge Mr. Green ist aus Europa zurückgekommen, er wird uns etwas über den Fandango sagen können.«

Mary sah in eine andere Richtung. »Oh, ich habe die Greens nicht eingeladen. Mutter sagt, sie gehörten nicht richtig nach Savannah, sie haben in Virginia ein Gut, das sie viel mehr mögen, und das Haus, das sie hier haben, ist eine schrecklich deprimierende Höhle.«

Mrs. Ferguson war heute streitbar gestimmt: »Früher war das einmal anders. Die Mutter des jungen Mr. Green, die Ärmste, sie ist sicher vor Kummer gestorben, aber sie gab wunderbare Empfänge. Sie gab Feste, die ihr armen Ignorantinnen euch nicht einmal vorstellen könnt.«

»Na ja, ihre Nachfolgerin aus Baltimore empfängt dafür überhaupt nicht. Sie tut nichts anderes, als die Sofahüllen zu wechseln«, erwiderte Mary, die ihren Gast loswerden wollte. »Und sie hat uns nie ins Haus gebeten, so daß ich die Greens kaum kenne. Mutter sagt, sie seien nicht übel.«

»Nicht übel! Reden Sie bitte nie so von Wohlstand und Rang, Mary.« Mrs. Ferguson nahm ihre Kartenschachtel und zog ihre Handschuhe über fleischige Hände, um dann jede einzelne Falte pedantisch zu glätten. »Sie sind sehr kultivierte Grundbesitzer, weltgewandt und äußerst großzügig, wenn es um philanthropische Dinge und, hm, kleine Gefälligkeiten geht.« Mr. Green hatte eine Menge für General Ferguson getan, wie beiden Mädchen gleichzeitig einfiel. Mrs. Ferguson stand an der Tür: »Die Schwestern von Mr. Green sind fort, und ich wage zu sagen, daß er auf Ihre Einladung verzichten kann, denn die Gesellschaft auf dem Kontinent hat ihn überaus verwöhnt. Meine besten Empfehlungen an Ihre Frau Mutter. Auf Wiedersehen, meine Damen.«

»Hurra! Sie sind weg!« rief Mary. »Ich bin froh, daß die alte Schachtel nichts dagegen hat, wie ich tanze. Komm mit nach oben, ich will mich umziehen, Nellie.«

In dem großen, in Grau und Rosa gehaltenen Schlafzimmer ließ Nellie sich auf den Fenstersitz fallen und begann aufgeregt: »Hör zu, Mary, morgen läuft die ›City of Savannah‹ ein, und die ganze Stadt wird am Hafen sein, um zuzusehen.«

»Ja?«

»Ja. Es ist bestimmt ein schöner Anblick, und wir können zusammen hingehen. Was meinst du?«

»Im Hafen ist es immer so windig. Das Wetter macht mir nichts aus, solange kein Wind weht. Oh, verflixt, ich habe wegen irgend etwas Migräne bekommen«, fügte Mary elegant hinzu.

»Du und deine ständigen Kopfschmerzen! Wir gehen morgen rechtzeitig hin, und ich wette, jemand in einem Büro wird uns einen Platz am Fenster geben.«

»Aber ich mache mir nichts daraus, einen alten Kahn einlaufen zu sehen«, protestierte Mary.

»Sie hat eine Rekordüberfahrt gemacht, und mit ein paar mehr Schiffen wie ihr wäre Savannah eine richtige Hafenstadt.« Nellie reckte sich und schob ihren Bauch vor. »Eine Hafenstadt von größter Bedeutung, könnte man sagen. Die ganze Welt würde auf unsere kühne Baumwollflotte blicken, auf ihre stolzen rot-weiß-blauen Wimpel, die dem Gesang des Zephyr antworten.«

»Halten Sie die Klappe, Mrs. Ferguson. Mein Gott, ich wage kaum, so etwas zu sagen, nicht einmal hinter geschlossenen Türen!«

»Mr. Green hat selbst einige Baumwollschiffe«, fuhr Nellie fort. »Sie fahren mit vielen Ballen nach Europa und kehren mit Tonnen von Parfüm und Seife und wohlriechenden Pudern für deine Mutter zurück. Mama sagt, sie rieche wie ein verhätscheltes Baby, das gerade aus der Badewanne kommt, alles dank Lubin.«

»Was fällt dir ein, so über meine Mutter zu reden!« antwortete Mary lächelnd. »Und jetzt muß ich mich beeilen, weil ich um zwölf bei den Favershams sein muß, zu diesem dummen Frühstück.«

Nellie stand auf: »Du bist nicht bei Trost. Hast du die Einladung nicht gelesen? Darauf steht: ›Nähen, Kartenspielen und ein literarisches Gespräch über den Dichter Robert Browning.‹ Erstens kannst du nicht nähen, zweitens kannst du nicht Kreuz von Karo unterscheiden, und drittens hast du keine Ahnung, was R. B. heißt. Außerdem darfst du nichts essen, weil du Kopfschmerzen hast!«

»Vater hat mich gebeten hinzugehen, weil Mutter abgesagt hat und Mrs. Faversham so empfindlich ist. Ich werde mich kein bißchen langweilen, weil du mitkommen wirst. Meine Kopfschmerzen sind schon besser. Sie waren nur wegen der alten Clara.«

»Ach? Ich komme also mit? Bist du sicher?«

»Weil ich dafür morgen bei Nacht und Nebel aufstehen und mich vom Wind zum Hafen pusten lassen werde. Sag jetzt bloß nicht, die Favershams hätten dich nicht eingeladen.«

»Doch, sie haben, aber ich habe ›bedauert‹.«

»Mach keine Geschichten, dir wird schon etwas einfallen, warum du es dir anders überlegt hast. Aber denk daran, ich möchte nicht, daß du lügst.«

Sie überquerten den Platz und zwitscherten und reckten sich dabei wie zwei niedliche kleine Vögelchen. Sie traten hinter der jungen Mrs. Dubignon ins Haus und warteten, während diese der Gastgeberin ein paar Artigkeiten ins Ohr schrie. Strahlend und herzlich und sehr taub stand diese große Dame an dem gerafften Vorhang, der das angenehme Summen der Konversation und das Klappern des Geschirrs dämpfte, in der Halle.

»Mary, Sie sehen in Grau ja ganz entzückend aus . . . Und diese zauberhafte Federtoque paßt ausgezeichnet zu Ihren wunderhübschen Augen . . . Ja, ja . . . Wie geht es Ihrer armen Mutter, mein Kind?« Ohne innezuhalten, wandte Mrs. Faversham sich an Nellie:

»Und Sie, meine Liebe, ach ich dachte . . .«

Nellie nahm Mrs. Favershams Rechte in beide Hände: »Ich wäre nicht gekommen, aber Nelly wollte es. Wußten Sie schon . . . Mrs. Ferguson möchte, daß ihre Annie den jungen Mr. Green heiratet!«

»Nein, Nellie, ich hatte keine Ahnung, aber es ist eine sehr wünschenswerte Verbindung. Kommt rein und geht zu euren Freunden am Kartentisch.«

Wenn ein Blitz zu ihren Füßen eingeschlagen hätte, wenn der ausgestopfte Bär mit dem Kartentablett in der Halle sie unter dem Kinn gekrault hätte, wenn . . . Nellie wurde vor Verlegenheit altrosa und fragte sich, warum sie solch ein Pech haben mußte. Im unpassendsten Moment und bei der richtigen Akustik konnte Mrs. Faversham offensichtlich gewisse hohe Stimmen verstehen.

Mary zog ihre Freundin in den Salon. »Geschieht dir ganz recht. Warum mußt du auch immer von den Greens reden? Du hast anscheinend nichts anderes im Kopf.«

»Ich habe die ersten wahren Worte gesagt, die mir einfielen. Es war gemein von ihr, daß sie es gehört hat.«

»Ja, sehr«, stimmte Mary nüchtern zu.

*

Der nächste Morgen graute kühl und regnerisch. Ein häßlicher fahlgrauer Himmel zeigte die Welt in einem alles anderen als verlockenden Licht. Um acht Uhr lief sie hinunter ins Eßzimmer und gab ihrem Vater einen Kuß. Er frühstückte, sofern man das lustlose Einnehmen flüssiger und fester Substanzen so bezeichnen konnte. Er las, während Thaddeus sich bemühte, seinem gleichgültigen Herrn die Schmackhaftigkeit des köstlichen warmen Brotes begreiflich zu machen.

»Ein jegliches zu seiner Zeit, Vater«, sagte Mary und schob die juristischen Papiere zur Seite. »Zuerst den Kaffee und die Muffins.« »Tochter!« Sein Gesicht leuchtete vor Liebe. »Bist du so früh heruntergekommen, nur um mit deinem Dad zu frühstücken?« Mary zögerte. Ganz in ihre kleinen Träume und Pläne verloren, vergaß sie zu oft, wieviel sie ihrem Vater bedeutete. Sie mochte es nicht, früh aufzustehen, seine Freunde zu treffen und zu wissen, daß sie es nur wegen eines Handels mit Nellie getan hatte und nicht, um ihm einen Gefallen zu tun. Es erfüllte sie mit Scham. Es wäre so leicht, ein bißchen früher nach unten zu laufen, um beim Frühstück mit ihm zu plaudern, aber die langen ausgelassenen Abende führten dazu, daß sie morgens bleischwer an allen Gliedern war.

Mary wäre am liebsten gestorben. Sollte sie lügen, oder mußte sie alles mit der Wahrheit verderben? Sie kämpfte mit sich, und ihre Augen füllten sich mit Tränen, als sie verzagt sagte: »Vater, verzeih mir, ich bin nicht nur deinetwegen heruntergekommen.«

Der liebevolle Ausdruck wich, wurde abgelöst von einer undefinierbaren Miene, in der sich Enttäuschung und Eifersucht mischten. Sie tranken schweigend ihren Kaffee. Nach einer Weile sagte er: »Tochter, es war richtig von dir. Ich war einen Augenblick lang verletzt, vergib mir. Es war nur ein Anflug von Eigenliebe. Ich würde dich lieber tot sehen, als mir eine Lüge von dir erzählen zu lassen. Versprich, daß du es nie tun wirst.«

»Ich verspreche es, Vater. Ich bin furchtbar egoistisch, aber mein besserer Teil liebt dich immer. Du bist so sehr ein Teil von mir, daß du selbst dann jede Minute in meinem Herzen bist, wenn wir getrennt sind.« Sie zeigte auf ihre Brust.

Er lachte zärtlich und hoffte, weniger Emotion zu verraten, als er empfand. »Ich stecke also in dieser engen kleinen schwarzen Jacke?«

»Aus Paduaseide, jawohl, Sir, mit angesetztem Schoß. Und hier auch« – sie tippte auf ihre Stirn – »genau unter meinem Pony. Glaubst du, daß es viele gibt, die einander so lieb haben wie wir?«

»Falls noch etwas übrig ist, wenn sie sich selbst geliebt haben. Ich muß mich beeilen. Thaddeus, meine Schriftsätze.«

Thaddeus schüttelte die faszinierte Starre ab, die vom Lauschen kommt. »Hier sind sie, Master Julian.«

Mr. Hartridge nahm die Papiere und faßte seine Tochter mit seinem freien Arm um die Taille: »Auf Wiedersehen, Liebling. Sag noch mal die Wahrheit. Nichts auf dem Herzen? Keine Geldsorgen?«

»Nein, keine.«

»Alles in Ordnung?«

»Ja, Sir.«

Seine Stimme bebte ein wenig. »Und, Mary . . . Nicht verliebt?«

Sie sah ihn vorwurfsvoll an. »Als ob ich es dir nicht

sagen würde! Natürlich nicht, Vater, frei und ungebunden.«

Er seufzte. »Ich möchte dich noch viele Jahre für mich behalten. Wir wollen nicht, daß Fremde sich in unser Herz stehlen, nicht wahr?«

Sie gingen zusammen zur Tür, wo Nellie gerade läuten wollte. »Guten Morgen, Mr. Hartridge. Mary, wir werden zu spät kommen.«

»Morgen, Nellie. Ich wette, ihr kleinen Teufel führt etwas im Schilde, so früh schon munter und aufgeputzt. Amüsiert euch.« Er entfernte sich und widerstand dem Impuls, sich an der Ecke umzudrehen. Wenn Mary zu winken vergaß, würde es ihm den ganzen Tag verderben.

»Alle sagen, er ist der beste Anwalt im Staat«, bemerkte Nellie. »Du wirst doch nicht ohne Häubchen in die Stadt gehen, Mary?«

Mary wartete, bis ihr Vater außer Sicht war. »Natürlich ist er das. Natürlich werde ich nicht.«

Als sie die Piers erreichten, fühlte Mary sich bedrückt. Der kalte, launische Wind ging ihr aufs Gemüt, und als sie sich in einer dichten Menschenmenge wiederfand, wurde ihr bewußt, daß sie nicht allerbester Stimmung war. Vor ihr breitete sich stumpfgraues Wasser aus, und hinter den breiten Piers stand eine unregelmäßige Reihe von Lagerhäusern mit Büros in den oberen Stockwerken. Viele kleinere Boote dampften im Hafen hin und her wie Nebensächlichkeiten, die auffallen möchten. Wartende bildeten Gruppen und beäugten einander, als fürchteten sie, ein nicht vorgestellter Störenfried könnte sich in ihren erlesenen Kreis drängen. Ein kleines Stück weiter hatte sich die gemächliche Negerbevölkerung in großer Zahl eingefunden und mischte sich nun unter die üblichen Müßiggänger im Hafen.

Von der »City of Savannah« weit und breit keine Spur.

Den Negern war es gleich; sie begannen sofort, sich mit Dingen zu beschäftigen, die so alt waren wie die Zeit selbst. Im Gegensatz zu den steifen weißen Herrschaften hatten sie die Gabe, den Augenblick mit mannigfachen

Freuden zu füllen und jede Sekunde zu genießen, ohne einen Gedanken an die ihrem Arbeitgeber gestohlene Zeit zu verschwenden. Mary überlegte voll Neid, wie hübsch sie in ihren buntfarbigen Baumwollsachen aussahen. Als Angehörige einer in unauffälliges Blaßrosa und Altlila gewandeten Generation sehnte sie sich nach fröhlichen Farben: blendenden Gelb- und Rottönen, bunten Kopftüchern, karierten Plaidstoffen, nach den blauen Arbeitshosen und goldenen Ohrringen der Fischer. Schwarze Gesichter lachten und gaben weiße Zähne frei, kehliges Lachen folgte auf Liederfetzen und Händeklatschen. Alte Frauen saßen auf der Erde und brachten krähende Kinder mit Bananen zum Schweigen. Junge Leute tanzten, und die bloßen Füße klatschten unter wogenden ausgebleichten Röcken leise auf die Steine. Mary war nahe genug, daß dann und wann ein dumpfes »Daaah-damm« ihr Ohr erreichte.

Sie zupfte Nellie am Ärmel. »Komm, gehen wir rüber zu den Schwarzen. Sie singen gerade: ›Es war einmal eine alte Frau aus Haut und Knochen‹.«

»Unsinn, du weißt doch, daß das nicht geht. Sie tun nichts als würfeln und grölen.«

»›Und als sie zur Kirchentür reinkamen, daaah-damm, lag ein toter Mann auf dem Boden, daaah-damm‹«, sang Mary. »Ich hatte als Kind immer Angst vor diesem Lied, aber ich habe nie das Ende gehört. Vielleicht hatte er nur die Fallsucht.«

»Ich kann die Worte nicht verstehen, aber ich weiß, daß unser Messerschleifer immer mit seinen beiden Knochen klappert, wenn er meine Schuhe putzen sollte. Und sie braten Fische!«

»›Die Würmer krochen hinein, die Würmer krochen heraus, daaah-damm‹«, trällerte Mary. »Ich wünschte, ich könnte bei ihnen sitzen und Krabben und gebackene Austern essen. Ich mag es hier nicht, man wird in einem fort gestoßen und geschubst. Ich falle noch ins Wasser und ertrinke.«

»Lügnerin«, sagte Nellie. »Du ärgerst dich nur, daß die

meisten von deinen Verehrern jetzt arbeiten und daß die restlichen von Mädchen in Beschlag genommen werden, die früher hier waren als du. Gehen wir zu Sheila, sie scheint sich zu amüsieren. Wie sie lacht!«

»Hallo, Miss Mary«, rief jemand dicht bei ihnen. »Ich habe ihnen tausend Dinge zu sagen!«

»Oh, General, wie geht es Ihnen?«

»Mir geht es sehr gut«, sagte der gutmütige alte Mann und sah freundlich, sein Gesicht in lange schlaffe Falten legend, die ihm Ähnlichkeit mit einem Bluthund verliehen, auf die beiden Mädchen hinunter. »Aber meine Frau ist erkältet, das ist das erste, was ich Ihnen sagen muß. Sie wird deshalb morgen, am Sonntag, nicht nach Beaulieu hinunterkommen können. Ich werde Sie also nicht sehen, obgleich ich mich pudelwohl fühle. Als nächstes werde ich Ihren Vater heute nachmittag gegen vier aufsuchen, wenn Sie ihm das bitte ausrichten würden; es geht um Cape Madeira. Als nächstes geben wir am Donnerstag eine verflixte Dinnerparty, bei der links und rechts von mir die häßlichsten Frauen des Südens sitzen werden. Keine Chance für mich, einen guten Witz zu erzählen. Und ich habe hier irgendwo in der Mitte Schmerzen, vermutlich die Leber. Wußten Sie schon, daß ich jetzt in Washington vertreten werde? Vielleicht werden wir doch noch für die Pflanzung bei Augusta entschädigt.«

Nellie war wohl von vielversprechenderer Gesellschaft angelockt, verschwunden. Mary stand mit ihrem alten Freund allein da. »Oh, General, ich werde Ihnen den Daumen drücken. Hören Sie bitte sofort auf zu niesen, Sir.«

Der General wischte sich die Augen und brummte: »›Zwei schlimme Beine und ein schlimmer Husten. Der schlimme Husten gab ihm den Rest.‹«

»Sprechen Sie bitte nicht so. Sie sollen ewig leben.«

»Ich weiß, daß Sie es möchten, meine Liebe. Aber da wir unter uns sind, kann ich Ihnen ruhig sagen, daß es mir gleich ist, wann ich abtrete. Ich bin bereit.« Er richtete sich kerzengerade auf und schlug mit seinem Spazierstock auf die Steine. »Ich bin mir bewußt, daß ich nur ein Relikt bin, das zu nichts mehr nütze ist. Meine Familie wäre ohne mich viel glücklicher und vor allem reicher.«

»Sie übertreiben natürlich, lieber General«, sagte Mary. »Aber falls Sie uns wirklich verließen, hätte eine gewisse Person keinen guten alten Soldaten mehr, auf dem sie herumhacken könnte. Ich habe sie heute morgen gesehen, und sie hat immer noch eine ganze Menge zu sagen.«

»Meine Frau ist in der Tat bemerkenswert wortgewaltig«, versicherte der General so vielsagend, daß sich Mary fragte, ob er Mrs. Ferguson nun über alle Maßen bewunderte oder ob er sterben wollte, um dem Redefluß zu entgehen.

»General Ferguson, Sir, Madam . . .« Ein schwarz gekleideter Herr mit einem weißen Spitzbart und traurigen gelb unterlaufenen Augen redete sie an, nachdem er sich unter mehreren respektvollen Verbeugungen genähert hatte.

»Ja, Sir?« Der General verbarg seine natürliche Leutseligkeit unter einer brummigen Stimme.

»Mr. Charles Green hat mich beauftragt, Ihnen seine besten Empfehlungen zu übermitteln und Sie zu bitten, sein bescheidenes Büro mit Ihrer Anwesenheit zu beehren. Es soll einen recht guten Blick über den Hafen bieten. Er wird dort auf Sie warten, selbst wenn er seinen Lunch verpaßt, bis Sie zu kommen geruhen.« Der Fremde machte wieder einen Diener und rieb sich die Hände.

»Sagen Sie Mr. Green, daß ich seine freundliche Einladung gern annehme, und damit er nicht auf sein Essen verzichten muß, werden wir auf der Stelle hingehen.« Er entließ den Mann mit einem »Danke, Sir« und wandte sich an Mary. »Das muß Greens spanischer Schreiber sein. Ich wette, er hätte einen Lachanfall bekommen, wenn er dieses Gefasel gehört hätte.«

»Ich glaube, Mr. Green ist selbst Ausländer«, sagte Mary kühl.

»Nein, meine Liebe, er ist Engländer und einer von uns. Lassen Sie uns dorthin gehen. Sie werden doch einen alten Tattergreis wie mich nicht enttäuschen, Sie sind wie ein Sonnenstrahl, selbst wenn Sie Ihre hübschen Züge hinter einem weißen Schleier verstecken wie hinter einem Nebel.«

»Ich kenne Mr. Green nicht, und ich muß Nellie suchen«, protestierte Mary.

»Dort ist es bestimmt warm und gemütlich«, sagte der General eindringlich. »Der Wind kann uns nichts mehr anhaben, und wir können über den ganzen Fluß sehen. Ich kann hier nicht länger stehen, es sei denn, Sie hätten eben die Unwahrheit gesagt und wünschten, daß ich auf der Stelle sterbe.« Er nahm ihren Arm.

Sie wandte nichts mehr ein. Warum sollte man den Dingen nicht einfach ihren Lauf lassen, wenn ein Tag schon so schlecht anfing? Aus dem Füllhorn des Schicksals fällt eben Gutes und Schlechtes, und niemand ist flink genug, es aufzuhalten, bemerkte Mary Jahre später, als sie über jenen Morgen nachsann. Langsam schritten sie zu einem kleinen, weißgetünchten Backsteinhaus, einem winzigen zweigeschossigen Ding, oder waren es mit dem hinten angebauten Lagerhaus drei Geschosse? General Ferguson sagte, es sehe »sehr britisch« aus, aber Mary dachte, es sehe »sehr gewöhnlich« aus. In der schmalen Tür stand ein gutaussehender Gentleman in einem schwarzen Samtanzug, der einen starken Kontrast zu seinem rosigen Gesicht, seinen strahlenden tiefblauen Augen und seinen schlohweißen Haaren bildete; eine gewinnendere Erscheinung hatte es kaum jemals gegeben. Leider wurde Mary, die gewöhnlich so keck und natürlich war, plötzlich von Schüchternheit übermannt. Sie machte sich nichts aus Mr. Green. Ein Jammer, denn alle anderen schätzten ihn sehr.

Charles Green verbeugte sich und trat ihnen entgegen. »Guten Morgen, General, ich freue mich, daß meine Nachricht Sie erreicht hat.« Er lächelte Mary zu, und sie senkte knapp den Kopf.

Der General legte beide Hände auf den Knauf seines Stocks und hustete sich puterrot. »Verdammt, Mann«, sagte er endlich. »Wir mußten uns eine großartige Rede anhören, aber Miss Hartridge war trotzdem bereit, mich zu begleiten.«

Mr. Greens Augen funkelten, als er sich zu Mary wandte: »Ich bedaure, daß das lateinische Temperament meine schlichte Einladung ausschmückte. Ich freue mich, daß Sie ihr dennoch gefolgt sind.«

»Aufgeblasener alter Kerl«, dachte Mary böse, um dann höflich zu entgegnen: »Verzeihen Sie, aber ich muß heim, das Schiff ist so spät dran . . .«

Plötzlich ertönte eine fröhliche laute Stimme vom Treppenabsatz oben: »Dad, dort hinten fangen sie an zu rufen. Sie ist endlich da! Hurra, hurra!«

Herunter eilte Edward, ein großgewachsener und kräftiger junger Mann mit bestrickenden braunen Augen, die in einem sonnenverbrannten Gesicht blitzten. Er lächelte das kleine verschleierte Fräulein freundlich an und verbeugte sich sehr tief, viel zu tief, dachte sie, wie der lustige spanische Schreiber. Sie nickte, als Mr. Green schnell sagte: »Mein Sohn, Miss Hartridge. Eddie, mein Junge, führ unseren Gast hinauf, wir beiden Alten werden langsam hinterher kommen.« Mary ging ins Büro und reichte Orlando Fellowes, der bei den Greens arbeitete, die Hand. Dann bezog sie an einem Fenster Posten und beugte sich hinaus, so weit sie konnte, um mit niemandem reden zu müssen, auch dann noch, als das Schiff mit flatternden Wimpeln, gellenden Pfiffen, kaffeefarbener Gischt unter seinem Heck aufwirbelnd, am Pier anlegte. Als die unten Stehenden in Jubel ausbrachen, ließ sie sich von der allgemeinen Erregung anstecken und blickte zu den Herren hoch. Edward stand dicht bei ihr.

»Schon damals, mit vierundzwanzig, schnaufte er wie ein Walfisch«, sagte sie so manches Mal zu uns. Edward schwor immer, es habe an seiner inneren Bewegung gelegen, er sei so schrecklich stolz auf das prächtige Schiff gewesen. Er versuchte auch, sich mit seinem Gast zu unterhalten, aber ihm fehlten die Worte; das muntere, leicht dahinplätschernde Gespräch, das er so mühelos anzuknüpfen wußte, wollte nicht in Gang kommen. Edward hatte sich närrisch und unsterblich in eine schwarze Paduaseidenjacke mit angesetztem Schoß unter einem weißen Spitzenschleier verliebt. Mr. Green bot seinen Gästen Madeira an, den Mary wortlos ablehnte, während der General gern annahm.

»Schauen Sie nach rechts, Mary«, rief der General vom zweiten Fenster. »Mr. Greens Schiffe geben ihrer Schwester Geleitschutz. Da, die ›Highland Prince‹ und die ›Elsie‹, sie sind stolz auf sie, kein bißchen eifersüchtig. Nicht wahr, Green?«

»Selbstverständlich nicht, General. Es sind nur kleine Baumwollschiffe, die von Liverpool kommen. Von dort gehen die Ballen immer direkt nach Manchester, Miss Hartridge.«

»Ich könnte stundenlang zuschauen«, sagte der General, »aber Sie wollen vielleicht heim zum Dinner, Green? Nein? Lunch hier, vom Tablett? Es geht mich ja nichts an, aber kaltes Essen wird Sie umbringen.« Sie steckten in einer Ecke die Köpfe zusammen.

Die Liebe gab Edward das zweite Gesicht: »Würden Sie mir gestatten, Sie nach Haus zu begleiten, Miss Hartridge?«

Mary schüttelte den Kopf. »Oh, vielen Dank, aber ich kann allein gehen.«

»Aber bei den vielen finsteren Gesellen, die heute unterwegs sind, ist es vielleicht nicht sicher für eine junge Dame.«

»Ich habe keine Angst, ich bin hier geboren.«

Wie hatte sie angesichts der Enttäuschung in seinem Gesicht nur das Herz so zu reden? In späteren Jahren wunderte sie sich darüber, aber jetzt reichte sie Mr. Green die Hand, während der tolpatschige General sie anlächelte und sagte: »Ich habe noch etwas Geschäftliches zu besprechen und werde Sie nicht aufhalten. Sagen Sie Ihrer Mutter, ich würde sie besuchen und darum bitten, daß der junge Edward« – er schlug dem jungen Mann auf den Rücken – »mit meiner Tochter zu Ihrem Ball kommen darf.

38

Ich bin sicher, daß Sie sich über einen zusätzlichen Tänzer freuen werden, Schatz. Stimmt's?«

»Ich bin entzückt«, preßte Mary hervor, und hastete aus dem Büro nach unten, gefolgt von den Herren, die sich auf der Straße von ihr verabschiedeten.

»Eine niedliche kleine Brigg, zum Anbeißen, nicht wahr?« fragte General Ferguson ins Blaue hinein.

»Hübsches Mädel«, stimmte Mr. Green zu. »Ihr Vater ist ein sehr guter Anwalt.«

Edward seufzte so laut, daß Orlando ein Scherz im Hals stecken blieb.

Edward
oder
Die Last der Vergangenheit

Wir verließen Edward auf dem Hampden-Sydney College, doch in seinem siebzehnten Jahr fand in seiner Familie ein Ereignis statt, das große Auswirkungen auf seine Zukunft hatte. Sein Vater hatte bei seinen ersten beiden Frauen eine feste Hand gehabt und ihre Gesundheit sowie ihre Lebensgeister nachhaltig geschwächt, indem er dafür sorgte, daß sie ungefähr jedes Jahr einen kleinen Ölzweig trugen. Er dachte nie daran, seinen lobenswerten viktorianischen Pfad für irgendein weibliches Wesen zu verlassen, aber die Göttin der Rache ereilte ihn, als er Miss Aminta Elizabeth Fisher aus Baltimore sein Herz und sein Vermögen zu Füßen legte. Sie nahm beides, sie heiratete ihn, und dann lehnte sie es zur mutmaßlichen Bestürzung des alten Herrn ab, sein Spiel mitzuspielen. Sie verstand nicht, warum sie vier kleinere Kinder bemuttern und auf sechs mehr oder weniger erwachsene Söhne achtgeben sollte. Niemand hat es mir je mit so vielen Worten erzählt, doch unmittelbar nach ihrer Rückkehr aus den Flitterwochen kamen die Mädchen auf ein Pensionat, und drei von den Jungen gingen ins Ausland. Auch teilte sie keineswegs die Vorlieben des netten alten Tyrannen; sie beendete sein Wohlleben, indem sie den Inhalt seines Kellers an Krankenhäuser schickte, seltene Cognacs an Armenhäuser verschenkte, seine Ausgaben beschnitt und weniger Gesellschaften gab. Familienchroniken umschrieben diese Revolution vorsichtig mit den Worten: »Mint war religiös eingestellt und sehr enthaltsam.«

Nichtsdestoweniger kamen Aminta und ihr Mann abgesehen von kleinen Reibereien gut miteinander aus, obgleich Edward ins Ausland ging und man ihm ein

Fähnrichspatent in irgendeinem deutschen Heer androhte, weil er sich krumm hielt. Er muß sich schnell aufgerichtet haben, denn als nächstes erfahren wir, daß er in Stella Matutina, einem großen Jesuitenkolleg bei Innsbruck, sehr glücklich war (er war immer zufrieden, es sei denn, das Schicksal beanspruchte ihn über seine Kräfte). Dort gefiel es ihm. Die Pater brachten ihm geduldig Mathematik bei, die Jungen waren nach seinem Geschmack, das einfache, gesunde Essen und die langen Wanderungen im Gebirge auch. Aminta hatte jedoch etwas gegen Jesuiten, so daß Edward auf eine protestantische Schule in La Tour de Peiltz in der Schweiz geschickt wurde, wo er immer noch glücklich war und fast alle mochte; die wenigen Ausnahmen verabscheute er von ganzem Herzen. Er klagte nie über irgend etwas; er ließ kein Heimweh durchblicken und haßte seinen Vater auch nicht dafür, daß seine armen kleinen Briefe mit blau unterstrichenen orthographischen Fehlern zurückkamen. So weit, so gut, aber nur wenige lernen die Rechtschreibung meistern, ohne einen Stachel zurückzubehalten.

Dann hätte das Schicksal fast dafür gesorgt, daß wir nie in seine Welt treten würden. Wie oft haben wir jungen Greens spekuliert, wie langweilig eine Welt ohne uns gewesen wäre! Edward ging in Paris zur Schule, als der Krieg zwischen Frankreich und Preußen ausbrach. Mr. Green weilte gerade in England und überquerte den Kanal rechtzeitig genug, um seinen Sohn zu entführen, der sich zusammen mit zwei anderen Jünglingen aus Amerika zum Kampf gegen die preußischen Truppen gemeldet hatte. Er wurde gerettet, aber die beiden anderen kamen zu General Bourbakis Armee, und man hörte nie wieder etwas von ihnen.

An jenem Tag speisten Mr. Green und sein Sohn mittags bei Voisin, wo letzterer einen Fauxpas beging. Ich bin in dem berühmten Restaurant gewesen, das noch heute als unersetzlich betrauert wird, doch mir kam es trotz des ausgezeichneten Essens beengt, düster und recht fade vor. Edward, von eintöniger Internatskost nicht verwöhnt, sah es sicher mit anderen Augen: samtbezogene Bänke, sehr weiße Leinentischwäsche, hauchdünnes Kristall und weiße Kellner in Abendkleidung. Als er einen von ihnen hinter dem Stuhl seines Vaters stehen sah, sprang er auf und verbeugte sich. Die Kellner daheim waren schwarz; dieser elegante Herr mußte ein Bekannter meines Vaters sein. Ich sehe förmlich, wie sein alter Vater die Augenbrauen hochzog und gleichzeitig lächelte und beschloß, mit Edward durch England und Italien und später durch Deutschland und Frankreich zu reisen.

Ich weiß, daß Edward den Kopf aus dem Fenster steckte und große Augen machte, wenn sie durch eines dieser Länder rollten, daß er es ausgiebig betrachtete und dann hinter sich entschwinden ließ, während die Kutsche weiterrollte. Mr. Green war selbstverständlich über seinen Sohn enttäuscht, das sind Eltern ja immer, aber Edward lernte bei diesen Reisen, erlesene Dinge zu würdigen und zu bestellen, nicht bei anderen anzuecken und sich für kaufmännische Angelegenheiten zu interessieren.

Über seinen anschließenden Aufenthalt in Hamburg ist so gut wie nichts bekannt. In ein Büro gesteckt, wurde Edward alsbald wieder abkommandiert, weil sich niemand um ihn kümmerte, worunter er litt. Das habe ich wenigstens seinen sparsamen Äußerungen entnommen. Um so zu leiden, muß er in der Tat Unrecht erduldet haben, denn andernfalls wäre er nicht so schnell nach Barcelona expediert worden ... In Hamburg bewirtete Edward einmal einige Freunde, indem er ein Pfund Tee eine Stunde lang kochte und ihnen das Gebräu vorsetzte. Überraschenderweise brachte es niemanden um, doch als die Gäste einander nach Haus begleiteten, hatten sie einen Vollrausch. Die Jungen torkelten, hielten sich an Bäumen fest, wurden von Polizeibeamten zu Bett gebracht und waren beim Erwachen immer noch sehr trunken.

Nach Edwards Erzählungen war Barcelona keine geschäftige katalanische Handelsstadt, sondern er verlebte vier Jahre voll stilvoller und harmloser Ausschweifungen. Er hatte eine Wohnung an der eleganten Rambla und knüpfte, während er das Baumwollgeschäft erlernte, schicksalhafte Beziehungen zu den Einheimischen. Herzensdinge werden nie ans Licht kommen, obgleich seine Frau dem geistesgegenwärtigen Edward mancherlei Fallen stellte, die er vermied, indem er sich strikt daran hielt, nur männliche Vornamen fallen zu lassen. Und alljährlich schickten die treuen Spanier und ihre Nachkommen den Greens zu Weihnachten Schachteln mit *torones*, sehr süßem Marzipan und süßen kandierten Kartoffeln.

In seinen spanischen Jahren lernte Edward das Spanische und Katalanische, ließ sich sehr bizarre Bärte wachsen, unter anderem Backenbärte, Schnauz- und Knebelbärte, entwickelte eine Leidenschaft für *bel canto* und lernte jede erdenkliche italienische Oper auswendig. Wagner betrachtete er als einen fremden Gott und verband ihn mit dem Zerschlagen von Sitzen, Prügeleien und den chaotischen Szenen bei den Pasdeloup-Konzerten in Paris, wo dessen Musik zum erstenmal vor Franzosen gespielt wurde. Er liebte eher martialische Arien und Märsche. Anders als Mary zitierte er nie ätzende Aussprüche Mark Twains, wie zum Beispiel »Wagners Musik ist besser als sie klingt«, doch alles in allem ignorierte er deutsche Musik und trällerte Verdi.

Die Oper von Barcelona spielte eine wichtige Rolle in seiner Jugend. Er nahm für die ganze Saison eine riesige Loge. Eine Loge bestand dort aus einem kleinen Vestibül und einem Wohnzimmer. Jeden Abend spannten die besten Sänger der Welt das Zwerchfell, rollten mit den Augen und stampften mit den Füßen, während ihre wundervollen Stimmen das große, kritische, aufmerksam lauschende Haus füllten. Ein einziger falscher Ton, ein falsches Tempo, und das gesamte Publikum begann zu zischen. Ich persönlich fände es nicht sehr reizvoll, vierzigmal hintereinander *Aida* zu sehen, aber die Opernnarren Barcelonas und ihr Gast aus Virginia dachten anders. Letzterer spielte mit seinen Freunden Karten im hinteren

Teil des Wohnzimmers, und wenn eine große Arie kam, traten sie an die Brüstung und lauschten. Dann kehrten sie zurück zu Karten, Erfrischungen und Zigarren. Die Hoffnung auf den Hauptgewinn bei Lotterien und Stierkämpfen war ein wichtiger Bestandteil jenes ausgefüllten Lebens, und ein anderes unverzichtbares Vergnügen bestand darin, die ganze Nacht unter den kalten und klaren Wintersternen oder dem samtblauen Himmel der Hundstage die Rambla auf und ab zu promenieren.

Als Mr. Green seinen Sohn 1877 nach Savannah zurückrief, kam dieser zufrieden, mit zahllosen ausländischen Angewohnheiten, Redewendungen und Mienen heim. Freute er sich über die Heimkehr? Offenbar, denn seine Erzählungen waren nie von Bedauern getrübt, sondern zeugten von Glück über vergangene Freuden. Ein flitterbesetztes Leichentuch für seine frühe Jugend. Falls es etwas anderes gegeben hatte, wurde es vor uns verborgen.

Der Kotillon
oder
Wie man Leute brüskiert

Mrs. Hartridge war bereit, ehe die Gäste kamen. Sie saß in einem Armstuhl, von dem aus sie beide Salons überblicken konnte, fächelte sich und wartete. Sie wartete immer, daß Dinge vorbei waren, daß Mahlzeiten ein Ende nahmen, Gespräche verstummten, Kinder erwachsen wurden. Ihr rotes Haar war unter einer Krone von Zöpfen gescheitelt, ihr großes, sahnefarbenes Gesicht ausdruckslos, ihr schwarzes Moirékleid mit Bändchenspitze besetzt. Sie schaute unbewegt auf die leeren, mit Stechwindenkränzen dekorierten Zimmer, dann auf den spiegelblank gebohnerten Parkettboden. Mrs. Hartridge hob den Blick ihrer seegrünen Augen und sah Mary, die am Arm ihres Vaters hing und ihn herumwirbelte, damit er die hinter einem Paravent versteckte Kapelle sah. Ihr Gesicht war rosig, sie lachte und plapperte, faßte nach einem Anhänger und schüttelte ihren gerüschten Rock glatt.

»Mary!« rief Mrs. Hartridge.

Sie lief schnell zu ihrer Mutter. »Wie gefällt dir meine neue Frisur?« Sie griff nach zwei Haarlocken, die sich völlig um ihre Ohren zu winden schienen.

Der große blitzende Fächer bewegte sich schwerfällig: »Ein bißchen gewagt, und es wird Wochen dauern, bis das andere Haar nachwächst. Von wem hast du den Anhänger?«

»Von Vater. Ist er nicht wunderschön?« An einer hellblauen Schleife hing ein schwarzer, mit Perlen verzierter Anhänger. »Er hat ihn mir gerade eben geschenkt, sonst hätte ich ihn dir schon lange gezeigt, Mutter.«

»Sehr hübsch«, verkündete Mrs. Hartridge matt.

Mr. Hartridge trat lächelnd zu ihnen. »Ein Pendant

dazu liegt auf deiner Frisierkommode, meine Liebe. Mary, lauf hoch und bring es deiner Mutter.«

»Ich denke, ich werde es mir ansehen, wenn ich zu Bett gehe. Vielen Dank, Julian.«

Sein feinnerviges Gesicht umwölkte sich. Er schaute auf seine Tochter, die prompt sagte: »Ich werde mit meinem schlafen, bis die Perlen alle abgenutzt sind. Oh, da kommen sie!«

Der alte Mr. Philipson, ein großer Spaßvogel, verneigte sich vor ihr: »Mary, mein Großvater ist heute nachmittag überführt und mit militärischen Ehren auf See beigesetzt worden!«

»Das freut mich zu hören, wirklich.« Mrs. Hartridge stand auf und ging einige Schritte auf eine ältere Dame zu, bot ihr einen Stuhl an, nahm auf dem daneben Platz und zeigte keinerlei Interesse für das, was nun folgte.

Mary war sehr begehrt. Da jeder jeden kannte, gab es nichts anderes zu tun, als sich zu amüsieren. Achtlos wie eine Welle, die aufsteigt und sich bricht, wie ein Blatt, das sich im Wind seufzt und biegt, wie ein fröhlich hin und her gewehter Distelflaum lag sie in den Armen Joe Mulligans, eines eleganten Tänzers, der gar nicht merkte, daß seine Partnerin ein Hauch war, ein Bündel Sonnenstrahlen, die Verkörperung der Freude.

Ehe der Zauber nachließ, ertönte vom Platz ein Rattern von Wagenrädern, ein Klappern von Pferdehufen. Eisenbeschlagene Stiefelabsätze knallten laut auf das Pflaster, während sie sich dem Haus der Hartridges näherten.

»Bei Gott, ein Paar, das durchgebrannt ist«, erklärte Mr. Philipson. »Aber wer zum Teufel kann es sein? Die meisten von uns sind hier, und es gibt ohnehin niemanden, vor dem man durchbrennen kann.«

Der Tanz endete, die Musik verstummte. Mary lief, gefolgt von ihren Vertrauten, an ein Fenster. Es war eine klare Mondnacht, die Bäume warfen blattlose Schatten quer über den Platz, der dunkle Garten in der Mitte ließ helle Häuser reliefartig hervortreten. Als eine sechsspännige Kutsche vor der Pforte hielt, war im Haus alles still.

Eine großgewachsene Gestalt stieg aus und half einer kleinen Person auf das Trottoir. Diese schien in den Falten eines langen schwarzen Capes zu verschwinden, als sie läuteten und hereinkamen.

Mrs. Hartridge hielt es für überflüssig zu fragen, warum ihre Gäste zu dritt hintereinander an den Fenstern standen, aber ihr Mann runzelte die Stirn und zupfte an Marys Schärpe. »Sind denn nicht alle da, Tochter?« flüsterte er. »Was soll dieser romantische Mummenschanz?«

»Ich habe wirklich keine Ahnung.« Mary empfand ein wohliges Kribbeln. »Es muß jemand auf der Flucht sein oder aber ein Straßenräuber. Oh, ich hoffe, daß nicht zuviel geschossen wird . . .«

Die Türen zum Salon wurden aufgestoßen. Strahlend und unbefangen trat Edward Green in den Raum, in ganz gewöhnlicher Abendkleidung, abgesehen von den Hosen, die sehr weit waren und die Schuhe verdeckten. Außerdem trug er einen dichten Backenbart, eine goldene Uhrkette und eine gemusterte Seidenweste. Er offenbarte, kurz gesagt, exzentrischen kontinentalen Geschmack. Begleitet von der unscheinbaren Annie Ferguson, die dieses eine Mal Aufsehen erregte, näherte er sich und zögerte, während seine Partnerin Mrs. Hartridge begrüßte.

Der Gastgeber trat zu ihm. »Guten Abend, Sir. Und mit wem habe ich die Ehre?« Er klang höflich, doch ein klein wenig drohend.

»Mr. Hartridge? Ich bin Edward Green, und es tut mir leid, daß ich noch nicht die Gelegenheit hatte, Sie kennenzulernen. Gerade erst eingetroffen, wissen Sie. Dürfte ich Ihrer Gattin meine Aufwartung machen, Sir?« Er lächelte dem kleineren Mann freundlich zu.

»Sehr angenehm, Mr. Green. Meine Frau wird sich ebenfalls freuen . . .« Er winkte zu der majestätischen, teilnahmslosen Gestalt am anderen Ende des Raums.

»Ich wollte schon gestern meine Aufwartung machen, aber Mrs. Hartridge war nicht daheim.« Edward suchte das Zimmer nach Mary ab, die sich und einen Teil ihrer

Tournüre hinter einem Vorhang versteckt hatte. Einige Freunde von Mr. Charles Green hielten sich bereit, dem armen exzentrischen Ned zu Hilfe zu eilen.

Mr. Hartridge, dessen feines Gespür an Hellsichtigkeit grenzte, fühlte eine vage Unruhe in seiner Brust aufsteigen, ein Mißtrauen, doch er versuchte, sich zu beherrschen. Die Kapelle stimmte eine Melodie an, Annie wurde sofort aufgefordert und wirbelte mit einigen nicht weiter neugierigen Paaren herum. Der Gastgeber nahm Edward beiseite: »Ich hasse es, ungastlich zu erscheinen, und so sehr ich Streiche mag, wüßte ich doch gern, warum Sie ausgerechnet mein Haus zum Gegenstand Ihres . . .«

»Ihre Tochter hatte die Freundlichkeit, mich einzuladen, Sir. Daß wir sechsspännig kamen, sollte kein Scherz sein, es war vielmehr eine Wette. General Ferguson ermutigte mich ganz entschieden, weil er wußte, daß ich eingeladen war . . . Ich . . .« »Mary«, rief Mr. Hartridge mit seiner leisen, klaren Stimme.

Der Vorhang bewegte sich, und Mary trat zu ihnen.

»Oh, wie geht es Ihnen, Miss Hartridge? Ich hoffe, Sie hatten auf dem Rückweg vom Hafen keine unangenehmen Abenteuer? Sir, Ihre Tochter hatte die Güte vom Büro meines Vaters zuzusehen, als die ›City of Savannah‹ einlief.«

Mr. Hartridge bedachte seine Tochter mit einem Blick, der ihre glückliche Welt zerstörte. Sie biß sich auf die Lippe und streckte, wie Edward später berichtete, »eine Handvoll steifer Finger« aus. Sie haßte diesen jungen Ausländer abgrundtief. Ihr Vater würde denken, sie sei geradewegs zum Büro der Greens gegangen, habe den jungen Mann eingeladen und ihm das verschwiegen, wo sie den Burschen doch in Wahrheit vollkommen vergessen hatte. Sie wußte, daß er dies nicht leicht glauben würde. Daß dieser abscheuliche Fremde eine Kluft zwischen ihnen aufreißen sollte! Es war nicht gerecht. Aufdringlich, vulgär, dumm, dachte sie, während sie in das arglose Gesicht starrte. Edwards Selbstsicherheit war dahin, und er sah sie flehend an.

»Mary, mach deinen Gast bitte mit deiner Mutter bekannt.« Mr. Hartridge verbeugte sich und machte auf dem Absatz kehrt.

Stumm und vor Empörung außer sich trabte Mary, gefolgt von Edward, durch das Zimmer. »Mutter«, sagte sie eisig. »Darf ich dir Miss Fergusons Partner, Mr. Edward Green, vorstellen?« Damit eilte sie fort und versuchte, den Vorfall in Orlandos Armen zu vergessen. Es war schwierig, denn während sie wortlos vor sich hin zürnte, hörte sie andere Paare über Edward und seinen Auftritt tuscheln. Er habe »etwas richtig Ausländisches und Romantisches«, sagten sie. Die Mädchen meinten, Edward hätte eine hübschere Partnerin wählen können. Er habe so schwermütige Augen, seine Abenteuer in Europa müßten absolut aufregend, ja aufwühlend gewesen sein. Die Männer widersprachen ein bißchen eifersüchtig. Edward sei kein Frauenheld, sondern ein guter Kumpel und ein noch besserer Zechbruder. Nein, Ned war ein großartiger Kerl, aber kein Hallodri.

Mary fragte sich beim Tanzen, warum sie dem jungen Mann nicht vorher begegnet war, denn alle anderen schienen ihn zu kennen. Sie hatte ihn nie bei Festen getroffen. Sicher, seit seiner Rückkehr hatte es nicht viele gegeben, und wenn er sie zu Bierbäuchen machte, nun . . . Sie warf den Kopf zurück, als ihr klar wurde, daß ihr Kotillon eine sonderbar exotische Qualität bekommen hatte, seit er eingetroffen war. Mit einem Eklat, aber er gab dem Fest zweifellos eine gewisse Würze. Sie hatte gehofft, sich gut zu amüsieren, aber nun hatten Mr. Green und seine kontinentale Vergangenheit dafür gesorgt, daß der Ball unter vielen herausragen würde.

Edward hatte sich Gewaltiges vorgenommen, als er gebeten hatte, Mrs. Hartridge seine Aufwartung machen zu dürfen. Neben ihr in einem Lehnstuhl von der Größe eines Throns sitzend, begann er, Konversation mit der Dame zu machen: »Ich habe mein Leben lang noch nie so etwas Wunderbares gesehen: zwei prachtvolle Zimmer mit all den Schönheiten, auf die Savannah mit Recht stolz ist, eine ausgezeichnete Kapelle und eine Nacht aus Blau und Silber gesponnen . . .« Mrs. Hartridge fixierte ihn mit ihren großen Augen, und da sie nichts zu sagen hatte, wartete sie, daß er fortfuhr oder schwieg, wie es ihm beliebte. Aber Edward war als junger Mann sehr einnehmend und er redete gern: »Ich bin in vielen großen Städten gewesen und habe die interessantesten Dinge gesehen, doch nirgends hat man mich so herzlich, höflich und gastfreundlich empfangen wie in Savannah. Ich werde bis zu meinem Tode« – er legte eine Hand an seine Hemdbrust – »voll Dankbarkeit und Freude daran zurückdenken.«

»Freut mich zu hören, Mr. Green.« Seine Gastgeberin fächelte sich. »Es gefällt Ihnen hier?«

»Gefällt Ihnen! Ich liebe alles. Jeden Stein im Hafen, jeden Baum und Strauch. Und erst die Menschen!« Er beugte sich vor und fragte, all sein Pathos vergessend: »Haben Sie meine Mutter gekannt?«

Mrs. Hartridge warf einen Blick zu der Uhr auf dem Kaminsims, ehe sie gelassen antwortete: »Ich gehe selten aus, aber ich habe Mrs. Green ein- oder zweimal gesehen. Ich erinnere mich, zwei ihrer Gesellschaften besucht zu haben. Sie gab wundervolle Feste.« Da diese lange Rede beinahe zuviel für sie war, stand sie auf, als die Kapelle eine fröhliche Weise spielte.

»Das ist die Tischmusik aus *Don Giovanni*«, murmelte Edward.

»Ja, es bedeutet, daß wir jetzt essen«, erwiderte sie. Mary näherte sich und wirbelte im Walzerschritt fort. Edward fühlte »ein scheußliches Ziehen irgendwo um die Taille«.

»Darf ich Sie zu Tisch führen, Ma'am?« Edward reichte Mrs. Hartridge seinen Arm, und sie nahm ihn mit einer Selbstverständlichkeit, als wäre ein so junger Mann kein ungewöhnlicher Partner.

Nach dem Essen, als sein Mut gewachsen und seine Liebe unerträglich war, bat Edward die junge Miss Hartridge um einen Tanz. Sie erklärte, sie habe leider keinen mehr übrig, es tue ihr wirklich furchtbar leid. Worauf Nellie freundlich bemerkte, sie würde gern mit Mr. Green einen Walzer tanzen. Einen vorwurfsvollen und sehnsüchtigen Blick auf Mary richtend, entschwebte er mit seiner Partnerin zu den Klängen der »Schönen blauen Donau«, Marys Lieblingsweise. Sie sah dem wirbelnden Paar indigniert nach. Edward tanzte leicht wie eine Feder, seine Füße schienen kaum den Boden zu berühren, er hielt seine Dame ein Stück von sich entfernt und schwenkte sie nach einer Weile links herum, eine unerhörte europäische Neuerung, die in beiden Salons Verwirrung stiftete. »Pah«, bemerkte Mary zu Annie Ferguson. »Dieser Green packt seine Partnerin an der Schärpe und benutzt sie als Rammbock, ich würde nicht im Traum mit ihm tanzen.« Diese unfreundliche Bemerkung wurde dem damals empfindlichen Edward hinterbracht und veranlaßte ihn, Tränen zu vergießen.

Der Kotillon, wie ihn meine Eltern beschrieben, war so unendlich kompliziert, daß sich heute niemand daran wagen würde. Dieser war ein großer Erfolg ohne jeden Mißklang, doch einmal mußte er enden, und die Gäste gingen mehr oder weniger gleichzeitig heim, wie es in kleinen Städten und zu sehr später Stunde üblich ist. Mary täuschte angeregte Konversation vor und drehte Edward sogar den Rücken zu, als er mit herunterbaumelnden, weißbehandschuhten Händen dastand und betete, sie möge ihn ansehen. Er betete vergebens, und zuletzt stieg er unter einem Schwall gutgemeinter Neckereien zusammen mit der »kreidebleichen und zerzausten Annie« auf den Kutscherbock und donnerte durch die gespenstisch stillen Straßen zu den Fergusons, ehe er die Equipage in Mr. Pratts Mietstallungen zurückgab.

Liebesleid trifft meist nur einen

Der unglückliche Edward sank tiefer und tiefer in den Sumpf der unerwiderten Liebe, doch nicht ohne, wenigstens zu Beginn, tapfer um seine Beute zu kämpfen. Zu sagen, daß er Mary Besuche machte, wäre eine absurde Untertreibung. Er suchte das Haus der Hartridges heim; man konnte ihn zu jeder Zeit nach Feierabend mit der Hand an der Türklingel sehen. »Nicht zu Haus« hieß es bei sechs von sieben Malen; er versuchte es tags darauf wieder. Mary sagte, er habe sich auf eine hinterhältige und klammheimliche Art die Zuneigung derer erschlichen, die ihr am liebsten und teuersten gewesen seien, aber ich wiederhole, daß die meisten Einladungen, bei denen er Mary wiedersah, in der Hoffnung erfolgten, dem lästigen Verliebten eine Brücke zu bauen.

Wie immer, wenn eine Neigung hoffnungslos zu sein scheint, waren alle Taktiken falsch. Wahre Liebe führt selten auf geradem Weg zum Ziel, doch könnte sie es, wenn einer der Beteiligten ihr eine Chance gibt, statt die angebetete Person ungeschickt zu bedrängen. Edward wurde gebeten, den Sonntag auf Mr. Alfred Hartridges Besitz weiter oben am Fluß zu verbringen. Marys Onkel war ein hochinteressanter Mann, der oft Gäste in Beaulieu hatte, das »Bewly« ausgesprochen wurde. Edward, mündlich eingeladen, adressierte seine schriftliche Annahme nach »Bewly«. Er hätte es vermeiden können, belächelt zu werden, aber nein, wahre Liebe machte ihn erlesen höflich und damit zur Zielscheibe kichernder Mädchen, zu denen auch Mary gehörte, die sich eine solche Ignoranz der dortigen Aussprachegewohnheiten gar nicht vorstellen konnte. Seine Anwesenheit bei Picknicks, privaten Theaterdarbietungen, Austernpartys und allen anderen Festen, bei denen sorgloser Frohsinn herrscht, war ein Mißklang. Im ersten Stadium der Verliebtheit schaffte er es, in Gesellschaft so gewandt und bestrickend zu sein wie früher. Doch bald schwanden diese Vorzüge, und ein unausstehlicher Edward kam zum Vorschein. Er war launisch, griesgrämig, verschoß eifersüchtige Blicke, machte ihr plump den Hof und belästigte sie so sehr, daß sie mir, falls er sich tatsächlich so benahm, wie er es später schilderte, im Rückblick leid tut. Sie sprach kaum über jene Zeit, ob aus Scham über ihre Kratzbürstigkeit oder weil sie der häufigen Wiederholungen überdrüssig war, kann ich allerdings nicht sagen.

Wie beweist ein Liebhaber seine Liebe? Er geht in den Wald und fängt ein scheues, niedliches kleines Reh, genau das, was ein Mädchen entzückt. Wie das Tier nach Savannah gebracht und Thaddeus zusammen mit einem respektvollen und zugleich leidenschaftlichen Billett übergeben wurde, ist nicht überliefert. Als das Geschöpf im Garten der Hartridges stand, blieb nichts anderes übrig, als einen kühlen Dank zu schreiben und Edward zu verfluchen. Das Geschenk hatte nicht die erwartete Wirkung, denn er malte sich aus, Mary würde nun, den Arm um den Hals des Tieres gelegt, unter den Kamelienbäumen lustwandeln, ungefähr wie Genoveva von Brabant im Ardennerwald. Mitnichten, das arme Tier fraß, sich selbst überlassen, alle preisgekrönten Rosen von Mr. Hartridge, knabberte an der Rinde gehätschelter Schößlinge und beging schließlich Selbstmord, indem es vom Efeu naschte. Mr. Hartridges Zorn wurde gemildert durch die Tatsache, daß seine Befürchtungen hinsichtlich Edward nicht eingetroffen waren. Mary machte sich nichts aus dem Mann und mokierte sich sogar in ihren langen Gesprächen mit ihrem Vater über seine Aufmerksamkeiten. So nahe Vater und Tochter sich ohnehin standen, sie waren täglich mehr aufeinander angewiesen! Der junge Green mit seiner tapsigen, ungeschickten und närrischen Liebe wirkte angesichts ihrer abgeklärten, innigen Freundschaft absurd.

Aber das Schicksal lauerte mit der Schere in seinen rauhen Fingern, um verschiedene dünne Fäden zu durchschneiden und die losen Enden in den Schoß der Hartridges zu werfen. Mr. Hartridge fuhr mit dem Zug nach Washington, ein unbedeutendes Ereignis im Leben eines Kongreßabgeordneten, erkältete sich, bekam eine Lungenentzündung und starb allein in seinem Hotelzimmer, ehe die Nachricht von seiner Erkrankung in Savannah eingetroffen war. Die Trauer, die seine Tochter erfaßte, sollte sich nie ganz legen, und obgleich der schwärzeste Kummer langsam schwand, blieb der Schatten ihres Vaters immer bei ihr. Ich sehe Mary vor mir, sie lacht, sie redet, bügelt Schwierigkeiten aus, macht sich über ihre Kinder lustig. Ganz unvermittelt geht sie, das Gesicht zur Verzweiflung erstarrt, auf ihr Zimmer. »Ich mußte an meinen Vater denken«, sagte sie danach. Sie behielt ihn in ihrem munteren Herzen, und mit ihr ging die letzte Spur von diesem guten Mann dahin.

Am Tag seiner Beerdigung waren die Geschäfte geschlossen, und Savannah trauerte. Alle folgten seinem Sarg, nur nicht seine Witwe und seine Töchter. Die Neger folgten in geschlossener Formation, zum erstenmal in den Annalen der Stadt. Kongreßabgeordnete hielten eine unglaubliche Zahl von Reden, und der Vertreter von Vermont erklärte in seinem Nachruf: »Und, jawohl, Sir, ob auf der Straße, im Gericht oder im Sitzungssaal, in Gesellschaft oder daheim, er war ein vollkommener Gentleman.« Irgendein Teil des vollkommenen Mr. Hartridges, der sogar daheim ein Gentleman war, schwebte sicher noch im Raum, um diese sonderbare Definition zu hören.

Die Ereignisse überstürzten sich. Während Mrs. Hartridge hinter den schweren Crêpeschleiern der Südstaatenwitwe verschwand, überließ ihre Tochter sich ihrer ersten, abgrundtiefen Trauer. Man sah sie nur in der Kirche, und viele übten Kritik an ihr, weil sie in einfachem Schwarz dorthin ging, ohne die althergebrachten Requisiten des Kummers, die ihre arme kleine Gestalt nur niederdrücken und ihr Kopfschmerzen bereiten konnten. Edward schrieb ihr, ließ von der gefälligen Nellie Grüße übermitteln, trauerte aufrichtig mit. Es stellte sich heraus, daß Mr. Hartridge praktisch nichts hinterließ. Er war viele Verpflichtungen eingegangen, die nie präzise geklärt wurden, und einer einst wohlhabenden Familie blieben nur das Haus und ein kleines jährliches Einkommen, ungehörig klein, fand Mrs. Hartridge.

Mary schien sich nichts daraus zu machen; Geld und das Streben danach waren in ihren Augen immer etwas Unsinniges, und angesichts der Tatsache, daß sie ihren Standpunkt auch nicht unter den bedrückendsten Umständen änderte, muß er aufrichtig gewesen sein. Die Verwandlung von einem reichen in ein armes Mädchen störte sie so wenig, als wäre die Mary Hartridge von ehedem ein aufgeputztes und oberflächliches Geschöpf gewesen, von dem sie, die jetzige Mary, auf der Straße mit einem flüchtigen Nicken bedacht worden wäre. Sie hatte recht, denn Fotos, die wir aus jener Zeit von ihr haben, sind anders; sie sah nun aus wie ein kleines, betrübtes, verlassenes Vögelchen. Aber die Furche in ihrem Kinn zeigt die Charakterstärke, die sie nie verließ.

Drei Monate nach dem Tod des Vaters fuhr sie mit Edward spazieren, und da er die Pferde mit wundervoll leichter Hand lenkte und nicht von Liebe zu sprechen wagte, konnten sein Taktgefühl und sein Charme wirken. Man erinnere sich, daß Mary ihn nie anders als den lästigen, hartnäckigen Verehrer gekannt hatte, und sie muß seine bessere Seite mit Staunen wahrgenommen haben. Als Nellie ihm erzählte, daß Mary mehrere Heiratsanträge abgelehnt habe, faßte er Mut. Solange kein anderer akzeptiert wurde, konnte er optimistisch sein.

Wie es oft geschieht, wurden die ersten Tauermonate durch Bezeugungen des Mitgefühls der zahlreichen Freunde der Hartridges erleichtert. Dann kam eine kaum merkliche Änderung. Andere Mädchen konnten Marys Platz nicht einnehmen, andere Häuser waren nicht ganz so lustig, aber das gesellschaftliche Leben ging recht gut und ohne tiefere Spuren des Kummers weiter. Im Sommer leerte sich die Stadt, und als die Leute mit dem frischeren Wetter zurückkehrten, stellten sie gerührt fest, daß der junge Green die heiße Jahreszeit nicht etwa in Virginia verbracht hatte, sondern in Marys Nähe. Viele runzelten auch die Stirn, als sie hörten, daß die Hartridges kein Haus bezogen hatten, das ihren neuen Umständen entsprach, und daß Mary äußerst schätzenswerte Verbindungen ausgeschlagen hatte. Selbst Mrs. Hartridge bemerkte, ohne im Fächeln innezuhalten: »Hör zu, Mary, ich war mit sechzehn verheiratet, und du bist jetzt zweiundzwanzig und wirst langsam eine alte Jungfer. Du wirst noch in den Wald müssen, um einen abgebrochenen Ast zu holen.« Dann rief sie ihre Zofe und ließ sich die Stiefel zuknöpfen und eine Haube reichen, um den Abendgottesdienst zu besuchen. Von den verbliebenen Domestiken und ihrer Tochter zur Tür begleitet, schritt die würdige Dame von dannen. »Die alte Miss Mary ist so stolz«, war die allgemeine Meinung. »Sie geht, als ob sie noch nie ihre Füße gesehen hätte.«

In Unkenntnis von Lob oder Tadel schritt Mrs. Hartridge gemessen vom weißen Säulenportikus der Christ Church zum Abendessen heim. Ein wenig verspätet ging sie geradewegs ins Eßzimmer und erblickte Edward auf allen vieren, widerwillig einen kleinen Jungen auf dem Rücken tragend, während Mary und ein paar Grünschnäbel zuschauten. »Du mußt jetzt trompeten und dich auf den Hinterbeinen aufrichten«, befahl der Reiter (unser Onkel Walter), »du bist ein Elefant, du mußt trompeten, oder ich trete dich in die Seite!«

»Kinder, Kinder«, murmelte Mrs. Hartridge. »Setzt euch, das Essen ist fertig. Guten Abend, Mr. Green.«

Edward stand auf und staubte sich die Knie ab. »Ihre Tochter hatte die Güte, mich einzuladen, Ma'am . . . Ich hoffe, ich störe nicht.«

»Was für ein Lügner Sie sind«, bemerkte Mary mit einem breiten Lächeln. »Er hat sich praktisch selbst eingeladen, Mutter.« Man beachte den plötzlichen Wechsel zum vertraulichen Ton.

»Sie drücken es nicht sehr feinfühlig aus«, sagte Edward vergnügt, ein Lügner geheißen zu werden.

»Mr. Green, wenn Sie sich bitte neben mich setzen würden«, sagte seine Gastgeberin. »Was ist denn, Walter?«

»Der alte Mann soll nicht zwischen dir und Mary sitzen«, protestierte Walter. »Das ist mein Platz, er darf ihn mir nicht wegnehmen!«

»Gut«, sagte Mary und nahm ihren gewohnten Platz ein. »Dann sitzt er eben neben Willie.«

Walter, der jüngste und ungezogenste, füllte ein Glas bis zum Rand, stützte sich mit beiden Ellbogen auf den Tisch und trank den Eistee mit einem schrecklichen Schlürfen.

»Walsy, Walsy, das gehört sich nicht«, bemerkte seine Mutter und fing an zu essen.

»Ich bin ein Pferd, Mutter, Thaddeus, du alte Schlafmütze, ich möchte noch etwas.«

»Master Walsy, Sie kriegen einen dicken Bauch und platzen«, flüsterte Thaddeus und blickte Edward um Entschuldigung heischend an.

»Gute Prophezeiung«, erklärte Edward fröhlich. »Aber in Spanien haben sie Flaschen mit langen Tüllen an den Seiten, die sie ganz hoch halten, um sich das Zeug hinter die Binde zu gießen, so . . .« Er hob eine imaginäre Flasche über seinen Kopf und machte den Mund auf.

»Welches Zeug?« rief Walter und versuchte, auf den Knien seines Nachbarn Fuß zu fassen.

»Nun ja, Wein natürlich, das heißt, Milch oder Tee. Ich habe zu Haus eine Flasche und kann sie dir mal zeigen.« Er bugsierte Walter auf dessen Stuhl zurück und begann, die Damen zu unterhalten. Eine gute Geschichte folgte der anderen, und alle handelten von Spanien. Edward sprach mit ausländischem Charme und hielt nur dann und wann inne, um sich aus Willies Umarmungen zu lösen, die seinen perlgrauen Anzug zu ruinieren drohten. Die Jungen aßen, ohne den Reisenden aus den Augen zu lassen, und Mary stützte sich, jenes goldene Land im

Geiste besuchend, auf einen Ellbogen. Mrs. Hartridge blickte dann und wann auf, um zu murmeln: »Wirklich, Sie überraschen mich« oder auch: »Andere Länder, andere Sitten!« Bei der ersten Erwähnung von Stierkämpfen erwachten die Kinder jedoch zum Leben. Alfred stampfte auf das Parkett und brüllte, um dann mit einem großen bunten Taschentuch, das er dem bedauernswerten Edward aus der Jacke gezogen hatte, auf diesen zuzusausen.

Mrs. Hartridge richtete sich matt auf. »Alfred, laß das bitte. Willie, nicht mit dem Kopf stoßen, Mr. Green wird eine schlechte Meinung von dir bekommen. Äh, sind die spanischen Damen so hübsch, wie man hört?«

Edward küßte seine Fingerspitzen. »Oh, sie sind wundervoll! Schwarze Augen und ein Teint wie Lilien! Und die zierlichste Figur, sie tanzen ja auch all diese feurigen Tänze . . .«

»Vormachen!« rief Walter.

»Hm . . .« Edward wurde sich bewußt, daß dies sein erstes Dinner in einem Trauerhaus war.

Mary fühlte einen Stachel der Eifersucht auf das Aussehen der spanischen Damen und drängte ihn ironisch: »Ja, tanzen Sie einen spanischen Tanz, es sei denn, Sie kämen sich dann lächerlich vor.«

»Ich? Nein, ich komme mir nie lächerlich vor.«

Er nahm seine Frackschöße und machte ein paar muntere Schritte. »Sie haben natürlich lange Rüschenröcke an und wiegen sich in den Hüften.« Er tat letzteres. »Und wenn die Gitarren klimpern und die Kastagnetten klikken« – er schnippte mit den Fingern –, »dann machen sie schnell sechs kleine Schritte nach links und sechs nach rechts, sehen die anderen an, wirbeln herum und stampfen mit hoch erhobenen Armen . . . Und dann das Ganze noch einmal . . .«

Es muß ein sonderbarer Anblick im flackernden Schein der Kerzen gewesen sein. Der junge Mr. Green, der mit seinem würdevollen Schwalbenschwanz und dem langen Schnurrbart eigentlich recht solide wirkte, hopste geziert über den Axminsterteppich, ohne daß sein strahlendes

Gesicht etwas von seinen Liebesqualen verriet, und die jungen Hartridges sperrten den Schnabel auf und fragten sich, ob es wirklich lustig sei, daß ein Erwachsener sich auf diese Weise zum Narren machte. Auch Thaddeus war ein bißchen schockiert. Mrs. Hartridge blickte unbewegt geradeaus, so daß sie Edwards Darbietung nur sah, wenn er aus dem Schatten in ihr Gesichtsfeld trat, denn sie dachte gar nicht daran, sich auf ihrem Stuhl hin und her zu drehen. Mary lächelte zuerst über die Pantomime, aber dann durchfuhr ein heftiger Schmerz ihr Herz, und sie wurde urplötzlich ernst. Sie hatte zum erstenmal von Edward sprechen hören, als sie selbst den Fandango tanzte, aber eine ganz andere Version. Damals lebte ihr Vater noch, und sie hörte wieder, wie er fragte: »Du machst dir doch nichts aus diesem naseweisen Green, Mary?« Und ihre Antwort: »Natürlich nicht, Vater, er ist solch ein eingebildeter Laffe.« Sie ließ bei der Erinnerung den Kopf hängen und blickte so unglücklich drein, daß Edward sofort Gefahr witterte. Er hörte abrupt auf und war im Begriff, etwas zu sagen, als Nellie hereinstürzte, um Mary nach einigen Worten an die übrigen Anwesenden zu entführen.

Nellie kam ein wenig aus der Puste, als sie und Mary Arm in Arm nach oben liefen, aber sie hatte noch genug Luft, um zu sagen: »Hör mal, mein Vater hat es von dem alten Green. Warum hast du mir nichts davon gesagt? Du wirst ja nun bald in das große Haus ziehen und all die Kutschen haben. Ich bin sehr böse auf dich, weil du es vor mir geheimgehalten hast, während diese alten Leute schon darüber reden.«

»Worüber reden sie?« Mary stampfte auf die Dielen, als sie den Treppenabsatz erreicht hatten.

»Na ja, über deine Verlobung mit Edward.«

»Das ist das erste, was ich davon höre. Das tratscht er also über mich herum, aber ich werd's ihm zeigen. Warte hier.« Sie schoß nach unten in den Salon, und als sie die Hand auf den Türknauf legte, ertönte drinnen ein Krachen, gefolgt von dem dumpfen Ton eines zu Boden fallenden Körpers. Die Stille, die dann eintrat, wurde endlich von Mrs. Hartridges schleppender Stimme unterbrochen: »Warum mußten Sie sich ausgerechnet einen kleinen goldgefaßten Stuhl aussuchen, Mr. Green?«

»Ich wußte nicht, daß er so wackelig war«, antwortete Edward, und Mary horchte vergebens auf einen ärgerlichen Unterton in seiner Stimme.

»Meine Stühle sind nicht wackelig, aber ein ausgewachsenes Mannsbild sollte ein geeignetes Möbel wählen.«

»Sie haben recht«, entgegnete Edward demütig, »aber dieser kleine Unfall macht es mir schwer, Mrs. Hartridge. Ich weiß nicht recht, wie ich mich ausdrücken soll.«

»Sie wollten in irgendeiner Angelegenheit mit mir reden«, half sie vage nach.

»Ja. Verstehen Sie, ich . . . Oh, Mrs. Hartridge, ich möchte Sie um die Hand Ihrer Tochter bitten!«

»Warum fragen Sie mich, Mr. Green? Es ist Marys Hand.«

»Ich weiß, ich weiß, aber es ist korrekter, sich zuerst an die Mutter einer jungen Dame zu wenden. Habe ich Ihre Erlaubnis, mit Mary darüber zu sprechen?«

»Ist das alles? Ich verstehe nicht, warum Sie sich deshalb mit mir in Klausur begeben. Sie und Mary sind seit Monaten unzertrennlich.« Ssst, machte der Schaukelstuhl, und als Antwort raschelte Mrs. Hartridges schwarzes Seidenkleid auf dem Parkett.

»Sie haben vielleicht den Eindruck«, erklärte Edward düster, »aber ich bin bei ihr kein Stück vorangekommen, obwohl ich sie seit dem Tag, als ich sie kennenlernte, aufrichtig und treu liebe. Ich kann an nichts anderes mehr denken. Ich bin todunglücklich, ich ertrage es nicht länger, ich habe sogar mit meinem Vater über sie geredet.«

»Und was sagt Mr. Green? Daß Sie einer Bettlerin den Hof machen?« Zum erstenmal hatte die gleichmütige Stimme einen grollenden Unterton.

»Vater sagt, ich sei derjenige, der sie heiraten wolle. Ihm sei jedes Mädchen recht, das ich liebte.«

»Jedes Mädchen! Eine merkwürdige Art, von meiner Tochter zu reden!«

»Er packt das alte Mädchen falsch an«, dachte Mary, »meine Güte, was für ein interessantes Gespräch.«

»Oh, Ma'am, verzeihen Sie mir. Miß Mary ist tausendmal zu gut für mich. Ich bin es nicht wert, dieselbe Luft zu atmen wie sie, aber wenn ich sie nicht heiraten kann, werde ich sterben. Sie ist zu freundlich zu mir, das ist ein schlechtes Zeichen. George Hennessy findet das auch.«

»Sie haben also im Club über Mary diskutiert?« fragte Mrs. Hartridge scharf.

»Nein, Ma'am, aber mein einziger Trost besteht darin, mich meinen Freunden anzuvertrauen.«

»Trotzdem sehe ich nicht, warum wir dieses Gespräch führen, zumal die ganze Stadt über meine Tochter zu klatschen scheint.« Mrs. Hartridge stand auf und schien zur Tür zu kommen.

»Mißverstehen Sie mich bitte nicht. Ich dachte, als ihre Mutter könnten Sie mir vielleicht helfen.«

»Ich wüßte nicht, was Sie damit meinen könnten, Mr. Green.«

»Ich meine, gibt es irgendeine Hoffnung für mich? Wenn sie nur bereit wäre, mich zu heiraten, wäre ich der glücklichste Mann der Welt. Ich würde vor ihr auf Knien liegen, solange ich lebe. Sagen Sie mir die Wahrheit. Bitte, Ma'am, sehen Sie mich doch an. Ich habe abgenommen, ich bin zu einem Nichts abgemagert, und ich kann es nicht viel länger ertragen.« In der langen Pause, die nun folgte, konnte Mary seine angstvollen Atemzüge hören.

»Sie reden sehr gewunden, Mr. Green. Ich verstehe Sie kaum. Sie haben eine sonderbare Art, sich auszudrücken. Wenn Mary Sie mag, dann um so besser oder um so schlimmer, ganz wie Sie belieben. Ich wünsche einen guten Abend, Sir.«

Mary sauste in das Anrichtezimmer, ehe die Salontür aufgerissen wurde und ein elegant gekleideter junger Mann barhäuptig aus dem Haus stürzte. Thaddeus polierte liebevoll die Gläser und hielt jedes ans Licht, ehe er es in einen Schrank stellte. »Master Edward ist sehr hastig gegangen«, sagte er.

»Thaddeus.« Mary biß sich auf die Lippe, und ihre Augen füllten sich mit großen Tränen. »Glaubst du, er hätte Vater jemals gefallen können?«

»Hm, Miss Mary, Ihr Vater hat nie ein Wort über Mr. Green gesagt.«

»Gefällt er *dir*?«

Der Butler lächelte, so daß sein altes Gesicht noch mehr Runzeln bekam. »Er ist der freundlichste und großzügigste Gentleman der ganzen Stadt.«

»Das heißt, daß er dir jedesmal Trinkgeld gibt, du habgieriger alter Mann.«

»Sicher tut er das, Miss, und er hat für jeden ein freundliches Wort und ein Lächeln. Er ist wie eine Sonne, den sogar die Leute lieben müssen, die ein Herz aus Stein haben.«

»Ich nehme an, du meinst mich.« Sie drehte sich um und stieß mit ihrer Tournüre an ein Tablett mit Gläsern. Ein langstieliges böhmisches Glas fiel hin und zersprang. »Scherben bringen Glück«, sagte Thaddeus mit einem breiten Lächeln.

»Ich weiß nicht, warum ich mir gefallen lasse, daß du immer so frech zu mir bist.« Sie streckte die Hand aus, und Thaddeus nahm sie verwundert: »Sieht aus, als wäre sie überhaupt nicht größer geworden, seit Sie ein kleiner Spatz waren.« Er drückte sie zärtlich.

»Thaddeus, ich werde Master Edward heiraten, und . . .« Sie weinte ein wenig. »Aber du und ich, wir müssen Vater weiter lieb haben und dürfen ihn keine Minute lang vergessen. Keiner vermißt ihn so wie wir.«

Thaddeus neigte den Kopf und bückte sich, um die Scherben einzusammeln. »Er hat es kommen sehen, Miss Mary, und er versteht es.«

Sie ging nach oben zu ihrer Freundin, die vor Neugier platzte. »Nellie, ich war nicht ehrlich zu dir, ich wollte es nicht, aber . . . Edward und ich . . .« Sie brach in Tränen aus und warf sich aufs Bett. Sie hatte Edward seit zwei

Jahren geliebt, doch es war ihr nie bewußt geworden, bis sie hörte, wie er vor der kühlen Mrs. Hartridge sein Herz entblößte. Aber sie war noch nicht so unsterblich in ihn verblieben wie in späteren Tagen.

Das Wunder
oder
Der Sinneswandel

Sie wurden am 23. Februar 1880 in der Christ Church getraut. Nach Augenzeugenberichten strahlte Edward wie die aufgehende Sonne, und seine in grauen Seidenmoiré gehüllte Braut glich einer zarten kleinen Wolke. Sie war seit dem Tod ihres Vaters nicht mehr ausgegangen und hoffte, ihre Flitterwochen unbemerkt verbringen zu können. Leider lenkte Edwards ungehöriges Glück auf der Schiffsreise zu den Karibischen Inseln alle Blicke an Bord auf die beiden, und wie zu erwarten, trat bald ein farbiger Mann zu ihm und gab ihm einen gewaltigen, mit weißen Schleifen gebundenen Blumenstrauß: »Für die Braut, Chef.«

Mary zog sich mit einer Verwünschung in ihre Kabine zurück, war zwei Tage lang seekrank und bekam stechende Kopfschmerzen, und nachdem sie sechs Tage lang von einem Boot mit Glasboden aus das Meerwasser bewundert und mit ihrem Bräutigam unter vier Augen gespeist hatte, langweilte sie sich gründlich. Ich habe eine Ferrotypie von den beiden an einem Strand in Kuba. Edward thront, Zeichen des Verfalls ringsum wie immer großartig ignorierend, in einem altersschwachen Korbsessel, während Mary in einem wunderschönen Kleid sehr hochmütig neben ihm steht. Bei der Rückkehr nach Savannah behauptete sie, die Reise sei schrecklich gewesen, aber Edward hörte nicht auf zu schwören, daß er sich noch nie so gut amüsiert habe.

Dies bleibt die Zeit in Marys Geschichte, in der sie sich am schlechtesten benahm. Sie zog in das Haus der Greens, das ihr zu Ehren in seiner ursprünglichen Pracht wiederhergestellt worden war. Edwards Brüder und Schwestern behandelten sie äußerst zuvorkommend und ließen ihrem Lieblingsbruder ohne Einwände die Wahl unter den Habseligkeiten seiner Mutter. Der alte Mr. Green benahm sich höchst ritterlich, seine Frau, »Mint«, war recht huldvoll. Als der alte Herr seine Schwiegertochter begrüßte, küßte er sie auf die Wange und sagte: »Meine Liebe, du bist so wunderhübsch! Du erinnerst mich an ein kleines englisches Veilchen.«

Ich denke, daß Mary sich schlecht benahm. Sie war zu dem Schluß gekommen, daß sie die Greens nicht mochte, und konnte sie eine Zeitlang verabscheuen, bis dann das Wunder geschah. Sie war eifersüchtig, weil »sie mir fortwährend vorhielten, wie großartig Edward war«, und sie hatte den Verdacht, daß der alte Mr. Green, der zweifellos in Geld vernarrt war, seinen Sohn lieber mit einer Erbin vermählt gesehen hätte. Der unsterblich verliebte Edward sah hilflos zu, wie sie die Besitztümer seiner Familie dezimierte. Sie verschenkte die schönen geschnitzten Betten, die schweren Mahagonimöbel mit den Schneckenornamenten und ersetzte sie in einem Anfall von Puritanismus durch weiß emaillierte Bettstellen, lackierte Küchenkommoden und Melkerschemel. Sie ließ das rote Baldachinbett aus dem Zimmer von Edwards Mutter entfernen, das nun ihr Schlafzimmer war. »Deine Schwestern haben es nur deshalb für mich ausgesucht, weil sie genau wissen, daß kräftige Farben nicht zu meinem Teint passen, und sag bitte nicht immer ›oh, Mary‹ zu mir!«

Sie nörgelte über die prachtvolle Treppe, an der große Silberfiguren Lampen hielten; sie haßte die Bilder, besonders die Porträts von »Charles Green, Esquire«; sie schwor, daß es im Haus spuke und daß unsichtbare Wesen neben ihr stöhnten und ächzten, wenn sie spätabends die Treppe hinaufgehe. Sie lachte über Edwards Schwestern, von denen zwei gefeierte Schönheiten waren, und bezeichnete sie als langweilige Kühe, die wie presbyterianische Trampel tanzten. Niemand tat ihr etwas, niemand machte ihr Vorwürfe, und so wurde sie jede Woche zorniger auf sich selbst, unzufrieden und zweifellos auch beschämt. Sie schämte sich so sehr, daß sie die erlesenen Möbel im ersten Stock und die kunstvollen Simse und Leisten in der Halle und den ineinandergehenden Salons unangetastet ließ.

Dann geschah das Wunder. Mary verliebte sich unsterblich in Edward und blieb es in all den Jahren, die sie zusammen lebten und fochten. Vielleicht war ihre Ungezogenheit das letzte Aufbegehren in ihrem unerklärlichen Kampf gegen das Glück, oder die Nachsicht der Greens führte ihr vor Augen, daß sie eine verzogene Südstaatenschönheit war, die über erlesene Perlen nur die Nase zu rümpfen wußte. Wie dem auch sei, ihre Unfreundlichkeit schmolz unter Edwards Liebe dahin. In dem Maße, in dem Marys Zuneigung ungeahnte Gipfel erreichte, gewöhnte Edward sich an ihre grenzenlose Ergebenheit und fing an, an andere Dinge zu denken: Geschäfte, Sport und fröhliche kleine Gelage im Club. Wie Mary den Club und seine verruchten Mitglieder haßte! So mancher Abend, den Edward daheim hätte verbringen können, wurde verhindert durch ein: »Ich muß noch mal kurz mit den Jungs reden, Schatz. Es dauert nur ein paar Minuten.« Mary eilte die verhexte Treppe hinauf und brach, wenn sie die Tür ihres Zimmers hinter sich zugeschlagen hatte, in Tränen aus und ließ alles, was ihr Mann an jenem Tag getan hatte, an ihrem inneren Auge vorbeiziehen. Er hatte vergessen, ihr zuzuwinken, als er auf dem großen schwarzen Kavalleriepferd seinen Morgenritt antrat; er hatte sie nicht liebevoll betrachtet, als er ihr beim Mittagessen gegenübergesessen hatte; er hatte den Kopf abgewandt, als sie auf Zehenspitzen ins Zimmer gegangen war, um ihn mit einem Kuß aus seinem Nickerchen zu wecken; er hatte im Schlaf Mädchennamen vor sich hin gemurmelt – nur die Namen der Schiffe seines Vater, aber es war doch eigenartig, daß sie ihn so sehr beschäftigten! Wenn er dann nach einer Weile, die ihr wie eine Ewigkeit vorgekommen war, endlich zurückkehrte, wartete sie oben an der Treppe auf ihn und zog ihn in ihr Ankleidezimmer, um ihm eine schreckliche Szene zu machen, immer die gleiche: tragisches Schweigen, gefolgt von einem langen

Wortschwall (man weiß, daß die Hartridges nach Tisch glänzende Reden hielten), dann Tränen und eine leidenschaftliche Versöhnung. Das Leben mit Mary war aufregend, und Edward freute sich insgeheim auf viele hochnotpeinliche Verhöre, weil sie schmeichelhaft waren und auch deshalb, weil Mary danach so hinreißend war. »Eine verdammt amüsante Frau«, wie er oft bemerkte.

Soweit ihr Privatleben. Ihren Berichten zufolge waren es heftige Gewitter mit kurzen trauten Zwischenspielen und langen erholsamen Pausen. Keine unbewegte Idylle, dafür hatten die Greens zuviel Spaß aneinander.

Die häuslichen Dinge gediehen über die Maßen. Sie hatten eine Menge Geld und bald noch mehr, denn Mr. Green starb ein Jahr nach ihrer Hochzeit, und er hinterließ viel. Über diese Zeit des Wohlstands und Glücks ist nicht viel zu berichten, außer daß sie zahlreiche Dinnerpartys gaben, aber keine Bälle – diese blieben den Junggesellen und unverheirateten Mädchen überlassen. Sie bekamen viele Kinder, wurden immer unbeschwerter und liebten einander immer mehr.

Edward wurde Vorsitzender der Gaswerke und besuchte nach seiner Ernennung kein Dinner, ohne den größten Teil des Abends im Keller zu verbringen und ihn mit Hilfe einer Kerze in eine Lichterflut zu tauchen. Außerdem trug er dazu bei, den Besuch von Präsident Cleveland in Savannah zu einem Triumph zu machen, als Chefkoch und Flaschenspüler, sagte er, aber seine Frau behauptete steif und fest, er habe ermüdende Reden bejubelt, als Korporal der Chatham-Artillerie paradiert und sich nach einem üppigen Mahl mit den Georgia-Husaren und gewissen anderen Herren mit Regimentspunsch einen Rausch angetrunken.

Bei gebotenen Anlässen machte Mary mit einer eleganten Kutsche Besuche. Während sie durch die Stadt rollte, um ihre Karte abzugeben, ließ sie – zum Entsetzen der konservativen Misses Greens, ihrer Begleiterinnen – gelegentlich halten, um einen schuldbewußten Krämer oder Lieferanten herunterzuputzen. Ich glaube, Edward war auch Präsident mehrerer lokaler Eisenbahngesellschaften, denn wenn seine Familie im Sommer nach Virginia fuhr, reiste sie auf die bestmögliche Weise. Kindermädchen und Kinder, Ehefrau und Gepäck wurden in einem privaten Salonwagen untergebracht, der nachts auf ein Abstellgleis kam, um die Fahrt am Morgen fortzusetzen. So konnten die Kinder besser schlafen. Da Mary immer schwor, sie könne kein Auge zutun, konnte sie den Luxus nur im wachen Zustand genießen. Edward liebte überhaupt alles Fortschrittliche, bewunderte die modernen Annehmlichkeiten und besaß das erste Telefon, den ersten Pyjama und die erste Schreibmaschine – eine von denen, die am Ende jeder Zeile wie ein Kanonenschuß knallten – in Savannah.

Er liebte das väterliche Gut in Virginia mit all der Leidenschaft, die Jungen vom Land für die Scholle empfinden. Als The Lawn abbrannte, sagte er nicht viel, aber es war für ihn viel schlimmer als ein Todesfall. Er trug die Vernichtung vieler Hoffnungen wie ein Mann, doch die Auflösung des Hauses in viele winzige Rußpartikel war eine Tragödie. Auf all seinen Wanderungen, mit denen er sich so gelassen abfand, in all den guten und schlechten Tagen, die sein Leben mit Licht oder den wabernden Schatten der Enttäuschung füllten, meinte er immer, er und Mary könnten eines Tages zurückkehren nach The Lawn, um ihr Leben dort unter den Erinnerungen vieler Generationen zu beschließen. Ohne das Haus war die Vergangenheit fort.

Im Augenblick, um 1886, standen aber noch keine düsteren Wolken am Horizont. Die Greens stiegen in Nokesville aus, um von einer Schar von Verwandten und Freunden in Empfang genommen zu werden. Die ganze Familie verbrachte den Sommer samt Ehegatten und Kindern in The Lawn. Vor dem alten roten Haus stand Urgroßmutter Hunton, weit in die Achtzig, schlank und kerzengerade, mit Spitzenhaube und langem schwarzem Taftkleid. Sie wäre ja gern mitgekommen, »um euch abzuholen, Schatz, aber ich mußte hierbleiben und auf diese faulen und nichtsnutzigen Leute aufpassen«. Sie blickte streng zu den Farbigen hin, die ein kleines Stück hinter ihr standen und sich nicht zu rühren wagten, ehe die alte Dame die weißen Leute begrüßt hatte. Arme alte Mrs. Hunton! Sie wurde von einem Schafbock über den Haufen gerannt, verließ diese Welt bald darauf und wurde eine historische Figur: »Die alte Miss Hunton, die mit einem Hammel zusammengestoßen ist!«

Wie jeden Juni, schüttelte Mrs. Hunton ihre Locken. »Das Eis schmilzt dahin und wird nicht bis zum Herbst halten. Wenn ich nicht hier wäre und achtgäbe . . . Und der Fluß ist seit Dezember so schlammig. Diese schwarzen Teufel haben letzten Winter nicht halb soviel in den Keller geschafft, wie wir brauchen.«

»Ich weiß, Großmutter.« Edward stampfte Minze im Mörser und tat einen halben Teelöffel Zucker dazu, ehe er viel Eis dazugab. »Aber du kaufst immer den besten Bourbon. Da, ein guter steifer Julep, um deine Sorgen zu vergessen.«

»In meinem ist nicht genug Whisky«, protestierte Mary, die so schwanger war, daß eine ihrer kleinen Nichten sie eben gefragt hatte, ob sie ihre Tournüre auf der falschen Seite angelegt hätte.

Edward sank in seinen alten Schaukelstuhl und stellte seinen Drink auf den Verandaboden. Er seufzte vor Behagen. »Das Klappern von Eis in einem Julep ist doch das schönste Geräusch der Welt. Was sagst du, Gillie?«

»Ganz meine Meinung«, antwortete Gilbert, über seinen langen Schnurrbart streichend, und reichte Mary verstohlen das Glas ihres Mannes. Sie kniff die Augen zu und trank, um dann von Savannah zu erzählen. Sie erzählten alle, einige von St. Louis, andere von New Orleans oder Washington. Onkel Douglas legte ein gutes Wort für New York ein. Diese Städte wurden zu Tempeln des Fortschritts und Luxus, und als ein zweiter Julep ausgetrunken war, verwandelte sich das Gespräch in eine Reihe von Monologen über die Vorzüge der jeweiligen Paradiese. Nur Edward sagte wenig, während er in die

Runde schaute. Mit seiner Familie am schönsten Fleckchen Erde zu sein, den es auf der Welt gab, ließ sein Herz vor guten Absichten und stiller Befriedigung anschwellen.

Dann wurde zu Abend gegessen, und anschließend betrachtete man bei einem kurzen Ausritt im Mondschein die Sterne. Alle gingen früh schlafen, doch die Besuche und die vertraulichen Besprechungen in den einzelnen Zimmern zogen sich bis zum Morgengrauen hin. Der Morgen war dann Edwards Stunde. Er ging mit seinen Hunden spazieren, schaute nach den Pferden, nahm die Ernte in Augenschein und ging hinüber zu den beiden einzigen Bewohnern von Greenwich: Mr. House, Totengräber, Sargmacher, Hufschmied und ein sehr zuvorkommender Krämer, der mit Mrs. House zusammenlebte. Mit diesen Nachbarn konnte man unergründliche und pessimistische Bemerkungen über die Landwirtschaft tauschen, die das ländliche Glück nicht im geringsten trübten.

Nach dem Mittagessen um zwei Uhr gingen die Kinder wieder zu Bett, und die Erwachsenen erfüllten ihre gesellschaftlichen Pflichten. Die Matronen ließen sich in ihre feinsten Musselinkleider helfen, und die Mädchen empfingen ihre Verehrer. Letztere kamen gewöhnlich mit einer Zahnbürste angeritten und blieben vierzehn Tage. Manche kamen, banden ihren Buggy an einen Baum, nahmen ein »Nein« wörtlich und traten auf der Stelle die Flucht an, bedauert von dem weichherzigen Edward, der vor langer Zeit das gleiche durchgemacht hatte.

Mary liebte alle ihre angeheirateten Verwandten zärtlich, nachdem die dünne egoistische Kruste um ihr großzügiges Herz abgebröckelt war. Sie wurde ihre gute Freundin und lernte, ihnen zu helfen und sie zu trösten, wenn sie von Kummer oder Sorgen geplagt wurden. Auf diese Weise erfuhr sie, was Kummer und Armut bedeuten, ehe sie am eigenen Leib mit materiellen Nöten Bekanntschaft machte. Die Greens liebten sie, und die ihr anvertrauten Kümmernisse erreichten anschließend Edwards staunendes, aber verständnisvolles Ohr. Er und seine Frau konnten sich nicht mehr wünschen, als sie hatten, und wenn man glücklich ist, will man keine Pläne für die Zukunft schmieden und lehnt es ab, sich eingehend mit ihr zu befassen. Zufriedenheit bewirkt eine Trägheit, ganz wie bei der Boa, die ein Kaninchen verschluckt hat und keinen Gedanken an die nächste Mahlzeit verschwendet. Ich bin sicher, daß Edward und Mary fest damit rechneten, den Rest ihres Lebens Hand in Hand, begleitet von einer Schar von Freunden, durch ein goldenes Land zu schlendern und, wenn die Sonne unterging, zusammen einzuschlafen. Doch auf dem Gipfel ihres Wohlstands halfen sie vielen mit Rat und Tat, denn das Geld fand nie Einlaß in ihre Seele. Ich darf auch nicht vergessen, daß Edward in dieser Zeit einen Triumph errang: Er gewann die Achtung der Hartridge-Söhne, weil er den Mut besaß, mit einem Pyjama zu schlafen. Und in diesem Kleidungsstück mußte er oft genug vom Bett zur Polizeistation eilen, um die beiden Tunichtgute auszulösen, weil sie mit irgendwelchen Flegeleien den Landfrieden gestört hatten.

Szenenwechsel –
Die Überfahrt nach Europa

Das Rad drehte sich langsam, hob die Greens höher und höher, um sie dann mit einem gelegentlichen Knirschen in neue Verhältnisse zu befördern. Sie nahmen die Veränderung kaum wahr, bis die Maschinerie sie mit zunehmender Schnelligkeit in ein scheußliches Tal schleuderte.

Es dauert eine Weile, ein festes Fundament zu zerstören, aber es geschah dennoch. Zuerst starb ein Sohn, der gerade lange genug gelebt hatte, um uns ein koloriertes Foto zu hinterlassen: ein Baby mit goldenen Locken, blauen Augen und einem traurigen kleinen Mund. Ich sah ihn jedesmal, wenn ich in Marys Zimmer ging. Sein Bild stand in einem gehämmerten Silberrahmen neben dem des stolzen Edward in der Uniform der Chatham-Artillerie, ein prachtvoll betreßter und beknöpfter Sergeant, weit imposanter als die meisten echten Generäle. Aber der kleine Edward wurde nur selten erwähnt, denn die Trauer um seinen Verlust war zu groß.

Als nächstes ereignete sich eine Kleinigkeit. Edward besaß eine der zahllosen Inseln, die Georgias lange Küste gürten, ein recht ansehnlicher Platz, wie der Karte zu entnehmen ist, die wir noch haben. Der Boden war fruchtbar; Edward schickte einen Aufseher nach Champney's Island; eine Apfelsinenpflanzung wurde angelegt und nach den modernsten Gesichtspunkten bewirtschaftet. Seltsam für einen nach reinen Theorien bepflanzten Hain, aber er gedieh und lieferte zwei Jahre später eine enorme Ernte. Edward freute sich so sehr, daß er sie dem Aufseher schenkte. Im dritten Jahr vernichtete ein ungewöhnlicher Frost die Hälfte der Bäume, und im dritten Jahr ging eine Flutwelle über den ganzen Besitz hinweg. Es war eine

Von herrlichen alten Bäumen gesäumte Auffahrt zum Herrenhaus einer Plantage von Charles Green in Georgia. Solche Alleen waren auch Rahmen für gesellschaftliche Anlässe bei Festen des alten Südens.

Julien, Anne und ihre Nichte Emily 1912.

Die Zeichnung des siebenjährigen Julien Green beweist sein karikaturistisches Talent, mit dem er die Atmosphäre eines Tanzabends seiner Schwestern festhält.

Mary-Adelaide Hartridge-Green.
Ein Jugendbild der Mutter von Anne Green in Savannah, Georgia.

Anne Green mit ihrem Vater 1919.

»The Lawn«, die Besitzung des Großvaters in Virginia.

Enttäuschung, weil jedermann gesagt hatte, in Georgia könnten nie und nimmer Apfelsinen gedeihen, aber, siehe da, es war möglich gewesen. Eine Reispflanzung wurde aufgegeben, da sie zu teuer war, um die Kosten des Jagens und Fischens in ihren Randbezirken zu tragen. Baumwolle war noch nicht der Alptraum, der sie heute ist, und ernährte weiterhin die Bundesstaaten, die auf sie angewiesen waren. Selbst Mary, die von Natur aus zu Sorgen neigte, hatte nicht mit dem endgültigen Schlag gerechnet. Man muß zugeben, daß Edwards Laster, er möge mir verzeihen, das Spekulieren war. Er hatte diese Schwäche von seinen Vorfahren aus Virginia geerbt, die den guten Teil eines Countys verspielten, und aus dem kleinen Feuer schoß eine verzehrende Flamme.

1891 kaufte er eifrig gegen Sicherheitsleistung; die Preise fielen, und er wurde gebeten nachzuschießen. Das war leicht, aber die Bank machte in eben jenem Augenblick ihre Schalter dicht. Nach einigen furchtbaren Tagen erwachte Edward wie aus einem bösen Traum, er war arm wie eine Kirchenmaus. Seine Firma, sein Anteil an The Lawn, sein Haus in Savannah und seine persönliche Habe reichten knapp aus, um die unglückselige Entscheidung zu finanzieren, aber er besaß keinen Cent mehr, um seine Schwestern zu entschädigen, die den größten Teil ihres Geldes in seine Firma gesteckt hatten. Das schmerzte den armen Kerl viel mehr, als seine Frau zu ruinieren, die ja ein Teil von ihm war. Mary trug den Schlag mit Fassung. Ihr blieb auch nichts anderes übrig, denn Edwards Verzweiflung, der Sturz dieses Optimisten in die Armut, wurde nicht so leicht bewältigt wie künftige Heimsuchungen dieser Art. Er verkroch sich eine Zeitlang in sich selbst und starrte trübsinnig vor sich hin. Er hatte auf der ganzen Linie versagt; die Spielzeuge und geliebten Besitztümer eines fünfunddreißigjährigen Lebens waren von heute auf morgen dahin. Er stellte sich der Herausforderung.

Mary war mit ihrem gewohnten Mut bereits dabei, komplizierte, mit vielerlei Hohlsaumstickerei verzierte Kissenbezüge für ihre Freundinnen zu fertigen. »Bestellungen«, erklärte sie stolz, während sie stickte. Zugegeben, es brachte nur wenige Dollars, doch weil sie bei ihrer Mutter wohnte, bis das Baby geboren war, konnte sie wenigstens ihre Hände bewegen. Die Arbeit verursachte Kopfschmerzen, aber sie machte weiter, bis ganz Savannah Überschlaglaken und Paradebezüge von ihrer Hand hatte. Das Haus wurde ausgeräumt, verwickelte finanzielle Arrangements wurden getroffen, man machte Tabula rasa. Freunde benahmen sich wie Freunde. Einige der am meisten geschätzten zogen sich zurück; andere, weniger intime, scharten sich um die Greens und schnitten die Lästermäuler.

Edward und Mary klammerten sich aneinander; zärtliche Liebe und die Verschmelzung zweier schöner Seelen äußerten sich in umfassendem Verständnis.

Edwards Freunde waren sehr mitfühlend, doch es zeigte sich, daß sie keine Arbeit für ihn hatten. Sie kauften seinen Weinkeller zu Phantasiepreisen und boten auf die Möbel, aber es gab in Savannah keinen Posten für den armen Green. Edward konnte schlecht eine Portokasse führen; er konnte nur leiten. Die Stadt hatte keinen Platz für einen weiteren Pflanzer, Baumwollkaufmann und nachgiebigen Chef. Dann bat Mr. Harrington ihn, seine Niederlassung in Nordgeorgia zu verwalten, obgleich er befürchtete, daß Mary es als eine unzivilisierte Wildnis empfinden würde, und so zog die Familie an einem kalten Herbsttag nach West Point. Das schmutzige Dorf am trägen Fluß wurde zu ihrer neuen Heimat. Edward fand im Büro genügend Arbeit vor, während Mary ein heruntergekommenes Haus vorfand, in dem sie ihre wenigen verbliebenen Möbel verteilen konnte. Sie hatte mit allem zu kämpfen. Das Dach war undicht, die Decken lösten sich, die Greens saßen den ganzen Abend unter Regenschirmen; der Fluß trat über die Ufer und verwandelte das Haus in eine Insel, von der Edward zu seinem Büro ruderte und abends mit Vorräten für seine eingeschlossene Familie zurückkam. Aus Bosheit, um sie zu ärgern, bekam das neue Baby eine Bronchitis und wurde für den

Rest des Winters in ein Schaffell genäht. Die Kinder kamen zur Schule und wurden herausgenommen, als die Lehrerin schrieb, sie könne Eleanor nicht Rechnen »lernen«. Ich weiß nicht, wie viele Schläge und Püffe es setzte und wie viele Bücher durch die Luft flogen, als Mary den Unterricht übernahm. Da auf der Hand lag, daß West Point keine Kirche besaß, mußte Mary als nächstes eine bauen. Sie bettelte, drohte, machte Mittel locker und trieb den Fehlbetrag auf, indem sie eine Reihe von unterhaltsamen Aufführungen veranstaltete. Die glotzenden Dorfbewohner zahlten mit ihren gesparten Pennys, um musikalische Tableaux zu sehen. Es war ein Heidenspaß, die geistvolle Mrs. Green in diesen musikalischen Sketches zu bewundern und zu sehen, wie sie ihr hübsches Köpfchen durch ein großes Papiergänseblümchen (ihr eigenes Produkt) steckte, um sehr schrill und falsch ein Lied von Gilbert und Sullivan zu singen, das von ihr selbst zu stammen schien, so entstellt war die Melodie.

Der Höhepunkt des Abends war jedoch der Auftritt ihres dicken, blonden und wohlgenährten Sohnes Charles, der zur Mitte der Bühne watschelte und traurig krähte:

Hungrig und durstig ziehe ich fürbaß,
Ohne ein Liedchen wär' das Leben kein Spaß!
Speist einen armen Wandersmann
von eurer reichen Tafel . . .

Eine kleine Holzkirche wurde gebaut, und das gesellschaftliche Leben des Dorfes nahm einen ungeahnten Aufschwung. Mit der Kirche als Basis plante Mary eine Leihbücherei und Müttertreffen, als Gebr. Harrington ihre Niederlassung plötzlich dichtmachten und die Greens nach Savannah zurückkehren mußten.

Jedermann freute sich, sie wiederzusehen, und da sie nie nörgelten, waren sie gerngesehene Dinnergäste. Die ganze Stadt lachte sich tot, als Edward von seinen Abenteuern unter den Ureinwohnern erzählte; die Damen scharten sich um Mary und kreischten wie sterbende

Hennen, wenn sie über ihre Besuche bei den ersten Familien von West Point und über die merkwürdigen Verirrungen der Etikette in jenem verlassenen Winkel berichtete. Es muß sehr amüsant gewesen sein, aber die Greens brauchten Arbeit.

Bald bot sich eine Chance. Ob Green vielleicht nach Europa gehen würde, nach Le Havre in Frankreich, um ein Baumwollverkaufsbüro zu leiten? Er verstand etwas Französisch; er verstand etwas von Baumwolle; es war genau das Richtige, bis er wieder auf die Beine käme. Das Angebot wurde sofort akzeptiert, und vielleicht waren sie froh, daß sie Savannah nach einer zweiten Niederlage den Rücken kehren konnten. Außerdem hatte Europa eine große Anziehungskraft, nicht zuletzt dank Edwards kontinentalen Erinnerungen, und eine neue Umgebung würde ihm vielleicht Glück bringen. Mary war einverstanden. Wenn die Kinder überhaupt eine Meinung hatten, blieb sie mir verborgen, und an einem schönen Apriltag des Jahres 1893 ging die ganze Familie an Bord eines französischen Dampfers. Die Schrecken jener Überfahrt kenne ich auswendig, denn sie wurden legendär. Damals, ohne Kindermädchen und auf engstem Raum mit ihren Eltern lebend, erwiesen die Kinder sich als berechnende, boshafte und unermüdliche Quälgeister. Mary war den größten Teil der zehn Tage seekrank und apathisch. Die Kinder behelligten die Besatzung und die Passagiere, während Edward seiner Frau feuchte Umschläge auf den Kopf legte, Charles aus einem verriegelten WC befreite, angerichtete Schäden bezahlte, sich bei jedermann entschuldigte und den Verzehr von gebratenen Zwiebeln und Hummer so gut es ging einschränkte.

Das Baby – das Baby war ich, so daß ich meine Eltern von nun an Papa und Mama nennen muß – war am schlimmsten. Als Mama ihr bleiches Haupt hob, legte der Dampfer an. Ein außergewöhnlich schöner Frühling schmückte die normannische Küste mit blühenden Apfelbäumen. In einer Nische am Fuß hoher Klippen drängten sich die dicht nebeneinander stehenden Häuser der geschäftigen Altstadt zusammen, als wollten sie ihre häßliche Architektur und die engen, dunklen Straßen verbergen. Über ihnen lag das neue Le Havre mit seinen protzigen Villen inmitten großer Gärten. Auf den ersten Blick war es ein recht einnehmendes Bild, und der blaue Himmel trug ein übriges dazu bei, daß Mama in all dem Getriebe, zwischen all den schnatternden Matrosen einen positiven Eindruck gewann. Sie hatte auf dem Pensionat einen ersten Preis in Französisch bekommen, aber das schien ihr nicht sehr zu helfen. Die Kinder, sagte sie später, hätten auf dem Schiff Französisch gelernt, und obgleich das eine Übertreibung gewesen sein dürfte, lösten sie sich aus ihrer Obhut, um Dinge anzurichten, die zu verhindern sie nicht die Macht hatte. Von Migräne geplagt, ohne Kenntnis der Sprache, kam Mama sich in den ersten Monaten in Le Havre zweifellos wie in einem bösen Traum vor. In dem eigenen Land, in bequemer Nähe seiner Verwandten, ist man nie ganz allein. Aber jetzt wurde sie, wenn sie durch belebte Straßen ging oder ein Geschäft betrat, wo der vertrauteste Gegenstand eine fremdländische Würze hatte, unvermittelt von Furcht gepackt.

Dann sah sie zu, wie ungewaschene kleine Männer mit Baumwollnachtmützen ihre Habe irgendwo in einem kleinen feuchten Haus in einem noch feuchteren Garten an einer abgelegenen Straße fallen ließen. Die Männer fluchten, gestikulierten, tranken Wein aus Dreiviertelliterflaschen, spuckten sich in die Hände und wankten unter den Lasten, die sie hereinschleppten. Aber sie zerbrachen nichts. Die Träger bekamen ein fürstliches Trinkgeld, denn Papa war großzügig wie eh und je.

Die Nacht senkte sich auf den Schauplatz.

»Mary«, brüllte Papa, der jedesmal einen Fluch unterdrückte, wenn er mit dem Schienbein an eine der Umzugskisten gestoßen war. »Mary, wo bist du? Ach da bist du ja, gesund und wohlbehalten.«

»Ja, hier bin ich«, stöhnte eine Stimme aus einem großen Ankleidezimmer. Mama hockte auf einem Haufen von Kleidungsstücken, die sie aus ihrem riesigen, von einer Kuppel gekrönten Reisekoffer gefischt hatte. Der schwarzweiß gefliese Boden war mit Stroh bedeckt, und in einer Ecke schimmerte drohend ein großer Wasserboiler aus Messing.

»Kann ich etwas für dich tun, mein Herzblatt?«

»Gas«, wimmerte die Stimme schwach.

»Morgen früh haben wir welches. Ich muß nachmittags nur schnell zum Gaswerk, tut mir leid, aber ich habe es vergessen, früher hinzugehen.«

»Ich meine, es riecht nach Gas. Edward, ich halte es nicht aus, ich möchte wieder nach Haus.«

»Wer möchte das nicht, Liebling? Aber es wird sich alles finden, es findet sich immer alles.«

»Ich möchte bei meinen eigenen Leuten sein.« Mary schrie vor Verzweiflung. »Ich friere, ich hasse dieses Kauderwelsch, es ist wie ein großes Geheimnis, an dem ich nicht teilhaben darf. Und ich bin so schrecklich müde, ich möchte den ganzen Plunder hinschmeißen.«

Papas große Gestalt beugte sich über das Waschbecken, und er wusch sich das Gesicht und die Hände. »Ach« – er drehte sich entrüstet um und verspritzte Wasser – »du würdest mich und die Kinder alleinlassen?«

»Dich auf jeden Fall. Da!« Sie warf ihm das Flanellunterhemd des Babys hin. »Nimm das, ich kann die Handtücher nicht finden. Aber die Kinder hasse ich. Ich habe sie nicht ausstehen können, seit wir das Schiff betreten haben.«

»Oh!« Papa, der sich seiner Verantwortung als Vater sehr bewußt war, spürte Zorn in sich aufsteigen. Er fand eine Lampe und zündete sie an, blickte sich bekümmert um und stellte sie auf den Boden zurück, ehe er zu seiner Frau trat, die auf einem Bündel wollener Kleidungsstücke saß. »Ich weiß, ich bin ein Versager«, sagte er bekümmert, »und ich habe Kummer und Sorgen über dich gebracht. Ich bin immer noch nicht besser, aber ich gebe mir alle Mühe, Ordnung in diesen Saustall zu bringen. Hör zu, morgen wirst du das Haus nicht wiedererkennen.«

Mama legte den Kopf an seine Schulter und schluchzte: »Ich kann selbst Ordnung schaffen, aber ich mag es hier nicht. Ich möchte zu meiner Familie und Nellie und . . .«

»Mary.« Er wischte ihr mit einem schmutzigen Taschentuch die Augen trocken. »Ich weiß, es ist schwer für dich, und du mußt mich dafür hassen, daß ich dich von zu Haus fortgebracht habe. Es war egoistisch von mir, aber ich mußte einfach woandershin. Ich hätte es nicht ertragen können, mein altes Büro am Pier zu sehen, und die Baumwollbörse und« – er wandte den Kopf ab – »na ja, du weißt schon, all die Dinge, die uns so glücklich gemacht haben.«

Der Vollmond taucht den Garten in weißlichen Schein, und etwas von seinem kalten Licht drang durch die schmutzigen Fensterscheiben. Da klopfte es an der Tür.

»Kinder, schert euch zum Teufel!« rief Mama.

»Madame«, sagte eine furchtsame Stimme, »ich bin's nur, Charlotte.« Ein kleines Geschöpf mit einem hübschen, feingezeichneten Gesicht trat langsam ein und drohte unter der Last eines Tabletts in die Knie zu gehen.

»Was wollen Sie?« fragte Mama kühl. Papa hatte das Kindermädchen vor rund drei Stunden eingestellt, und sie hatte eine heftige Abneigung gegen die Frau gefaßt.

Charlotte sah sich nach einem Platz um, wo sie das Tablett hinstellen konnte, und antwortete gleichzeitig: »Verzeihen Sie, Madame, ich dachte, Sie würden vielleicht gern etwas Warmes zu sich nehmen. Sie müssen erschöpft sein.«

Papa rappelte sich hoch. »Oh, Sie sind eine wunderbare Frau! Natürlich möchten wir. Ich habe gewußt, daß irgend etwas fehlt. Was bringen Sie uns?«

Charlottes tiefblaue Augen glänzten stolz auf. »Milchtoast, Schinken und Spiegeleier. Monsieur Charles und die jungen Damen 'aben auch etwas bekommen. Sie sind jetzt im Bett, Madame.«

»Sie sind ein Schatz. Danke, Charlotte. Was bin ich Ihnen schuldig?« Papa suchte zum hundertsten Mal an jenem Tag in seinen Taschen nach Kleingeld.

»Morgen, Sir. 'eute abend sind Sie zu müde.«

»Da haben Sie recht. Bitte, Mary.« Er reichte seiner Frau einen Teller mit Milchtoast, zufällig eines der Gerichte, die sie, wenn sie krank war, am liebsten aß.

Sie kostete ihn mißtrauisch, fand ihn gut und bemerkte: »Sie haben also die Betten gemacht und diese Quälgeister dazu gebracht, sich hinzulegen?«

»Ja, Madame. Ich bin leider nicht dazu gekommen, ihre Zimmer aufzuräumen, aber ich tue es morgen. Ich 'abe dem jungen 'errn und den Damen ein bißchen *sirop* zum Schlafen gegeben.«

Mama stellte den Teller entsetzt hin. »Was! Ein Schlaftrunk ohne meine Erlaubnis! Wie konnten Sie es wagen!«

Charlotte zitterte unter dem drohenden Blick ihrer Herrin: »Aber sie waren so rot und so ungestüm! Mademoiselle Eléonore 'at versucht, Mademoiselle Mary mit einem silbernen Messer zu erstechen, und die anderen waren nicht . . . nicht einsichtig . . .«

»Diese Spiegeleier sind ganz vorzüglich«, sagte Papa mit vollem Mund. »Es war vollkommen richtig, ihnen ein Schlafmittel zu geben. Glauben Sie, sie werden morgen früh aufwachen?«

»Bestimmt, Monsieur, es war nur ein *sirop* aus Feigen und Pflaumen. Leider sind sie größer als ich und 'aben die ganze Flasche ausgetrunken.«

»Ich wette, es ist ein Betäubungsmittel, wahrscheinlich Opium. Ich bestehe darauf, die Flasche zu sehen.« Mama machte sich Sorgen, denn keines ihrer Kinder würde von Feigensirup einschlafen.

»Oh, Madame«, sagte Charlotte vorwurfsvoll, »ich würde mir nicht erlauben, Ihre Kinder zu betäuben. Meine letzte Herrin, die Gräfin von Yarmouth, hat es ihren Kindern auch gegeben!«

»Und sie schlafen wirklich?« Mama war verblüfft.

»Ja, Madame. Ich 'abe Ihr Bett auch gemacht, und eine zarte Dame wie Sie muß bis morgen mittag ruhen.«

»Unsinn, ich bin keine zarte Dame. Edward, laß bitte ein paar Eier für mich übrig.«

»Oh, Madame, Sie tun mir so leid. Allein mit so vielen Kleinen, aber ich werde Ihnen 'elfen, ich verspreche es. Seien Sie versichert, daß ich mein Bestes tun werde, ganz bestimmt.«

Papas Lebensgeister hoben sich. »Sie sind ein Juwel, Charlotte. Nicht wahr, Mary?«

»So wird es sein«, sagte Mama ein bißchen widerwillig. »Wo haben Sie Englisch gelernt?«

Charlotte richtete sich zu ihrer ganzen Höhe auf, einem Meter fünfundfünfzig. »In Hengland, Madame, bei Mylady Yarmouth. Sie 'at mich selbst unterrichtet.«

»Wirklich?« Mama wunderte sich über die Unberechenbarkeit ihrer ›H‹s.

»Ja, Madame, ich spreche genau wie Mylady.«

»Ich verstehe. Gut, Charlotte, Sie können jetzt zu Bett gehen. Aber wenn Sie *sie* morgen zur Schule bringen könnten? Alle drei zu Mademoiselle Lavergne . . .«

»Gewiß, Madame.« Charlotte nahm das Tablett und schlüpfte hinaus.

»Edward«, sagte Mary unvermittelt, »ich traue dieser Person nicht, sie ist zu hübsch und zu einschmeichelnd. Es sähe dir ähnlich, eine stille kleine Mörderin einzustellen und ihr deine Kinder zu überlassen.«

»Na ja, Liebes, sie hat einen guten Eindruck auf mich gemacht, und ein anglikanischer Vikar schwört auf sie, das heißt, er hat es jedenfalls in seinem Brief geschrieben.«

»Das wundert mich nicht. Männer sind so leicht einzuwickeln. Gib mir die Lampe, ich werde selbst nachsehen.«

Sie ging über die Diele und öffnete die Tür eines großen Zimmers. Man hatte Versuche unternommen, den Fußboden von Stroh zu befreien. Die Sachen der Kinder lagen ordentlich gefaltet auf Stühlen. In drei Betten ruhten drei saubere, glänzende Gesichter auf den schönsten Paradekissen, ein Bild kindlicher Unschuld. In Charlottes Zimmer stieß sie auf eine Reihe großer schwarzer Flaschen. Kein Zweifel: Charlotte war eine Alkoholikerin! Wie leicht es ist, einen Mann zu täuschen, aber eine Mutter spürt unweigerlich, wenn etwas nicht stimmt. Sie beugte sich über den Tisch und nahm eine der Flaschen hoch. Ein angstvoller Schrei, und Charlotte tauchte hinter ihrem Bett empor.

»Oh, Madame«, stammelte sie. »Ich . . . ich 'abe Sie nicht ge'ört. Wünschen Sie etwas?«

»Was tun Sie hinter dem Bett, wovor verstecken Sie sich?«

»Ich 'abe mein Gebet aufgesagt. Madame. Das Baby schläft. Und ich 'offe, Sie 'aben nichts dagegen.«

»Wie sollte ich! Ein Gebet ist eine sehr gute Sache, besonders wenn man ein schlechtes Gewissen hat. Gute Nacht.« Mama rauschte aus dem Zimmer und weihte ihren Mann entrüstet in die kleine Schwäche seines Juwels ein.

»Das ist mir gleich«, entgegnete er. »Ich würde auch trinken, wenn ich auf Kinder achtgeben müßte, vor allem auf unsere. *Du* hast mich doch darauf aufmerksam gemacht, daß sie kleine Teufel sind. Hör zu, Charlotte hat uns ein Feuer aus einer Umzugskiste gemacht, und es ist so gemütlich im Bett.« Er schlug die Decke hoch und streckte sich aus.

»Wieso bist du so schnell fertig?« fragte Mama mürrisch.

»Ich hab' mich einfach nicht gewaschen. Ich würde dir raten, es auch nicht zu tun. Spart viel Zeit.«

»Männer sind schmutzig und gewissenlos«, erklärte Mama, zog sich im Nu aus und ließ ihre Sachen auf dem Fußboden liegen. Sie langte nach ihrem Nachthemd und legte sich neben Papa. »Wo hast du mein Nachthemd gefunden? Ich habe die Koffer seit heute morgen nicht gesehen.«

»Die Trinkerin hat sie gefunden«, sagte Papa schmunzelnd und richtete sich auf, um die Lampe auszublasen. Sie schliefen im Nu ein. Eine strahlende Aprilsonne beobachtete sie einige Stunden lang, ehe Mama erwachte, um laute Rufe, wütendes Geschrei, fallende Körper und, nach einer Pause, das Knallen einer zugeschlagenen Gartenpforte zu hören. Mama lächelte, legte den Kopf in die Hand und nickte wieder ein, bis Papa sie mit Husten und altvertrauten, gedämpften Geräuschen weckte. »Laß das«, murmelte sie. »Sonst weckst du das Baby. Warum stöhnst du so schrecklich, Edward Green?«

»Weil es mir gefällt. Ich bin so glücklich und zufrieden. Ich habe geschlafen wie ein Stein! Du hast natürlich kein Auge zugetan.«

»Ich bin ein paarmal kurz eingenickt. Warum bist du denn glücklich, du Narr?«

»Ach, es hat viele Gründe. Zum Beispiel: Ich habe eine ganze Familie über den Ozean gebracht, ohne einen einzigen zu verlieren. Wir sind endlich in einem Haus untergebracht. Diese Wochen im Hotel Frascati haben mir den Rest gegeben. Ich habe noch fünfzig Franc, und morgen ist Zahltag. Außerdem besitzen wir noch . . .« »Wieviel ist fünfzig Franc?« »Zehn Dollar, unterbrich mich bitte nicht. Wir besitzen zwölf Mahagonistühle, einen rohgezimmerten Tisch zum Essen, ein Sofa, zwei Schaukelstühle, sechs Damenstühle, alles aus dem edelsten Rosenholz und noch dazu äußerst unbequem. Und all meine *Southern Historical Papers*, jede Menge Silber, haufenweise Porzellan, massenweise Kleidung, einige sehr originelle Kinder, das ist alles . . . Ach ja, und ein paar Eisenbetten und einige schreckliche Stühle aus Kiefernholz, die wir hier auf dem Markt gekauft haben, eine Spielzeugkiste und . . . Nein, das ist wirklich alles.«

»Du vergißt eine Lebensversicherung zugunsten von Atwood Rose«, bemerkte Mama säuerlich. »Dafür mußt du jeden Monat bezahlen, ungefähr vierzig Jahre lang.«

»Nein, nein, nur fünfzehn. Ich hatte diesen verdammten Börsenmakler ganz vergessen.«

»Du hast noch etwas vergessen. Du hast mich nicht mit auf die Liste gesetzt.«

»Aber Schatz, du bist ein Teil von mir selbst. Ich zähle mich nicht.« Er umarmte sie, bis sie juchzte.

»Du liebst mich nicht. Du hast nicht gefragt, was mein armer Kopf macht.«

Er hatte es nicht getan und parierte geschickt: »Ein kurzer Blick auf dein hübsches Gesicht, und ich wußte, daß er nicht mehr weh tut. Man muß ihn wie einen schlafenden Hund behandeln – deinen Kopf.«

Das leise Tapsen bloßer Füße ließ sie hochfahren. Anne, ihr jüngstes Kind, stand neben ihnen und schob sich eine blonde Mähne aus großen eisblauen Augen. Ihr entschlossener Mund schmollte zwischen großen roten Wangen.

»Oh, guten Morgen, Liebling!« rief Papa freundlich.

»Marsch zurück ins Bett, Miss«, sagte Mama. »Hast du gehört?«

Anne fixierte ihre Eltern und fragte mit fester Stimme: »*Où est Charlotte?*«

»Edward!« Mama faßte entrüstet nach Papas Arm. »Ist es nicht ärgerlich, wenn ein lispelndes Baby einen auf französisch anredet, obgleich es sehr gut Englisch kann? Ich werde Jahre brauchen, wenn ich sie auf französisch erziehen soll. Hör zu, Kleines, geh sofort wieder ins Bett und bleib dort, oder ich versohle dich, bis du nicht mehr sitzen kannst. Wird's bald?«

»*Où est Charlotte?*« fragte Anne noch einmal.

Ihre Mutter streckte die Hand aus, aber Papa besänftigte: »Oh, Mary, sie ist noch so klein, bestraf' sie nicht.« Auf französisch sagte er beruhigend: »Charlotte kommt gleich zurück, sie bringt nur die Großen zur Schule. Ich weiß, daß du sie magst, aber du mußt deiner Mutter gehorchen.«

Die dicke kleine Gestalt watschelte zur Tür und trat ihr langes Gewand so lässig zur Seite wie eine Herzoginwitwe ihre Schleppe. Ehe sie den Türknauf erreichte, nahm sie den Finger von einem nachdenklich geschürzten Mund und sah ihren Vater verdrießlich an. »Was machst du im Bett meiner Mutter?« fragte sie. »Geh' da raus.«

»Das habe ich davon, daß ich so nett zu ihr war!« rief Papa aus. »Ich bin so lange mit ihr um das Deck gelaufen, bis sie endlich müde war, ich hab sie in Schlaf gesungen, ich habe die anderen Passagiere daran gehindert, sie über

Bord zu werfen! Zufällig ist dies mein Bett, und ich werde so lange darin liegen, wie es mir paßt.« Er sprang hinaus und schüttelte Anne, ehe sie es geschafft hatte, den Knauf zu drehen.

»Oh, sie ist noch so klein, bestraf' sie nicht«, zitierte Mama.

»Ich könnte sie mit Leichtigkeit durch die Decke auf den Dachboden werfen.« Papa warf Anne in die Luft, tat so, als würde er sie fallen lassen und fing sie kurz vor dem Fußboden auf. Das rote Gesicht blieb gleichmütig, und der strenge Blick blieb fest auf ihn gerichtet.

Charlotte kam mit einem neuen Tablett Milchtoast ins Zimmer. »Ich 'abe geklopft, Madame, aber es 'at niemand geantwortet. Die Köchin ist gekommen.«

»Ich werde mit ihr sprechen, sobald ich angezogen bin«, sagte Papa. »Charlotte, glauben Sie, Sie könnten . . .«

»Ja, Monsieur. Und ich 'abe Ihr Bad angestellt. Kommen Sie, Mademoiselle.« Charlotte kniete sich hin, Anne sprang los, klammerte die Beine um ihre dünne Taille, packte sie an den Ohren und zog aus Leibeskräften. Charlotte richtete sich wankend auf und trabte, vom Kopf abwärts fast von dem kleinen weißgewandeten Monster verdeckt, wie Sindbad der Seefahrer mit dem alten Seemann hinaus.

Schweigend und gedankenverloren kleideten sich die Greens an. Endlich bemerkte Papa, sich Eau de Cologne ins Haar massierend: »Komisch, daß wir nie gewußt haben, wie schrecklich sie sind.«

»Ja, wirklich sonderbar«, stimmte Mama zu. »Obgleich ich es schon seit Jahren vermutete. Aber wenn die Kindermädchen sich beschweren, habe ich immer gesagt, sie seien eben sehr temperamentvoll, und ich nehme an, ich habe es zuletzt selbst geglaubt.«

»Hm, aber sie scheinen viel unartiger zu sein als normale Kinder.«

»Ich weiß nicht. Ich habe noch keine anderen gehabt.«

»Wie sind sie, wenn sie mit dir allein sind, Mary?«

»Ohne die anderen tun sie keiner Fliege etwas zuleide. Weißt du, sie sind sehr fromm, und gegen Abend, wenn sich das Gewissen wegen der Dunkelheit regt, werden sie richtige Lämmer, aber das ist bei den meisten Schurken der Fall. Charles ist nicht so schlimm, aber die Mädchen! Was sie neuerdings alles gebeichtet haben, wenn ich sie zudeckte! Ich versichere dir, es gibt kaum eine Sünde, die sie nicht ausprobiert haben, von Lügen bis Mord. Und in Meineid sind sie nicht zu schlagen.«

»Oh, aber soweit ich weiß, trinken sie wenigstens nicht.« Papa schämte sich, die furchtbare Brut gezeugt zu haben.

Mama nahm ihre Ponylocken in eine Brennschere, bis sie zischten. Ihr Blick begegnete im Spiegel dem von Papa. »Nun ja, als wir hierher kamen, ordnete der Arzt an, wir sollten Mary abends nach dem Baden mit Cognac abreiben, weil sie so geschwächt sei. Ja . . . Nach einem Gewitter hat sie mir gebeichtet, daß sie sich nach jeder Anwendung von den Fersen bis zu den Schultern abgeschleckt hat. Und Eleanor hat mir vorgestern erzählt, daß sie in Savannah eine halbe Nacht stockbetrunken in einem Schrank gelegen hat, kurz bevor wir nach West Point abreisten. Als wir gegessen hatten, trank sie alle Gläser auf dem Tisch leer – wir hatten wohl eine Dinnerparty gegeben, und sie fand bestimmt eine ganze Menge.« Papa seufzte und lächelte. »Sie singen sehr gern Kirchenlieder, aber gleichzeitig murmeln und sprechen sie in dunkle Ecken hinein. Sie müssen also auch Götzen anbeten.«

Papa war ein Optimist: »Sie sind jedenfalls keine Ehebrecher, das ist unmöglich.«

»Wie du sagst, aber sie freuen sich schon jetzt darauf, daß sie erwachsen sind, damit sie mehrere Damen oder Herren heiraten können – jeder.«

»Oh, komm, Mary, das liegt in der menschlichen Natur. Denk daran, daß du auch gern geflirtet hast.«

»Das gehört nicht hierher. Und nun geh' bitte zum Gaswerk, sei zum Lunch zurück und laß mich nicht mit den französischen Dienstboten allein.«

»Ja, Schatz. Aber du läßt mich nicht im Stich, nicht wahr?«

»Dich im Stich lassen? Was beim Himmel meinst du?«

Papa küßt sie zärtlich. »Na ja, daß du zu deiner Familie nach Haus schwimmst. Ich komme mir auch ein bißchen verloren vor, jetzt, wo die Trossen gekappt sind und wir treiben.«

»Puh!« rief Mama. »Ich habe vielleicht meine depressiven Augenblicke, wenn mein Kopf weh tut, aber die meiste Zeit bete ich einfach und lasse den da oben« – sie zeigte zur Decke – »für mich kämpfen.«

Dunklere Wolken,
noch kein Silberstreif

Nur ungern schildere ich die Monate nach der Verpflanzung der Greens. Wenn man die Vergangenheit heraufbeschwört, meint man oft den Schatten eines Baums an der Wand zu betrachten. Der Wind bewegt ihn, das Bild verschwimmt. Es verändert sich zu schnell vor unserem inneren Auge, und ehe man es festhalten kann, hat es eine andere Form angenommen. In Papas Fall blieb der Schatten vier Jahre lang dunkel und unbeweglich. Der Wind ließ nach, aber die Sonne wollte nicht scheinen. Er stampfte mit den Füßen und schluckte Enttäuschungen, Mißerfolge und Geldmangel hinunter. Auch Mama gab vor, daß ihre Sorgen nichtig seien, doch selbst der unerschütterlichste Mut, den manche Optimismus nennen, konnte den Lauf des Schicksals nicht ändern. Die einzelnen Faktoren, die es gegen sie ausspielte, wurden hingenommen und erduldet, bis die Dinge so schlimm standen, daß sie den Briefträger fürchteten, zusammenzuckten, wenn es an der Gartenpforte klingelte, einen unerwarteten Besucher angstvoll betrachteten. Aber sie bissen die Zähne zusammen und kämpften Seite an Seite weiter, nicht ohne dann und wann nach oben zu blicken und ein wenig Blau in dem dunklen Himmel über sich zu suchen. Noch nicht, das Geschäft war in der Sackgasse. Papa bekam kein Gehalt mehr, es wurde durch »Provisionen« ersetzt, was vielversprechend klang, aber es gab keine Kunden. Trotzdem ging er in sein Büro und wartete. Worauf? Er wußte es nicht. Auf einen neuen Schlag oder vielleicht auf ein Wunder.

An einem schönen Novembertag, etwa viereinhalb Jahre, nachdem die Greens in Frankreich an Land gegangen waren, nahm Papa im Eßzimmer der Wohnung in der

Rue des Gobelins 35, die seit vielen Monaten sein Heim war, seinen Lunch zu sich. An den Wänden, die so gestrichen waren, daß sie grünem Marmor ähnelten, stand die Feuchtigkeit in großen Tropfen, eine fahle Sonne drang in den Raum und weigerte sich, ihm Wärme zu schenken. Die Kinder redeten und stritten auf französisch und traten mit ihren armen frierenden Füßen an die Tischbeine. Papa tranchierte die Überreste eines Bratens sehr vorschriftsmäßig und legte dünne blaßrote Fleischscheiben auf eine Reihe von Tellern.

»Der Fleischer . . .« begann Mama schüchtern.

»Der verdammte Kerl!« rief Papa unfein. »Ich weiß, was du sagen willst. Ich werde sein verfluchtes Fleisch nicht anrühren!« Er legte das Tranchiermesser mit einer heftigen Bewegung hin.

Mama blickte ängstlich drein. »Aber es ist sehr zart. Enrique, möchtest du noch etwas?«

Ein häßlicher, etwa fünfzehnjähriger Junge hielt ihr eifrig seinen Teller hin. »Oh, bitte, Mrs. Green, es schmeckt sehr gut.«

Papa legte die restlichen Scheiben auf Enriques Teller und sah abwesend zu, wie er große Bissen verschlang.

»Nimm doch ein bißchen Salat, Enrique«, bat Mama. »Frisches Gemüse ist gut für dich.«

»Nein, danke, Mrs. Green, ich esse nie welches.«

Mama seufzte, und mit einem Blick auf ihre Kinder befahl sie: »Haltet eure Teller hoch, ihr alle.« Sie gehorchten und bekamen kleine Haufen von Karotten und Salat.

Enrique, Sohn von Papas Freund Laranaga und ein willkommener zahlender Gast, der in Le Havre Französisch lernen wollte, grinste die enttäuschten Gesichter an. Dann lehnte er sich auf seinem Stuhl zurück und summte ein Liedchen. Bestimmt verachtete er insgeheim die amerikanischen Wilden, weil sie Kaninchenfutter aßen.

»Enrique.« Mama war so besorgt, daß sie geduldig sprach. »Sing bitte nicht bei Tisch, ich mag das nicht.«

Die Augen des jungen Spaniers blitzten, als er sofort aufhörte.

Papa hatte das Gefühl, etwas Freundliches zu ihm sagen zu müssen: »Was hast du eben gesungen, mein Junge? Ich habe die Melodie nicht erkannt.«

»*Die Hugenotten*, Sir. Ich kenne sie auswendig.« Sein kleines gelbliches Gesicht hellte sich auf, als er sich zu dem, wie er meinte, einzigen Menschen wandte, der ihn verstand.

»Aber« – Papa schien plötzlich aus einem Traum zu erwachen – »das ist doch von diesem schrecklichen Meyerbeer! Scheußliche Mißtöne ohne einen Funken Harmonie. Nein, danke, gebt mir jeden Tag Verdi, das ist mein Mann. Jede Menge große Melodien, und so ein hübscher, müheloser Stil. Oh, als Tamagno die große Arie aus *Aida* sang, oh . . .« Er war wie verwandelt und rief mit schwungvoller Armbewegung ein ganzes Orchester ins Leben, um die berühmte Arie dann leise zu singen.

Mama sah ihn verblüfft an. Fort war der trübe Schleier, der das Gesicht ihres Mannes bedeckt hatte. Da saß er und haute vorsichtig mit der Faust auf den Tisch, um den Takt eines Rezitativs zu markieren. Er war wieder in Barcelona, ohne etwas von dem zu ahnen, was kommen würde. Er sang, er war in einer Zeit, da er seine Frau noch nicht kennen und lieben gelernt hatte.

»Das ist mein Lieblingskäse«, bemerkte er jovial, als er sich ein großes Stück Camembert abschnitt. »Mary, vergiß bitte alle Unfreundlichkeiten, die jetzigen, die früheren und die künftigen. Es tut mir leid, daß ich unausstehlich war.«

Mama lächelte und warf ihm eine Kußhand zu. Sie war sehr erleichtert. Die Kinder aßen Äpfel und liefen wieder zur Schule. Sie waren glücklich, fanden immerzu neue Freunde, lernten so wenig wie möglich und wurden zu zahlreichen Kinderfesten eingeladen, bei denen sie sich unmöglich benahmen. Enrique ging zur Fechtstunde. Papa stand auf, faßte Mama um die Taille, stieß die Doppeltür auf und trat in die marmorbelegte Diele, um in den Salon zu gehen, wo er auf dem Sofa seinen Mittagsschlaf halten wollte. Er kam nicht bis zur Tür. Er taumelte und sank, Mama mit sich ziehend, mit der beängstigenden Langsamkeit einer Ohnmacht zu Boden. Mama rief Charlotte, und die beiden Frauen versuchten, ihn hochzuheben, schafften es aber nur eine Minute lang, um ihn dann fallen zu lassen. Der Aufprall weckte ihn wieder ein wenig zum Leben, denn er schlug die Augen auf, sah sich grimmig um und fragte: »Was ist los?«

»Hör mal, Edward, erkennst du mich nicht?« rief Mama zerstreut, als er ihr einen leeren Blick schenkte und dann wieder bewußtlos wurde.

»Monsieur, Monsieur!« Charlotte versetzte ihm in ihrer Aufregung kräftige Püffe, um den Kreislauf anzuregen. »Sagen Sie doch etwas zu der armen Madame.«

Mama fing an zu weinen, kniete sich hin, küßte Papas Hand und zog ihn an ihren Busen: »Oh, Charlotte, er stirbt wie Königin Elisabeth, angekleidet und auf dem Fußboden. Was soll ich nur tun? Und es ist so stillos, an Völlerei zu sterben!« Sie wischte sich mit Charlottes Schürze die Tränen ab. »Ein halber Camembert, und ich bin Witwe. Vielleicht gibt es eine Obduktion, bei der die Kinder anwesend sein müssen, wie es in Frankreich üblich ist. Was rede ich da bloß? Ich bin halb von Sinnen.«

Charlotte war entsetzt über Mamas zusammenhangloses Gestammel. »Ich laufe schnell und 'ole den Arzt, Madame, und . . .«

Mama schluchzte bitterlich und massierte Papas Handgelenke, wo sich die blauen Adern so deutlich unter der braunen Haut abzeichneten. »Zu spät, seine Hände sind eiskalt, und sein armes Gesicht, oh, sehen Sie sich diesen gefaßten, tragischen Ausdruck an . . .«

Papa regte sich plötzlich, reckte sich langsam und blickte sich verständnislos um. »Oh, das war ein lustiger Traum. Hallo.« Er blickte aufmerksamer. »Das ist ja Mary, und ich bin . . . ja, in der Diele. Es riecht wie nach dem Mittagessen. Hör mal, wir werden uns in diesem Eispalast den Tod holen. Warum sind wir überhaupt hier?«

Mama half ihm hoch. »Du hast einen Schwächeanfall gehabt, weil du zuviel in dich hineingestopft hast.« Jetzt, wo die Gefahr vorüber war, beruhigte sie sich schnell. »Du mußt dich hinlegen, Edward . . .«

»Zuviel in mich hineingestopft, ist das dein Ernst? Nun ja, ich . . .« Papa biß sich auf die Lippe. »Ich muß ins Büro, ich erwarte wichtige Papiere. Außerdem fühle ich mich ganz normal. Wiedersehen!« Er zog seinen Mantel an, nahm den Zylinder, ging durch den Garten, um sich an der Pforte daran zu erinnern, daß er Mama zuwinken mußte, die oben hinter dem Kinderzimmerfenster ein bißchen zaghaft zurückwinkte.

Als er außer Sicht war, ließ sie die Netzgardine fallen, trat zum Kamin und legte Charlotte die Hand auf die Schulter. »Charlotte, ich habe solche Angst.«

Die kleine Frau blickte von einer sehr zerrissenen Socke auf. »Sagen Sie so etwas nicht, Madame, eine fröhliche, mutige Dame wie Sie kann es sich nicht leisten, Angst zu haben.«

»Vielleicht haben Sie recht, aber dennoch. Nichts weiter als eine kleine Ohnmacht, und ich verliere die Fassung bei dem Gedanken daran, was hätte sein können.«

»Madame, eine gottesfürchtige Dame sollte mehr Vertrauen 'aben.«

»Ich weiß, aber ich habe oft Angst vor Dingen, die nicht passieren. Mein Instinkt trügt. Zum Beispiel habe ich Sie, die meine treueste Freundin geworden sind, zuerst für eine Trinkerin gehalten. Aber was sind Sie auch für eine Närrin. Wie konnte ich ahnen, daß Sie abends Kräutertee aus einer Rumflasche trinken?«

»Aber Sie haben mich nicht zu Wort kommen lassen, Madame. Und ich war zu schüchtern, ich war es nicht gewohnt, in Dienst zu sein, außer bei Mylady Yarmouth.«

Mama seufzte. »»In Dienst zu sein‹ . . . Ja, wir scheinen oft nicht zu wissen, wo unser Dienst liegt, und doch . . . Charlotte, will das Wäschegeschäft noch mehr Laken haben?«

»Ja, Madame, diese hier.« Charlotte stand auf und gab ihr ein dickes Leinenbündel. »Ich 'abe die Fäden schon für Sie gezogen.«

»Gut.« Mama machte sich wieder an ihre nicht endende Hohlsaumarbeit. Aus zwei Kinderbetten erhob sich leises Wimmern. »Sie haben lange geschlafen, kümmern Sie sich bitte um sie, ehe sie anfangen zu brüllen.« Sie säumte schnell, und plötzlich brach sich ein furchtbarer Gedanke Bahn: »Glauben Sie, ich werde nie aufhören, Babys zu bekommen, Charlotte?«

Charlotte wurde rot. »Madame, das wissen Sie besser als ich.«

»Aber ich kann mir keine mehr leisten, und sie kommen trotzdem . . . schon zwei, seit ich in dieser verwünschten Stadt bin!«

Charlotte verteidigte ihre Schutzbefohlenen: »Sie sind sehr brav, Madame.«

»Ja, die französischen sind eine schwächere Rasse. Spielt der Satansbraten draußen im Garten?«

Charlotte neigte den Kopf. »Ja, ich 'abe sie warm angezogen, und sie 'at 'eute noch nichts angestellt.«

Mama legte die Arbeit erschrocken hin. »Dann muß sie krank sein. Hören Sie, Charlotte . . .«

»Ja. Madame?«

»Ich bitte Sie äußerst ungern, aber könnten Sie nachher . . . Ich passe dann selbst auf die Kinder auf . . . Könnten Sie vielleicht . . .« Charlotte hatte den Mund voller Nadeln, während sie die Windeln wechselte, die einen strammen rosigen Popo verbargen. »Mein Gott, dieses Kind macht mir angst. Hören Sie, wir haben doch noch die kleine silberne Teekanne und die Milchkanne – wir brauchen sie nicht, und« – Mama nahm den perlenbesetzten Anhänger ab, den Großvater ihr geschenkt hatte – »das auch. Könnten Sie es für mich verkaufen?« Sie sah ins Feuer, aber dann blickte sie, sich ihrer Scham schämend, Charlotte in die Augen. »Die Kinder brauchen warme Unterwäsche, und ich kann Monsieur erst wieder um Geld bitten, wenn er die Antwort auf einige wichtige Briefe hat.«

»Ja, Madame«, sagte Charlotte, »aber Sie 'aben nur noch so wenig Silber, vielleicht nehmen Sie mein Erspartes. Sie täten mir einen Gefallen. Monsieur ist ein richtiger Monsieur, und ich weiß, daß er bald wieder reich sein wird. Wenn nicht, bleibe ich ohne Lohn.«

Mama ließ ihr Laken fallen und umarmte Charlotte, dann die Babys. Die letzteren fingen sofort an zu schreien, traten sie in den Bauch und entfachten einen solchen Aufruhr, daß sie einstweilen alle Dankesbekundungen vergaß. »Diese Teufel«, sagte Mama, »aber ich liebe sie doch. Wie wäre es, wenn Sie jetzt gingen, ehe die anderen zurückkommen und nach Hausschuhen, Essen, Taschentüchern und dem Mond schreien.«

Charlotte setzte ihr Witwenhäubchen auf, verstaute die Wertsachen in einer schwarzen Tasche und ging. Mama stickte weiter, die Babys krabbelten und schwankten wie trunken durchs Zimmer, die Glut auf dem Rost zerfiel langsam zu Asche.

»Wo bist du denn?« fragte eine helle Stimme auf englisch.

»Hier drin, wenn du es bist, Agnes.« Mama lief zur Tür und öffnete einer großen, stämmigen jungen Frau, die mit einer pummeligen Hand den Saum eines langen schwarzen Rocks raffte und den größten Teil ihres pausbäckigen Gesichts hinter dem hochgeschlagenen Kragen eines Persianerboleros verbarg. »Oh, Agnes, dein Besuch war mir nie lieber als heute!«

»Wie geht es dir, meine Liebe? Ich hoffe, ihr habt nicht wieder Zuwachs bekommen, seit wir uns zuletzt gesehen haben?«

»Nein, aber beschwör bitte nicht den Teufel herauf. Setz dich neben mich. Darf ich dir einen Apfel anbieten? Edwards Leute haben uns eine ganze Kiste Albemarle-Pippins geschickt.«

»Ich denke, ich rauche lieber.« Agnes knöpfte ihre Jacke auf, roch an einem dicken Veilchenstrauß, holte ein Etui aus ihrer Handtasche und zündete sich eine Zigarette an. Mama betrachtete sie ein wenig ehrfürchtig. Rauchen hatte für sie etwas Verruchtes und Exotisches. Agnes Farley sah mit ihrer Stupsnase und ihren kleinen blauen

Augen ein bißchen gewöhnlich aus, aber ein sehr reiner Teint und schöne blonde Haare milderten diesen Eindruck. Mama dachte jedenfalls, daß ihre Freundin das gütigste Herz und die freundlichste Zunge hatte. »Ich wundere mich, daß du mich überhaupt noch besuchst, Agnes. Ich bin so ein langweiliges verbrauchtes altes Ding.«

»Unsinn, du bist eine Perle, die man in dieser schrecklichen Stadt nicht zu würdigen weiß. Was für ein Glück, daß wir uns hier gefunden haben! Ich wage nicht, dich zu fragen, was es Neues bei euch gibt. Deine Briefe aus Amerika sind immer so deprimierend.«

Mama seufzte. »Das sind sie zweifellos. In dem letzten steht, daß zwei von Edwards Brüdern bankrott gegangen sind, und . . .«

»Hör auf«, sagte Agnes, die Hand ausstreckend. »Das reicht. In deiner Familie ist nichts passiert?«

»Nein, aber es ist kaum noch jemand davon übrig.«

»Ich verstehe das nicht, Mary. Wie kommt es bloß, daß deine Brüder und Schwestern so früh . . . abtreten?«

Mama schürte das Feuer, hielt aber schnell inne, da ihr einfiel, daß es keine damenhafte Beschäftigung war. »Ich glaube, es muß daran liegen, daß unsere Herzen physisch und emotional schwach sind. Meine Schwester ist vor Kummer gestorben.«

»Geht das? In Romanen tut man das, aber in unserer aufgeklärten Zeit . . .«

»Retta hat es jedenfalls getan. Sie ließ sich vierzehn Tage nach dem Tod ihres Mannes einen Zahn ziehen, legte sich ins Bett und starb in derselben Nacht. Mein Bruder Alfred quetschte sich den Finger, bekam eine Schwellung und starb wenige Tage später. Willie wurde ernsthaft krank und . . . Aber du weißt ja, was mit meinem armen Willie passiert ist.« Mama ließ eine Träne auf ihr Leinen fallen und sah zu, wie sie aufgesogen wurde.

Agnes paffte einige Sekunden, ehe sie brutal antwortete: »Du meinst, er hat den Verstand verloren, und deine Familie hat ihn ohne jede Warnung zu euch herübergeschickt, was sehr rücksichtslos war.«

»Mutter dachte, die Seereise könnte ihm guttun. Der arme Willie, er hat sich zwischen seinen Anfällen so verzweifelt an mich geklammert. Wir haben einander so sehr geliebt.« Mamas Stimme sank zu einem tränenreichen Flüstern.

»Es ist ein Wunder, daß du nicht selbst den Verstand verloren hast, als du diesen armen Irren versorgt hast. Ich bin froh, daß er tot ist. Wenn Edward ihn nicht mit einer Kinderschwester nach Haus geschickt hätte . . .« Agnes erschauerte. »Es hat sich auf deine Nerven ausgewirkt, meine Liebe, und was für ein Schauspiel für die Kinder . . . Deine Mutter muß sehr eigen sein.«

»Sie ist vielleicht nicht sehr einfühlsam, aber nicht kaltherzig. Sie hat vor einer Weile ein paar Dinge verkauft und mir zwanzig Dollar geschickt, obgleich sie selbst kaum noch etwas hat.«

»Hm, vielleicht ist sie wirklich hilfsbereit und hat nur nicht genug Phantasie.« Agnes dachte mit Schrecken daran, daß die alte Dame uns eine Kiste mit Kleidungsstücken von Tante Retta geschickt hatte, eine schreckliche Erinnerung an die Tote, eine gespenstische Art, seine Garderobe aufzufrischen. Sie fuhr fort: »Wo wir gerade von Geisteskrankheit reden, Mary . . .«

»Bitte, Agnes, wir hatten nie einen Fall in der Familie. Willie war nur eine Ausnahme, bei ihm kam es von einem schweren Leiden, sagen sie.«

»Ich habe das falsche Wort gebraucht, ich meine Schwachsinn. Als ich den Garten betrat, kam mir ein Mädchen mit einem sehr roten Gesicht entgegen, sie gab mir sogar einen Kuß, und . . .«

»Mein Gott!« rief Mama, lief ans Fenster und riß es auf. »He, Miss! Komm sofort ins Haus, die Sonne geht unter, und du wirst dir den Tod holen. Antworte!« Sie stampfte mit dem Fuß auf und drehte sich wieder zu ihrer feixenden Freundin. »Und?«

»Na ja, ich fragte sie, ob du zu Haus bist, und sie sagte: Ich weiß nicht. Ob du viel zu tun hättest? Wieder: Ich weiß nicht. Ob sie heute in der Schule war? Sie wußte es nicht.

Zuletzt fragte ich, ob sie die kleine Tochter von Mrs. Green sei, und sie . . .«

»Sah dich mit törichten blauen Augen an und sagte, sie wüßte es nicht. Das war Anne. Sie ist ein bißchen zurückgeblieben, genau wie die anderen.«

»Dann stolperte ich über Charles, der im Gras saß.« Agnes erschauerte. »Er schüttete gerade Chloroform auf einen verspäteten Schmetterling. Ich warf ihm Tierquälerei vor, aber er erklärte, er wolle ihn nur in Winterschlaf versetzen. Gibst du ihm Betäubungsmittel? Ein paar Schritte weiter buddelten deine beiden Ältesten mit silbernen Gabeln in der Erde. Es gab eine kleine Auseinandersetzung, und Mary piekste Eleanor in die Hand, die jetzt blutet. Meinst du nicht, du solltest mit ihr zum Arzt gehen, damit sie keinen Wundstarrkrampf bekommt?«

Mama schüttelte den Kopf. »Laß sie, Agnes. Niemand hat es geschafft, ihnen ein bißchen Vernunft beizubringen, keine Armee von Kindermädchen, keine strenge französische Schule, keine liebende Mutter. Ich habe sechs schwachsinnige Monster. Sieh dir das hier an.« Mama hob ein schweres kleines Kind vom Boden auf, das entschieden Ähnlichkeit mit einer Eule hatte, setzte es auf den Tisch und betrachtete es. Das Baby starrte zurück, verzog seine Züge zu einer häßlichen Grimasse, öffnete seinen großen Mund und stieß ein Gebrüll aus. Es sah aus wie ein Kobold aus einem Märchen der Brüder Grimm, soeben im Begriff, jemandem einen furchtbaren Streich zu spielen. Das zweite Baby, Retta, hob ein ernstes, umwölktes Gesicht, um zuzusehen, wie seine Mutter und Agnes Farley lachten und sich die Tränen aus den Augen wischten. Nicht wissend, was los war, beschloß Retta, ebenfalls zu brüllen, und bei diesem ohrenbetäubenden Lärm wurden zwei Türen gleichzeitig geöffnet. Durch die eine trat Papa, mit blassem und ernstem Gesicht. Kein Wunder, dachte Mama, nach dem vielen Essen und der Ohnmacht. Durch die zweite Tür wankte Charlotte mit einem riesigen Paket, gefolgt von vier Kindern, die wie Tiere knurrten und nach ihren Waden schnappten.

»Wir sind Wölfe«, erläuterte Mary. »Wenn Charlotte uns nicht ein großes Stück Fleisch hinwirft, fressen wir sie auf!« Auf ein Zeichen ließen sie sich vor dem Kindermädchen auf alle viere nieder und schnüffelten. Die Erwachsenen warteten, während Mama ihres Amtes waltete. Schläge klatschten, Zöpfe wurden gezogen, Schultern geschüttelt und der ganze Haufen aus dem Zimmer geschoben. Dann öffnete Mama den Umschlag, der dem Paket beilag.

»Madame, Madame!« Charlotte nahm die lächerliche kleine Lucy auf den Schoß. »Sie weint nie, außer wenn sie mit Ihnen zusammen ist. Pst, mein kleiner Schatz.« Sie streichelte den kahlen Schädel, und Lucys Gesicht nahm langsam wieder den normalen rosigen Farbton an.

Agnes nahm ihr Lorgnon heraus, um Lucy zu mustern. »Sie haben ganz recht, Charlotte. Mrs. Green schneidet Fratzen, nur weil sie sehen will, wie sie weint. Es ist unnatürlich, finden Sie nicht auch, Edward? Obgleich sie aussieht wie das Baby der Herzogin oder ein niedliches kleines Ferkel.«

»Sehr unnatürlich«, stimmte Papa zu und dachte im stillen, daß der Gast selbst wie ein wohlgenährtes kleines Schweinchen aussah.

»Vielleicht hat Agnes recht«, sagte Mama, »aber wie ich feststelle, hat ihr die Nummer gefallen.« Sie lachte kurz auf. »Ich erlebe trotz allem noch meine kleinen Freuden, obgleich ich sagen muß, daß diese hier meinen Sinn für schwarzen Humor strapaziert. Es ist von Mrs. Thackara, die die Güte hat, mir eine Reihe fast neuer Kleidungsstücke für meine Kinder zu schicken.«

»Siehst du«, sagte Mary, die hinter der Tür horchte, zu Eleanor. »Es war doof, daß wir uns wegen des Pakets gezankt haben, es ist sowieso für uns. Zanken soll man sich nur dann, wenn man die Sachen von anderen Leuten haben will. Gehen wir runter, um zu sehen, was Adrienne uns vor dem Abendbrot bietet.«

»Ich verstehe nicht, was du an dem Brief so lustig findest«, sagte Agnes.

»Ich auch nicht«, sagte Papa, der an der Wand lehnte.
»Mrs. Thackara ist die Tochter von General Sherman. Hast du je von dem Marsch durch Georgia gehört?«

»Es ist eine hübsche Melodie, unsere Soldaten spielen sie in einem fort.«

Mama preßte die Lippen aufeinander, ehe sie antwortete. »Von mir aus, ich kann im Moment nichts für deine Bildung tun, meine Liebe. Mrs. Thackara weiß nicht, daß ich aus Georgia bin, und es ist nett von ihr, die Sachen zu schicken, so daß ich sie gern annehmen werde. Nicht wahr, Edward?«

»Wie du meinst, Liebling«, erwiderte Papa gleichmütig.

Agnes sah verwundert von einem zum anderen. »Ihr Amerikaner seid merkwürdige Geschöpfe. Mein Mann ist auch einer, ich muß es also wissen. Man denkt immer, sie seien beinahe so wie wir . . .«

»Du meinst, wir seien beinahe menschliche Wesen«, ergänzte Mama zuvorkommend.

»Und plötzlich reißt die Verbindung ab, und ihr sagt Dinge, die sehr sonderbar und absurd klingen.« Agnes gab Mama einen Kuß auf die Wange und reichte Papa die Hand: »Ich komme bald wieder vorbei, wenn du erlaubst, Mary.«

»Oh, tu das, ich habe beschlossen, über deine Taktlosigkeit hinwegzusehen, meine Liebe.«

Papa begleitete den Gast bis zur Gartenpforte, und als er zurückkam, war Mama in ein angeregtes Gespräch mit Charlotte vertieft: »Es ist besser als nichts, aber so wenig. Und nun zu morgen . . .«

»Mary, wie kannst du deine Freunde so beleidigen? Wo du hier drüben so wenige hast!«

Mama machte ein reuiges Gesicht. »Oh, sie mag es, wenn man ihr unangenehme Wahrheiten sagt, und außerdem verdient sie es. Sie schneidet heikle Themen an, erinnert mich an meine Sorgen, und dann . . . Edward, was ist los? Du siehst so sonderbar aus.«

»Es ist nichts.« Er öffnete die Tür zu seinem Schlafzimmer und ging ins Ankleidezimmer durch. Mama folgte ihm in dem Gefühl, daß es im Gegenteil eine ganze Menge war. Er setzte sich im Dunkeln auf einen Stuhl. Keiner von ihnen bemerkte Anne, die in der Ecke vor dem Gasboiler kniete. Die anderen glaubten, daß sie den Messingzylinder insgeheim anbetete. Ein Streichholz wurde an sein Inneres gehalten, eine bläuliche Flamme, und dann schoß ein Strom heißen Wassers aus dem Hahn. Er war schnell, geheimnisvoll und tröstlich, wie der liebe Gott, von dem Mama jeden Abend und den ganzen Sonntag erzählte. *Er* war da, man konnte mit *ihm* sprechen, sogar ein bißchen streiten, aber *er* antwortete nie und stieg nie vom Himmel herunter, wo *er* ihr schuldbeladenes Herz kannte und immer da war, selbst im Ankleidezimmer.

Anne hörte ihren Eltern zu, und was sie von ihren Worten verstand, ist dies.

»Liebling, du hast so kalte Hände. Liebst du mich noch?«

»Natürlich, Edward. Du hast etwas. Was ist es?«

»Ich tat es zu eurem Besten, Mary . . . Ich hab' meine Provisionen beliehen und in Phosphat angelegt. Jetzt bist du wieder bettelarm. Wärst du damit einverstanden, in Paris zu leben . . . Schreckliche Wochen . . . Ich hab' nicht gewagt, es dir zu sagen . . . Gott sei Dank, jetzt ist es heraus. Lieber ein Bettler als diese Tonnenlast um den Hals. Wenn mein Vater wieder das Zipperlein hatte, wie sagte er immer . . .«

»Edward, er sagte: ›Halt nie etwas vor deiner Frau geheim, sie hat das zweite Gesicht.‹ Ich würde sehr gern nach Paris ziehen, es sind nur drei Stunden mit der Eisenbahn, und wir könnten dieses schreckliche Gobelins mit all seinen Tragödien zusperren. Eine Veränderung tut immer gut, und . . .«

Anne schlich auf Zehenspitzen hinaus zu den anderen, um sie mit diesem Erwachsenengespräch bekannt zu machen, das sie ein wenig änderte, damit es dem entsprach, was ihr kleiner Verstand fassen konnte. »Hört mal zu. Papa sagt, Mama hat so kalte Hände, und er hat deshalb kein Geld mehr, und sie ziehen jetzt nach Paris, um uns loszuwerden, weil wir so sind wie fünfunddreißig Gobelins. Großvaters Zipperlein soll sich um uns kümmern. Er kann reden, dieser Zipperlein!«

»Das wundert mich nicht«, sagte Eleanor. »Erwachsene erzählen immer faustdicke Lügen. Es ist ihre Art zu spielen, wenn sie allein sind.«

Die Kinder unterhielten sich oben an der Treppe. Plötzlich traten ihre Eltern auf den Flur, die wieder einigermaßen normal aussahen, nur daß mit ihrem Gesichtsausdruck etwas nicht stimmte. Sie wirkten gefaßt, aber wenn man genau hinguckte, waren Mamas Augen rot, und Papa pfiff so komisch vor sich hin. Nach der Wiedergabe der Szene im Ankleidezimmer rechneten die Kinder mit einer Mitteilung, aber statt dessen gab ihr Vater ihnen einen Kuß, und ihre Mutter sagte: »Ihr könnt eure Milch und euer Brot heute ausnahmsweise in der Küche essen, und ihr könnt Charlotte bitten, euch eine kleine Scheibe von dem Obstkuchen zu geben, aber nur eine für jeden. Eine kleine Scheibe, habe ich gesagt.« Sie stampfte mit dem Fuß, und sie stoben davon wie ein Schwarm Fliegen.

Mama wandte sich wieder an Papa: »Nun erzähl mir die Einzelheiten, ehe wir mit diesem totenähnlichen Enrique essen müssen.« Unter dem leise zischenden Gaskronleuchter gehorchte er und breitete sein Sorgenbündel vor ihr aus. Ihm schien buchstäblich eine Last von den Schultern zu fallen. Mama kniff ein- oder zweimal die Augen zusammen, als ob etwas sie physisch getroffen hätte. Dann bemerkte sie: »Edward Green, wenn du noch einmal sagst, du hättest es zu unserem Besten getan, bringe ich dich um. Und nun das Praktische: Du hast zwei Anzüge, zwei Beine und etwas, das du Grips zu nennen beliebst. Schwöre, daß in Paris eine Stelle auf dich wartet.«

»Es stimmt.«

»Gut, dann fährst du morgen hin, suchst eine Wohnung und sprichst mit der Herren von der Handelskammer. Ich denke, wir werden in einer Woche alle bei dir sein.«

»In einer Woche?«

»Warum nicht? Du hast kein Geld mehr, und je schneller du ein Gehalt bekommst, desto besser. Ich werde mich hier von allen möglichen langweiligen Leuten verabschieden und die Möbel abholen lassen. Wir können zwei Nächte bei Mon Oncle und Ma Tante schlafen.«

»Und wer ist das?« fragte Papa mit gekünstelter Neugier.

»Charlottes Verwandte, sie werden sich freuen, wenn wir bei ihnen absteigen. Ich werde den Fleischer um Ratenzahlung bitten, die Kinder aus der Schule nehmen und die ganze Bande nach Paris schaffen.«

»Aber da wäre noch etwas«, murmelte Papa. »Ich kann nicht zu Fuß nach Paris gehen.«

»Das sollst du auch nicht. Ich werde meinen Verlobungsring versetzen. Es ist ein guter brasilianischer Stein. Du hast bei dem Brillanten nicht aufs Portemonnaie geschaut, Schatz.«

Papa zuckte schmerzvoll zusammen. »Wenn ich mir vorstelle, daß ich dich soweit gebracht habe.«

»Liebling, sei kein Narr und hör auf, etwas zu unserem Besten zu tun, oder wir werden im Armenhaus enden. Ich will gar nicht reich sein, aber ich hätte gern ein Dach über unserem Kopf, Liebling.«

»Was für eine Frau bist du, eine wie dich hat es nie gegeben.« Papas Lebensgeister hoben sich.

»Das stimmt, halt also nicht Ausschau nach einer anderen, die so ist. Ich bin ein Juwel, eine Perle.« Mamas Hand flog hoch und vermißte die Perlenbrosche. »Wir machen so weiter wie gewöhnlich, aber hoffentlich bekomme ich diese Woche keine Migräne.«

An jenem Abend saßen sie lange an dem brennenden Kamin in ihrem Schafzimmer. Papas Lehnstuhl stand in bequemer Reichweite des Schürhakens, und Mama saß zu seinen Füßen und hielt seine Hand an ihre Wange, während sie nicht ausschließlich von der bedrückenden Gegenwart sprachen. Das Thema war erschöpft, die Wunde begann an der Oberfläche zu verheilen, und es war erfreulicher, bei der Vergangenheit zu verweilen, die so sorglos und angenehm gewesen war, in Wahrheit und in Einbildung. Papa schürte das Feuer, Funkenregen flogen auf, und in den Ecken des Zimmers zuckten und tanzten große Schatten gehorsam nach der Musik der wabernden Flammen. Ein schauriger Schrei zerriß den friedvollen Schleier, den Mama um ihren schuldbeladenen Mann spann. Noch ein Schrei, und ein Trappeln bloßer Füße ließ Mama ins Kinderzimmer eilen, denn Charlotte aß zu Abend. Anne stand auf ihrem Bett, während Eleanor und Mary sich, unter ihren Wolldecken vergraben, krampfhaft die Ohren zuhielten und auf das warteten, was kommen würde. Das Rascheln des mütterlichen Rocks verhieß nichts Gutes. Wenn er schnell heranrauschte, bedeutete es, daß Mama in großer Eile war, entweder aus Zorn oder aus Besorgnis.

»Was ist los, Miss?« zischte Mama. »Warum schläfst du nicht?«

»Ich habe geschlafen«, brüllte Anne jämmerlich, »und auf einmal ist Großvaters Zipperlein gekommen und hat an der Decke gezogen. Die Tür war zu, wie ist er bloß hereingekommen? Ich habe solche Angst.«

»Und darf man wissen, wer Großvaters Zipperlein ist?« fragte Mama aufgebracht.

»Ich weiß es nicht. Er ist einfach gekommen und hat mich angepustet. Und er kann sogar reden, Papa hat es selbst gesagt.«

Mama war einen Moment sprachlos. Vielleicht ein Alptraum, so daß sie entsprechend ihrer üblichen Taktik zum Angriff überging. »Hast du dein Gebet aufgesagt? Sag die Wahrheit, sonst holt dich der Teufel.«

Anne setzte sich auf ihr Bett, zitterte aber immer noch vor Furcht. Nach einem kurzen inneren Kampf gestand sie: »Nein Mama, ich habe es vergessen.« Sie schmiegte sich an sie.

»Du siehst ja, was davon kommt, wenn man das Wichtigste vergißt! Knie dich hin.« Dann sprachen sie gemeinsam das Abendgebet.

Paris im Morgengrauen des 20. Jahrhunderts

Papa stand jeden Morgen pünktlich um sieben Uhr auf, schloß das Fenster und gab sich Mühe, nicht zu fröhlich zu sein, denn ein munterer Frühaufsteher weckt Zorn. Er zog seinen alten abgetragenen Morgenmantel an und ging auf Zehenspitzen in die Küche. Lucy, seine jüngste Tochter, rutschte aus ihrem Bett und trippelte zu ihm. Sie wechselten nie ein Wort, wenn er Wasser heiß machte. Er nahm einen großen Kohleeimer und wankte damit in sein Zimmer zurück. Wenn Papa das Feuer entfacht hatte, fand er das Leben noch angenehmer. Er hatte nun schon so viele sonderbare Tage hinter sich, und seine angeborene gute Laune hatte so gut wie gar nicht darunter gelitten. Lucy kletterte wieder ins Bett und drehte das Gesicht zur Wand. Sie hörte zu, wie Papa plätscherte und leise eine italienische Oper sang, während er seine Wanne dann an das Bett schob und sich rasierte. Nach einer Weile teilte ihr ein köstlicher Duft mit, daß er sein Gesicht mit Eau de Cologne benetzte: ein unerwartetes Geschenk, und Papa sagte häufig, er wünschte, der Bursche würde ihm mehr davon schicken.

Mama schlug ein Auge auf, als Papa sich über ihr Bett lehnte und ein zerlesenes rotes Buch vom Regal nahm: *Ratschläge zum täglichen Gebrauch*. Leise stöhnend, kniete Papa neben dem Kinderbett hin, sagte sein Gebet auf und las eine Seite aus seinem »guten Buch«, wie er es nannte. Wenn Lucy meinte, daß Papa genug gebetet hatte, beugte sie sich aus dem Bett und haute ihm ihr Lieblingsspielzeug – eine Napoleonbüste aus Porzellan, mit offenem Zweispitz für Blumen – auf den Kopf. Jeder andere wäre zornentbrannt aufgesprungen, nur nicht Papa. Er lächelte, gab seiner blassen Tochter einen Kuß und flüsterte:

»Na, Mademoiselle, wie wäre es mit Frühstück für die ganze Besatzung? Geh' und weck die Großen. Das Wasser muß inzwischen heiß sein, und ich mache Tee für Mama und setze die Milch auf. Es ist halb acht.«

Papa kam kurz danach zurück, schob einen rohgezimmerten Tisch an Mamas Bett und stellte ein Tablett darauf, das er gestern abend hübsch gedeckt hatte. Mama tat so, als schlüge sie zum erstenmal die Augen auf; Papa schenkte ihren Tee ein, dann Lucys Milch, zuletzt seinen Tee. »Ich glaube, ich habe noch nie in meinem Leben so gut geschlafen«, bemerkte er. »Diese Rue Ruhmkorff hat irgend etwas, das mir bekommt. Dieses Zimmer ist so luftig, so . . .«

»Du spielst wohl darauf an, daß wir keine warmen Vorhänge haben?« fragte Mama, hüllte sich in eine große Stola, rührte ihren Tee um und trank ihn mit einem angewiderten Gesichtsausdruck, als wäre er Medizin und kein erlesener Ceylon, ein weiteres Geschenk.

»Nun ja.« Papa schnitt sich eine Scheibe Brot ab und aß sie trocken. »Wir haben dafür diese hübschen gelben Vögel, die auf einem schwarzen Netz herumklettern. Sind das nicht Vorhänge?«

»Ich habe so dunkle genommen, damit die Nachbarn nicht hereingucken können.«

»Und sie sind sehr hübsch, diese Kanarienvögel.«

»Sie sind scheußlich, aber sie brauchen nicht oft gewaschen zu werden.«

Die Tür ging auf; Eleanor, Mary und Charles erschienen, innerlich und äußerlich inzwischen viel gesitteter. Mama begutachtete sie, während sie ihr Bett umstanden. »Ihr habt Glück, daß das Licht so schummrig ist«, erklärte sie. »Aber wenn ich heute mittag schmutzige Hälse und Ohrenschmalz entdecke, bade ich euch heute abend selbst, so alt ihr auch sein mögt.«

»Oh, Mama«, protestierte ein Chor.

»Einen alten Hasen wie mich könnt ihr nicht täuschen. Waschen, anziehen, frühstücken und, ich hoffe es wenigstens, beten, und das alles in fünfundzwanzig Minuten!

Nein, Kinder, das ist unmöglich. Jetzt geht bitte vorsichtig, stoßt nicht mit den Zehen an und lauft keine Löcher in die Sohlen, denn ich kann wer weiß wie lange kein neues Paar Schuhe kaufen.« Sie holte ihre alte Handtasche unter dem Kopfkissen hervor und zählte sechs Sou für jedes Mädchen ab. Drei Sou für je eine Fahrt oben auf dem Pferdeomnibus, mittags kamen sie zu Fuß heim, und nach dem Nachmittagsunterricht gingen sie ebenfalls zu Fuß. Charles fuhr mit dem Rad. Sie eilten davon. Mama brachte Papa zur Tür. In dem dunklen, kalten Vorzimmer sah sie liebevoll zu, wie er seinen Mantel anzog und seinen Zylinder mit dem Ärmel bürstete. »Wie gut du aussiehst, Liebling, und so elegant. Wie ein Fürst.«

Der Fürst nahm sie in die Arme. »Mein Schatz! Wo wir gerade davon reden, meine Hosen, du weißt schon, die anderen, haben ein . . . sind . . .«

»Sind total abgescheuert und haben hinten ein Loch. Keine Angst, Edward, ich kenne da einen Mann, der in einem Torweg beim Fleischer Flicken verkauft. Ich werde einen Flicken draufsetzen, und die Stelle wird nicht einmal auf einem galoppierenden Pferd zu sehen sein.«

»Du meinst, solange das Pferd sich nicht verbeugen oder umdrehen muß?«

»Edward, es wird kein bißchen auffallen. Du weißt doch, daß ich jetzt viel besser stopfen und flicken kann. Ist es trocken genug, um zu Fuß zu gehen?«

Papa sah auf seine Schuhe hinunter. »Was macht die Sparbüchse?«

»Ich glaube, wir haben bald genug, um sie halb besohlen zu lassen. Und wer weiß? Es ist nur noch eine Woche bis Weihnachten.«

»Ja, in der Tat, wer weiß? Ich gehe zu Fuß.«

Mama zog sich schnell an, band eine Schürze um und begann ihr Tagewerk. Mit einem eisernen Willen gesegnet, vollbrachte diese Frau Leistungen, die einen geborenen und gelernten Kuli umgebracht hätten. Die drei jüngeren Kinder wurden gefüttert, und als Mama sie badete, sprach sie mit ihnen, als wären sie Damen der Gesellschaft. Sie haßte es, eine Sprache zu gebrauchen, die sich für kleine Leute von sechs, vier und zwei Jahren ziemte. Sie wurden nacheinander abgetrocknet, angezogen und zum Wärmen an den Kamin gesetzt.

»Die Nachrichten waren gestern abend nicht sehr gut«, bemerkte sie, während sie kleine Stiefel schnürte. »Ich meine, die Nachrichten über den Krieg meines Landes. Ist euch klar, daß mein Land auch das eure ist, ihr kleinen Franzosen?« Mamas Nachkömmlinge, die ohne einen Hauch von Amerika in Frankreich heranwuchsen, hoben besorgte Gesichter und sahen sie stumm an. Sie waren anders als ihre ersten Kinder und kamen ihr mundfaul und oft rätselhaft vor. Die armen Dinger, die in Wahrheit ganz aufgeweckt waren, lebten übrigens in ständiger Konfusion, denn ihre amerikanischen Eltern hatten eine so individuelle und unfranzösische Art, daß die in der Fremde geborenen Bastarde die doppelte Welt, in der sie groß wurden, erst in einem recht fortgeschrittenen Alter verstanden. Wenn sie nicht unbedingt antworten mußten, hielten sie den Mund. In der langen Zeit, in der sie keine Gesellschaft außer ihrer eigenen hatten, lebten sie wie ein isolierter Clan, merkten sich Mamas Äußerungen und rätselten dann, wenn sie allein waren, darüber nach, was sie wohl gemeint hatte.

»Ich habe noch nie solche begriffsstutzigen Wesen gesehen«, fuhr Mama munter fort. »Ist es denn gar nicht möglich, eure Begeisterung zu wecken? Wißt ihr nicht, daß mein Bruder Walter sich freiwillig gemeldet hat und in dieser Minute in Tampa ist?« Sie kämmte rasch Lucys verfilztes Haar. »Denkt an die ›Maine‹!«

Anne, röter und dicker denn je, schaffte es, ihr lächerliches Kleidchen zuzuknöpfen. »Ich kann dir helfen, die Badewanne auszuleeren, Mama.«

»Das ist schön, Schatz, du scheinst nicht ganz so dumm zu sein wie deine Schwestern.« Mama bückte sich zu den dreien und drückte sie zärtlich, ehe sie mit einem Eimer Wasser hinauswankte und mit einem Besen zurückkam. »Feg' für Mama das Zimmer, und dann zeige ich dir, wie du abstauben kannst, während ich die Betten mache.« Die unglückliche Frau erledigte jene Aufgabe achtmal. Charles schlief allein in einem Zimmer, das mit einem Eisenbett, einem Kricketschläger, der Wanne und seinem Fahrrad möbliert war. Eine karge Umgebung, die er liebte und häufig aufsuchte, um Jules Verne zu lesen, zu lernen oder auf der Wanne zu trommeln. Eleanor und Mary teilten sich ein anderes Zimmer; Anne bewohnte eine Abstellkammer mit Blick auf die Ecke der sonderbar gekrümmten kleinen Straße, und Mama beherbergte die beiden anderen Mädchen in ihrem Zimmer. Während sie lüftete und putzte, warteten Retta und Lucy im Wohnzimmer, das die schönen Rosenholzmöbel aus Savannah, die Bücher und »Mamas Schreibtisch« enthielt, einen hübschen kleinen Mahagonisekretär mit einer geschnitzten Muschelschale oben auf der geneigten Platte. Der Raum wirkte ungeachtet der überall fühlbaren Armut gemütlich und heiter und besaß jene nicht käufliche Aura des Friedens, die unsere Eltern ihrer Umgebung verleihen konnten.

Mama reckte ihren schmerzenden Rücken und warf einen prüfenden Blick auf ihr Zimmer. Papas Toilettengegenstände standen auf dem Kaminsims, eine Waschschüssel samt Wasserkrug zierte den Tisch. Die Betten standen an den Wänden, und außerdem gab es noch zwei Stühle und ein Plätzchen vor dem Kamin, wo die Kinder spielten. »Es könnte schlimmer sein«, sagte sie zu sich selbst, »und wenn mir jemand einen Dollar zu Weihnachten schickt, werde ich mir eine Putzfrau gönnen und den Fußboden von *ihr* scheuern lassen!«

Mama ging ins Wohnzimmer. Annes Zunge stand hervor, und ihr Gesicht war vor Anstrengung tiefrot, als sie den Besen in der Hoffnung, kein Staubkörnchen entwischen zu lassen, fest auf den Boden drückte. »Ich habe die Diele gemacht. Bin ich gut, Mama?«

»Ich wüßte nicht, was ich ohne dich täte«, erwiderte Mama gerührt. »Und jetzt fährst du mit dem Staubtuch durch die Schnitzereien von diesen verrückten Möbeln, Schatz. Dann rückst du die Stühle wieder hin und sorgst dafür, daß das Zimmer wieder gemütlich und einladend aussieht. Verstehst du? Gieß die Pflanze und schieb das Sofa an seinen Platz, damit sich jemand, der müde ist, am liebsten sofort darauf legen würde. Ich meine, jemand, der müde ist und viel Zeit hat. Ich gehe zum Markt; paß auf die Kleinen auf. ich werde ein Feuer machen, und wage nicht, ihm zu nahe zu kommen, sonst verbrennst du dich, und das tut schrecklich weh. Lern' deine Lektion, säum' die eine Seite von dem Staubtuch, und wenn du bis zum Mittagessen nichts anstellst, schenke ich dir etwas.«

Nachdem sie dieses verlockende Programm umrissen hatte, steckte Mama ein hübsches Häubchen auf ihre schönen Haare, zog ihren dünnen Mantel und ihre Baumwollhandschuhe an, nahm ihr großes Einkaufsnetz und machte sich auf den Weg. Etwa fünf Minuten weiter war eine lange Einkaufsstraße, die Rue Demours, wo Händler eine faszinierende Fülle eßbarer Dinge zur Schau stellten. Fleischer verkauften Schweine in allen erdenklichen Stükken; italienische Geschäfte waren voll goldener Früchte, Delikatessen, Butter und Käse. Über allem hing der herrliche Duft von frisch geröstetem Kaffee. Mama war glücklich, als sie sich zwischen Gemüsekarren und beredten Händlern einen Weg bahnte. Sie ging in einer dichten Schar von Frauen, die ebenfalls abgewetzte Handtaschen umklammerten und mit zusammengepreßten Lippen Ausschau nach günstigen Angeboten hielten. Ihre Aufmerksamkeit war einzig und allein darauf gerichtet, möglichst viel für ihr Geld zu bekommen. Ein Franc hatte zwanzig Sou, und Mama hatte fünf Franc an Tag, um eine achtköpfige Familie zu ernähren. »Rechnen wir mal nach«, sagte sie zu sich selbst. »Fleisch. Acht Koteletts zu vier Sou das Stück, zwei Pfund Reis, das wären schon zwei Franc. Acht Apfelsinen, zwei grüne Salate, ein paar Erbsen zum Abendessen – sie machen so schön satt. Ich werde einen Auflauf machen, es müßten noch ein paar Rosinen da sein. Oh, wenn ich doch sechs Franc am Tag hätte, dann könnte ich Edward abends Fisch machen. Und ein Viertelpfund Butter, drei Liter Milch und Brot, aber das kann ich auf dem Heimweg kaufen. Zusammen mit einem Pfund Backpflaumen wären das schon fünf Franc und sechs Sou. Ich hätte also noch vierzehn Sou von dem Franc übrig, den ich gestern gespart habe, als Edward nicht zum Lunch nach Haus gekommen ist. Ah, da ist der Mann mit den Flicken.«

Sie hatte vergessen, die Hose oder wenigstens einen blauen Faden vom Stoff mitzunehmen, aber sie hatte die Farbe im Kopf. Und jetzt sprach sie »Französisch«, ein merkwürdiges Kauderwelsch, ein Salat aus wörtlichen Übersetzungen aus dem Englischen und einigen gallischen Redewendungen. Die Würze gaben dieses und jenes Lächeln, eine gewisse Ungezwungenheit und einige Ausrufe, die Franzosen nach Meinung aller Ausländer in einem fort im Munde führen. So wunderbar es klingen mag, aber Mama machte sich sehr gut verständlich. Das fand auch der Straßenhändler, als sie in seinen Fetzen wühlte, um einen kornblumenblauen Wollflicken herauszufischen, der einen kupfernen Sou kostete. Als sie auf dem Heimweg kurz stehenblieb, um ihr Einkaufsnetz in die andere Hand zu nehmen, eine Taktik, die nicht viel nützte, da inzwischen beide Arme weh taten, hielt ihr ein höflicher Herr eine Flasche hin: »*Ma petite dame*, riechen Sie nur dieses köstliche Eau de Cologne, das ich zu einem Spottpreis verkaufe, um die Welt etwas schöner zu machen. Mögen Sie es?«

»Ja«, sagte Mama.

»Oh!« Er nahm eine ähnliche Flasche von einem Stapel auf dem Trottoir. »Nehmen Sie dies mit nach Haus und schenken Sie es Ihrem *petit ami* zu Weihnachten, dem, den Sie am meisten mögen. So wie Sie aussehen, haben Sie sicher ein Dutzend. Vier Sou für die Flasche, ich setze dabei zu.«

Mama, eine ehrliche Frau und Mutter von sechs Kindern, lächelt kokett. Wie ungehörig! Die Franzosen waren dreiste, unmoralische Männer, aber sie verstanden es, einer Frau zu schmeicheln. Edward würde sich über das Eau de Cologne freuen; sie fügte die Flasche, ihrer Last hinzu und wankte nach Haus. Die Kinder waren nicht ins Feuer gefallen. Sie saßen da, niedliche kleine Dinger trotz ihrer dunklen Wollsachen und ihrer oft geflickten Stiefel, und spielten mit ihren Bauklötzen und ein paar Anmachhölzern. Anne schenkte dem Ganzen mit ihrem aus einem karierten Wolldeckenmuster gefertigten Kleid ein bißchen Farbe.

Mama zündete das Feuer im Herd an, und während sie den Reis aufsetzte und die Koteletts und den Salat machte, hörte sie, wie Anne stolz las: »Ich habe meinen Hund sehr lieb. Er kann laufen. Mein Drachen sieht aus wie eine Fledermaus . . .« Mama war überrascht: »Oh, du kannst ja lesen! Nächste Woche werde ich dir deinen ersten Dickens geben; du wirst ihn lieben, es sei denn natürlich, du hast einen schlechten Geschmack. Würdest du bitte den Tisch decken, während ich die Kleinen füttere?«

»Ja, Mama!« Mit sechs Jahren ist es herrlich, sich wichtig vorzukommen.

Die Kleinen wurden gefüttert und ins Bett gebracht, wo sie bis zwei Uhr blieben. Mama bereitete ein zweites Mittagessen zu und zündete das Feuer im Eßzimmer an. Dort erinnerte ein rosarot gestrichener Tisch die Phantasiebegabten an Mahagoni und bildeten zusammen mit zwölf Polsterstühlen ein annehmbares Ensemble. Die Wohnungstür fiel ins Schloß, und Fußgetrappel kündigte die zurückkehrenden Greens an. »Kinder, setzt euch und eßt, solange alles warm ist. Ich hole nur schnell die Butter und den Salat.« Die Kinder bekamen die größten Koteletts, weil heranwachsende Körper viel Kraft brauchen.

Nach einem fragenden Blick auf Mama nahm Papa ein zweites Mal vom Reis. »Niemand kocht ihn so gut wie du, ich könnte allein davon leben.«

»Das tust du ja auch«, entgegnete Mama knapp.

»Mama«, begann Eleanor schüchtern. »Ich frage ja nicht gern, aber . . .«

»Dann laß es, weil ich nicht gern jedesmal nein sage. Nimm ein bißchen von dem Salat, und ich habe für jeden von euch eine Apfelsine gekauft. Wer kein Obst ißt, wird krank.«

»Zum neuen Jahr«, stotterte Eleanor, »wird gesammelt, damit wir den Lehrerinnen Geschenke kaufen können, und fünf Franc sind das wenigste, was man geben muß.«

Ihre Eltern sahen sich entsetzt an. In einer Jahreszeit, in der Lebensmittel am meisten kosteten, bedeuteten zehn Franc Essen für zwei Tage. Papa verdiente zweihundertfünfzig Franc im Monat.

»Aus einem Stein kann man keinen Saft pressen«, sagte Mama schwach. »Wir können es einfach nicht. Du wirst in der Schule sagen müssen, daß . . .«

»Oh, Mama, das geht nicht.« Mary weinte beinahe.

»Schämt ihr euch vielleicht? Schämt sich jemand von meinem Fleisch und Blut, daß er arm ist?« Mama war um so grimmiger, als sie besser als jeder andere verstand, wie es in ihrer Tochter aussah.

Eleanor wurde sehr rot und flüsterte: »Es ist schwer zu erklären, Mama. Die Mädchen lachen uns sowieso schon aus. Unsere Sachen sind anders als ihre, und unsere Schuhe . . .«

»Sind Arbeitsschuhe. Ich weiß es, aber sag bitte kein Wort mehr darüber. Ich habe Gewissensbisse deshalb, aber ich kann es trotzdem nicht ändern.«

»Aber . . .«

»Tochter« – Papa nahm zärtlich Marys Hand –, »sag bitte nichts mehr, deine Mutter hat dich darum gebeten. Widerworte sind eine schlechte Angewohnheit und bringen dich nicht weiter. Ich werde euch das Geld geben. Reicht es, wenn ich es morgen früh tue?«

»O ja, danke, Papa.« Die Erleichterung in den Stimmen der Mädchen schnitt Mama ins Herz. Was es ihre Töchter gekostet haben mußte, wider alle Hoffnung um diese enorme Summe zu bitten! Mama folgte Papa ins Wohnzimmer, wo er sich jeden Tag nach dem Mittagessen zehn Minuten auf das Rosenholzsofa legte. Zehn Minuten ausruhen, ehe er zu Fuß ins Büro zurückging. »Ich will ja nicht neugierig sein, Edward . . .«

»Meine Uhr, was denn sonst? Du weißt, daß ich sie für zwanzig Franc versetzen kann. Die zehn Franc, die übrigbleiben, können wir in die Sparbüchse tun.« Er rieb sich die Augen und lachte. »Glaubst du, wir können sie darin lassen, ohne daß wir in Versuchung kommen, etwas Verrücktes zu machen?«

»Etwas Verrücktes?« Mama blickte erschrocken.

»Nur ein schlechter Scherz, Liebling.« Papa schloß die Augen, zappelte ein bißchen, um die bequeme Kuhle in dem alten Sofa zu finden, und schlief ein. Mama deckte ihn mit einem Reiseplaid aus rotbraunem Samt zu – den sie in dem Jahr, als Papa bankrott gegangen war, passend zu einer neuen Kutsche gekauft hatte – und blieb in der Nähe, um ihn zu wecken, zur Tür zu bringen und anzuflehen, daß er auf sich achtgeben möge, wenn er über die Straße ging.

Die Kinder hatten den Tisch abgeräumt und ein wenig Ordnung im Eßzimmer gemacht, aber sie hatten keine Zeit zum Spülen. Der Unterricht war lang: von halb neun bis halb zwölf und von halb zwei bis vier, und dann mußten sie noch eine Reihe von Lektionen für den nächsten Tag vorbereiten. Für kurze Zeit allein, stand Mama am Kachelofen, der immer noch viel Wärme abstrahlte; sie lehnte den Kopf dagegen und überließ sich einer Orgie verbotener Gedanken. Sie legte die Arme auf den Marmorsims und wärmte ihre kalten Finger. Zweihundertfünfzig Franc im Monat. Fünfzig gingen für den guten Fleischer in Le Havre und Rose Atwoods Versicherungspolice drauf. Essen und Beleuchtung kosteten hundertfünfzig. Blieben noch fünfzig für Kohlen, Miete, Krankheiten, Omnibus, Porto und Kleidung. Die Schuhe waren ein Alptraum, der Mama schlaflose Nächte bereitete. Sie spürte förmlich, wie sechzehn Füße Absätze krumm liefen und Sohlen abnutzten, bis nichts mehr abzunutzen war. Wie lange würde sie noch die Kraft haben, ihre Familie durchzubringen? Sie hatte jetzt ein Jahr ausgehalten. Angenommen, Edward verlor seine Stelle? Sie hatte in Paris keinen einzigen Menschen, den sie gut kannte.

Plötzlich fühlte sie sich Tausende von Meilen von daheim entfernt in einem Dschungel, wo ringsum wilde Tiere namens Krankheit, Schulden und Entbehrung lauerten, um sich beim ersten Anzeigen von Schwäche auf sie zu stürzen. Sie kämpfte gegen die aufsteigende Verzweiflung an und betete um ein wenig Hoffnung, nur so viel, um den heutigen Tag zu überstehen. Morgen war ein neuer Tag, und der Gedanke an den nächtlichen Schlaf, der sie von ihm trennte, machte ihn erträglich. Mechanisch fuhr sie mit den Fingern an einem Riß entlang, der sich dort gebildet hatte, wo irgend jemand die Marmorplatte des Ofens ein Stück von der Wand gezogen hatte; sie fühlte eine Reihe kleiner Erhebungen. Was mochte das sein? Sie spähte hin – ein oder zwei Vorhangringe, die sie vielleicht für die Kinder gebrauchen konnte. Sie holte ein Messer, fuhr damit die Ritze entlang und löste die Hindernisse. Etwas flog in die Luft und fiel zu Boden. Ein Hindernis gab nach, dann ein anderes, dann noch eines, bis die Ritze hinter der Marmorplatte frei war.

Mama schaute auf den Boden. »Oh«, keuchte sie, »ich muß am Ende sein, ich habe schon Halluzinationen!« Überall im Zimmer lag Geld herum, Kupfersous, silberne Francs und in einer Ecke ein großes Profil des Bürgerkönigs Louis Philippe, das fünf Franc wert war. Sie ließ sich auf alle viere nieder und kroch in ihrer karierten Schürze durch den Raum, um unter dem Tisch, unter Stühlen und in den Zimmerecken Geld aufzusammeln . . . die Beute schien ein Pfund zu wiegen und belief sich auf dreizehn Franc und neun Sou. Eine willkommene Bereicherung der Sparbüchse.

»Was bin ich für eine kleingläubige Person!« rief sie laut. »Ich zweifle an der Vorsehung, und sie schenkt mir einen Schatz von Kleingeld.«

Sie lief in die Küche, goß kochendes Wasser in einen Zuber und wusch so viel Unterwäsche und Hemden, wie sie auf die eine Leine hängen konnte. Dann ging sie mit den Kindern an die Luft. Die Rue Rulmkorff war eine bescheidene Straße, aber kein Elendsviertel; sie war krumm wie ein Ellbogen und traf an beiden Enden auf einen Boulevard mit vielen Bäumen. Der Boulevard Gouvion-St-Cyr lief an den alten, nun grasbewachsenen Befestigungen entlang, und dahinter war Neuilly, ein ländlicher Vorort mit lauter Gärten, Klöstern und Schulen. Dort pflegte Mama mit den Kindern zu promenieren. Die Jüngsten hatte sie gewöhnlich auf den Armen, und sie redete über Amerika und erzählte ihre besten Scherze, diejenigen, die sie mit alten und fernen Freunden teilte.

Am Ende der Allee sank die Sonne, eine rote, von grauen Wolken verhangene Scheibe, dem Horizont entgegen. Mama wandte sich fröhlich heimwärts. »Es ist sicher egoistisch«, sagte sie, »aber ich bin froh, daß Winter ist und daß es schnell dunkel wird. Dann müssen wir früher nach Haus und brauchen nicht so lange zu frieren. Ich freue mich allerdings nicht unbedingt auf endlose Frühlingstage, weil ich sie mit euch verbringen muß, meine Herzblätter. Noch ein Jahr in eurer Gesellschaft, und ich bin reif für das Irrenhaus. Jetzt lauft ein bißchen, damit ihr Farbe in die Wangen bekommt, los.«

Zu Haus angekommen, machte sie Feuer im Schlafzimmer, gab den Kindern ein bißchen trockenes Brot, zündete eine Lampe an und warf einen sehnsüchtigen Blick auf das Bett. Nur eine Minute hinlegen. Nein, sie würde sofort in tiefen Schlaf sinken, die Kinder würden zu Tode rösten, und außerdem mußte sie vor dem Abendessen noch die Socken stopfen. Sie zog einen Stuhl zum Tisch, nahe an den grünen Lampenschirm aus Pappe, und stopfte ungeschickt, stetig und schnell drauflos. Der Blechwecker auf dem Kaminsims zeigte fünf Minuten nach sechs. Sie hatte noch fünfundzwanzig Minuten, bis sie das Abendessen aufwärmen mußte. Während sie angestrengt stichelte, hatte sie eine glänzende Idee. Sie würde es tun, sie hatte eine Gabe zum Schreiben, und mit einem so einfachen Thema mußte sie Erfolg haben. Die großen Kinder lernten im Eßzimmer. Mama saß glücklich da und warf ab und zu einen Blick auf die schläfrige Gruppe zu ihren Füßen.

»Gott sei gedankt!« rief eine muntere Stimme. »Die kleinen Teufel sitzen brav im Kreis, und ein gutes Feuer im Kamin. Wie gern ich zu Hause bin!« Papa beugte sich über den Stuhl, um seiner Frau einen Kuß zu geben.

»Du meine Güte, Edward, ist es schon so spät? Laß mich los, ich hab' noch nicht mit dem Abendessen angefangen.«

»Macht nichts. Ich ziehe meine Hausschuhe an und helfe dir.«

Mama heiterte den leicht aufzuheiternden Papa mit einer spannenden Version der Schatzsuche auf, die ihn zu fröhlichen Sprüngen durch das Zimmer veranlaßte.

Das Abendessen war vorbei, die Kleinen lagen im Bett und schliefen schnell ein. Das Mahl hatte aus Suppe, Erbsen und einem Auflauf aus Äpfeln, Rosinen und Brotkrumen bestanden, sehr geeignet, um den Heißhunger zu stillen, der sich nach harter Arbeit und körperlicher Bewegung einstellt. Das Feuer prasselte und knisterte vor sich hin; Eleanor legte ein grünes Filztuch auf den Tisch; die Greens versammelten sich für einen kurzen Abend um die Lampe.

»Edward«, sagte Mama, während er eine aus dem Büro mitgebrachte Zeitung aufschlug, um den Wirtschaftsteil zu lesen. »Vergiß nicht die Geschenke für die Kinder.«

»Bei Gott, nein. Was soll es diesmal sein? Feigen?«

»Ja, es sind noch zwei übrig, und Anne braucht nur deine Karte. Sie kann nämlich lesen.«

Papa wickelte die Feigen einzeln in Papier, drehte die Enden zu kunstvollen Zipfeln, holte eine Visitenkarte heraus, auf die *Mr. Edward Moon Green* graviert war, und schrieb mit wunderschöner, gut lesbarer Schrift »Mit freundlichen Grüßen und den besten Wünschen für eine gute Nachtruhe« darauf. Dann ging er auf Zehenspitzen in die Zimmer der Mädchen und legte ihnen diese Grüße neben das Kopfkissen. Er brachte ihnen jeden Abend Geschenke, die er aus Gründen, die ich bis heute nicht weiß, »graue Ratten« nannte. Ratten konnten alles mögliche sein, von einer Backpflaume bis zu einem Sou, den er so lange poliert hatte, bis er wie Gold aussah, und wenn die Kinder aufwachten und im Halbschlaf suchten, wurden sie kein einziges Mal enttäuscht.

Als Papa zu seiner Zeitung zurückkehrte, spielten Eleanor und Mary Flohhüpfen, während Mama und Charles über Karten brüteten und sich Berge, Flüsse und Städte aussuchten, die einen Blitzbesuch oder sogar einen längeren Aufenthalt wert waren. Papa las die Nachrichten und stöhnte. Er stöhnte zum einen, weil er es gern tat, und zum anderen, weil die Zeitung »nichts als Skandal, Betrug, Mord und unverständliche Politik« brachte, wie er zutreffend bemerkte. »Diese verdammten Regierungen, keine ist besser als die andere, sie bringen die Welt immerfort in Schwierigkeiten und ruinieren den Aktienmarkt. Ich werde nicht noch mehr Zeit für Lügen und schlechte Neuigkeiten opfern.« Dann holte er seine große goldene Uhr heraus. Eleanor und Mary blickten entsetzt, denn sie hatten erwartet, daß er sie versetzen würde. »Meine Damen, mein Herr – neun Uhr. Wie wäre es mit Schlafen?«

Die drei standen auf und gaben ihm einen Gutenachtkuß.

»Töchter, hier sind die zehn Franc. Sohn, da du eine staatliche Schule besuchst, brauchst du niemanden zu bestechen. Ich werde euch jedoch allen dreien je zehn Sou schenken, aber gebt sie nicht zu leichtsinnig aus.«

Ein Dankeschön folgte auf eine nachdenkliche Stille. Ihre Reichtümer umklammernd, verschwanden sie aus dem Zimmer. Die Eltern kleideten sich aus und ließen sich auf das Bett fallen. Binnen fünf Minuten zog Mama die Knie bis ans Kinn und verwandelte sich, mit einer Wärmflasche auf dem Bauch, in eine warme und glückliche Kugel. »Edward, wenn du noch eine Minute wach bleiben könntest, würde ich gern mit dir reden.«

»Ich weiß, ich weiß«, schmunzelte Papa. »Hör zu, ich habe das Geld nicht gestohlen. Ich hatte ein langes Gespräch mit Dr. Tingg, dem Präsidenten der Handelskammer.«

»Oh . . . Erzähl!«

»Er ist sehr mit mir zufrieden und möchte etwas Großes aus der Kammer machen. Wir versorgen ja auch alle, die es brauchen, mit erstklassigen Informationen. Du weißt nicht, wie gut wir informiert sind . . .«

Mama täuschte gekonnt ein Gähnen vor.

»Ja, und Dr. Tingg sagt, ich hätte ein einnehmendes Wesen. Der Vorstand ist mit meiner Arbeit zufrieden und hält mich darüber hinaus für einen vollkommenen Sekretär. Tingg will mir, kurz gesagt, fünfundzwanzig Franc für jedes neue Mitglied der Kammer geben. Und ob du es glaubst oder nicht, fast im selben Augenblick kommt ein netter Bursche hereinspaziert, und ich war so überzeugend, daß ich ihn in meinem Netz fing und den Schatzmeister dazu bewegen konnte, mir auf der Stelle die Fangprämie auszuzahlen.«

Mama richtete sich im Bett auf, um festzustellen, daß Papa das gleiche getan hatte. Ihre Laken glänzten im Dunkel schneeweiß. »Angenommen, es kämen mehr hereinspaziert!«

»Wie habgierig du bist! Aber ich hoffte dasselbe, und ich baue auf den Sommer, wenn die vielen Geschäftsleute hier herüberkommen. Auf jeden Fall können wir es für die Miete zurücklegen, die am fünfzehnten Januar fällig ist. Dieser Alptraum alle drei Monate!«

»Ja«, stimmte Mama zu. »Wir nehmen den Schatz, den ich gefunden habe, für die Schuhe, und dieses Mitglied bringt uns dreizehneinhalb Franc, so daß wir nur noch hundertelf-fünfzig auftreiben müssen. Wir werden es irgendwie schaffen. Im letzten Moment kommt immer etwas, womit wir sie bezahlen können. Ist dir das auch schon aufgefallen?«

»Ja, immer. Ich hoffe, dieses ›Etwas‹ wird auch das Trinkgeld für den Hausmeister, den Briefträger und den Müllkutscher berücksichtigen.« Er rechnete rasch nach. »›Etwas‹ muß uns hundertsechsundvierzig Franc bringen. Sieht ganz so aus, als ob ›Etwas‹ sich ins Zeug legen müßte.« Er schmunzelte. »Und, Mary . . .« Keine Antwort. »Mary!« rief er. »Schlaf nicht ein. Dr. Tingg hat mich eine Menge gefragt und war entsetzt, als er hörte, daß ich sechs Kinder hätte. ›Ich werde da wohl etwas unternehmen müssen‹, brummte er, ungelogen!«

»Ein netter Mann«, murmelte Mama. »Vielleicht adoptiert er ein paar.«

»Er ließ sich unsere Adresse geben. Und, Mary . . .«

Diesmal war kein noch so eindringliches Flüstern imstande, Mama aus ihrem tiefen Schlaf zu reißen. Bis zum trüben Morgengrauen blieb sie regungslos, das Kopfkissen nicht aus der Hand lassend, liegen.

Dann begann wieder der tägliche Kampf um Essen und Wärme und Sauberkeit, die zermürbende Arbeit, doch mit der Umgarnung des neuen Mitglieds sah alles schon ein wenig besser aus.

Lichtblicke,
noch kein Durchbruch

Am Donnerstag vor Weihnachten war schulfrei, und Mama ließ die kleinen französischen Kinder widerstrebend in der Obhut der großen amerikanischen und zog sich so warm wie möglich an, um in die Stadt zu fahren, zum Bazar de l'Hôtel de Ville, dem großen Kaufhaus. Die Fahrt unten im Omnibus kostete doppelt so viel wie ein Platz auf dem offenen Deck, so daß sie selbstverständlich auf den luftigen Freisitz kletterte. Aber es gefiel ihr, da sie gern zusah, wie der Kutscher seine Pferde antrieb. Der Bazar war weit von der Rue Ruhmkorff entfernt in einem armen, dichtbevölkerten Stadtviertel. Das hohe, häßliche Bauwerk war vom frühen Morgen bis abends zur Essenszeit beleuchtet, ein muffiger Tempel der Billigstangebote, voll von ernsthaften Interessenten und vielen armen Seelen, die sich warmhalten und Dinge bewundern wollten, die sie sich nicht leisten konnten. Mama sog die abgestandene Luft begeistert ein, denn sie liebte Geschäfte im allgemeinen und Kaufhäuser im besonderen. Sie umklammerte ihre alte Handtasche mit den fünf Franc, die sie kurzerhand vom Schuhgeld abgezweigt hatte, und stieß in den stickigsten Teil des Hauses vor. Der Bazar de l'Hôtel de Ville hatte lange vor Woolworth riesige Tresen, wo man die verschiedensten interessanten Dinge zu Einheitspreisen von einem, zwei, fünf oder zehn Sou erstehen konnte. Sie bekam für ihr Geld so viele Geschenke, daß sie der Vorsehung wieder und wieder dafür dankte, ihre Kinder auch dieses Weihnachten nicht enttäuschen zu müssen. Leute drängten sich an ihr vorbei, traten ihr auf die Füße, stießen sie mit den Ellbogen in die zarten Rippen, schubsten das strahlende kleine Persönchen fort, das dastand und eine riesige, mit Tand und

Glas, silbernen Kugeln und Papierblumengirlanden geschmückte Tanne bewunderte. Sie kaufte einen goldenen Stern, in dessen Mitte ein rosa Engel einfältig lächelte. Dann riß sie sich zusammen und kaufte Zahnpasta für alle, ein Stück Seife, das überraschenderweise nach Pfefferminz roch, für Papa ein Stück klebrige Pear's-Seife, die er so gern mochte, und einige Bonbons. Dann hatte sie gerade noch genug Geld für die Rückfahrt.

Sechs Uhr! Nun ja, dieses eine Mal konnten die Kinder ihr Abendessen etwas später als gewöhnlich bekommen. Es schneite ein wenig, als ein kleines, von Paketen und Tüten erdrücktes Geschöpf aus dem Kaufhaus hastete. Die Omnibushaltestelle war gegenüber, vor dem Rathaus. Mama lugte über ihre Last hinweg, wartete, bis ein niedriger Karren vorbeigerumpelt war, und wurde, als sie einen oder zwei Schritte auf der Straße gegangen war, von einem Radfahrer angefahren. Sie fiel in den Rinnstein und blieb dort lange genug liegen, um zu hören, wie der Mann über sie fluchte, und zu sehen, wie er ihre Handtasche aufhob, ihr kurz zuwinkte und verschwand. Es ging alles so schnell, daß keiner in der hastenden Menge darauf achtete, geschweige denn den Dieb verfolgte. Ein Dutzend Passanten half Mama auf die Beine, sammelte ihre Päcken für sie ein und riet ihr, in die nächste Apotheke zu gehen und einen *vulnéraire* zu nehmen, was eine vornehme Umschreibung für ein Glas Hochprozentiges war. Sie lächelte grimmig und schüttelte den Kopf. Ein Herr hielt dienstfertig eine Droschke für sie an, und ihr Herz setzte einen Schlag lang aus, denn es würde eineinhalb Franc und fünf Sou Trinkgeld kosten. Sie winkte den barmherzigen Samaritern dankend zu und marschierte fort. Sie mußte zu Fuß nach Hause gehen.

Es schneite nicht richtig; dann und wann schwebten einige Flocken auf das schmutzignasse Pflaster. Es war so kalt, daß ihre Nase beim Gehen weh tat. Sie hatte keinerlei Orientierungssinn, aber sie kannte den Weg: Sie mußte die Rue de Rivoli ein Stück hoch gehen, dann die Rue Saint-Honoré, den Faubourg gleichen Namens und die

Avenue des Ternes. Ihr Rücken schmerzte vom Einkaufen auf dem Markt heute morgen, von den Weihnachtseinkäufen und natürlich auch von dem Sturz, doch sie ging, ohne auf ihre nassen Füße in den dünnen Schuhen zu achten, tapfer weiter und blickte nur gelegentlich auf, wagte aber nicht, vor den lockenden Schaufenstern stehenzubleiben, als sie elegantere Viertel erreichte. »Da hinten ist die Madeleine«, murmelte sie. »Ich bin gleich da, nur noch ein kleiner Zwischenspurt ... Wie schön wäre es, sich jetzt einfach hinzulegen und ein bißchen zu schlafen. Selbst wenn ich nie wieder aufwachte ... Oh, was für ein schlechter Gedanke, wo meine Familie zu Haus auf mich wartet. Zu Haus! Es wundert mich nicht, daß Edward es dort herrlich findet, es ist so schön warm und voll von Betten. Ich kann ohnehin nicht einfach hier bleiben. Mütter geben nicht kurz vor Weihnachten auf der Straße ihren Geist auf, es gehört sich nicht.«

Derartige Überlegungen brachten sie zur Kirche Saint Philippe du Roule, wo der Bus ein Pferd zusätzlich bekam, wie sie sich erinnerte. Die leichte Steigung dahinter verwandelte sich in einen Berg, dessen rutschige Flanke sie besteigen mußte, ehe sie das Paradies, ihr Zuhause, erreichte. Sie fror ein wenig mehr, und die Bindfäden, mit denen die Päckchen verschnürt waren, schnitten in ihre klammen Finger. Die Place des Ternes, jetzt nur noch eine lange Avenue, und an der Ecke ganz, ganz hinten fing die Rue Ruhmkorff an. Sie schleppte sich an den abweisenden Mietshäusern vorbei, über viele dunkle Straßenkreuzungen, und dann stand sie endlich vor ihrem Haus. Wie ein Pferd, das den Stall wittert, rannte sie die eine Treppe hinauf, die sie von ihrer Familie trennte, setzte sich auf die Fußmatte und schlug einmal kräftig gegen die Tür.

Papa machte auf, hinter ihm sechs Kinder, und alle brachen auf einmal in Freudenschreie, Äußerungen lange unterdrückten Ärgers und – jedenfalls Anne – hysterische Lachkrämpfe aus. »Oh, mein armer Liebling, mein armer Liebling«, sagte Papa wieder und wieder, während er Mama in die Arme nahm und auf ihr Bett legte.

»Die Päckchen«, flüsterte sie. »Schnell, bring sie vor den Kindern in Sicherheit, versteck sie unter dem Bett.«

Das Zimmer war warm, zwei kleine Mädchen kletterten in ihre Gitterbetten; die anderen, die ihre Mutter liebten, wenn auch nur nach Art sehr junger Tiere, lungerten noch ein wenig herum und versuchten herauszufinden, was sie für sie gekauft hatte. Dann kam Papa mit einer Flasche und einer Spirituslampe zurück. »Mein armes kleines Weib!« Er beugte sich zärtlich über sie. »Kinder, marsch in die Küche und eßt, was ihr finden könnt, und geht dann zu Bett wie zivilisierte Wesen. Bitte keinen Streit!« Er zog Mama aus, rubbelte sie mit einem warmen Frotteetuch ab, hüllte sie in seinen Morgenmantel und machte sich dann an der Spirituslampe zu schaffen. Mama fror immer noch zu sehr und war immer noch zu erschöpft, um sprechen zu können. »Liebling, trink das, Gott sei Dank, daß das Café noch offen hatte.«

»Was ist es?« fragte Mama schwach, als er ihr eine Schale mit einer heißen, dunklen Flüssigkeit reichte.

»Tu mir einen Gefallen und trink es heiß«, bat er.

Die Dämpfe des Gebräus benebelten sie, kitzelten in ihrer Nase und in den Augen, aber auf eine angenehme Weise, so daß sie die Schale nahm und zum größten Teil leerte. »Trink du den Rest, Edward, es ist köstlich. Vielen Dank, aber du liebst mich nicht mehr.«

»Ich . . . ich liebe dich nicht mehr? Ich bin hier wie ein Tiger im Käfig auf und ab gelaufen, während die Kinder nach dir schrien und mich ihre Rechenaufgaben machen ließen und mich tyrannisierten, weil ich vor Sorgen nicht mehr bei Verstand war!«

»Eine sehr feine Art zu trauern, nur auf und ab gehen. Wenn du mich wirklich liebtest, wärst du zum Leichenschauhaus geeilt und dann zur Polizei, du wärst haareraufend am Fluß entlanggelaufen. Ich hätte es getan, wenn du dich so verspätet hättest.«

Papa stöhnte und hielt sich die Ohren zu. »Meinetwegen, ich liebe dich nicht mehr, aber erzähl trotzdem.«

»Ich werde dir verzeihen müssen, obwohl du es nicht

verdienst. Schon wegen des köstlichen Getränks. Also . . .« Sie erzählte alles und schüttelte die Faust, als der Radfahrer an der Reihe war.

Nach den angebrachten Bekundungen aufrichtigen Mitgefühls fragte er: »Und wo hast du das Geld für die Einkäufe aufgetrieben?«

Mama erklärte es und fragte: »Und womit hast du mich betrunken gemacht?«

»Eine Flasche Wein von dem Café an der Ecke, Zucker, Nelken, Zimt.«

»Edward, trink auch ein bißchen, ehe ich einschlafe.«

»Ich sollte zuerst ein bißchen Brot essen, falls die Kinder etwas übriggelassen haben.«

Sie setzte sich auf. »Soll das heißen, die armen Dinger haben kein Abendessen gehabt?«

»Wir haben einen Reispudding und ein paar rohe Sachen gefunden, aber wir waren zu besorgt, um etwas anzurühren, ehe du nach Haus kamst.«

»Was für Narren, einer wie der andere«, murmelte Mama erfreut. »Edward, ich habe ein bißchen Käse und ein Pfund Feigen im Herd versteckt. Iß bitte alles, Schatz. Mach das Fenster einen Spalt weit auf, es ist furchtbar kalt. Gute Nacht, ich liebe dich.«

*

Weihnachten wurde von Werberundschreiben, Glückwunschkarten und einigen Briefen aus der alten Heimat angekündigt. Das Wetter wurde sonnig und trocken, die Schuhe machten keinen unmittelbaren Kummer. Die Kinder versammelten sich am Kachelofen im Eßzimmer und trafen Anstalten, zehn Tage Ferien zu genießen. Papa ging mit einem kornblumenblauen Flicken in der Hose ins Büro. Die Greens schüttelten jeden Brief aus dem Ausland, und heraus kamen mehrere Schecks von der Familie. Es verblieben insgesamt dreihundert Franc, genug für die Miete, ein Oberhemd für Papa, warme Unterwäsche für Retta und die Neujahrstrinkgelder.

Papa und Mama sahen sich vielsagend an: wie üblich, war wieder »etwas« gekommen. Am Heiligen Abend wurde ein großes Paket für Mrs. Edward Green gebracht. Es enthielt einen Truthahn, süße Kartoffeln, einen großen *pâté de foie gras*, einen Plumpudding, einen Korb Treibhausfrüchte und Dr. Tinggs Karte. Mama, immer mit einem Hang zu theatralischen Auftritten, betrachtete diese Wunderdinge in der Diele, brach in Tränen aus, fiel auf die Knie und dankte ihrem Schöpfer – ebenfalls in der Diele. Was sie am meisten bewegte, war die Tatsache, daß dieser freundliche Gentleman sie nicht wie die Bettlerin behandelte, die sie war. Er hatte ihr die Leckerbissen geschickt, die er zweifellos selbst mochte, und kam prompt auf die Liste der Wohltäter, die die Kinder jenen Abend in ihr Gebet einschlossen.

Nach kurzem Überlegen schrieb Mama zwei kleine Briefe und brachte sie persönlich zu weit auseinander liegenden Adressen. Als sie am Nachmittag zurückkehrte, mußte sie sich wohl oder übel in ein Buch vertiefen, um nicht zu sehen, welche Weihnachtsüberraschungen die Kinder hastig für sie ausheckten. Sie *war* überrascht, als sie am nächsten Morgen eine alte Schachtel mit drei Backpflaumen bekam, die von schmutzigen kleinen Fingern in buntes Papier gewickelt worden waren, ferner einen Ständer für ihren Federhalter, zwei Schreibfedern, ein Nadelkästchen, ein Nadelkissen und ein Originalgedicht, jedes Wort mit einer andersfarbigen Tinte geschrieben.

Papa bekam einen Rasiernapf, ein angeschimmeltes Stück Seife, einige Fidibusse, einige mit Hilfe einer Spule geflochtene Kordeln, äußerst nützlich für seinen Morgenmantel, einen Kamm und ein Blatt Papier, das ihn mit Staunen erfüllte. Es war eine Aufstellung aller angelsächsischen Könige, in einer schwungvollen jungen Handschrift, samt Datum der Thronbesteigung und des Todes, bis hin zu Wilhelm dem Eroberer. Anne, die sich sicherheitshalber alle ihre Geschenke mit Nadeln ans Kleid geheftet hatte, klärte ihn auf: »Papa, vielleicht weißt du sie nicht auswendig, und wenn ein Mitglied dich nach einer Jahreszahl fragt . . . Ich würde mich so freuen, wenn es dir hilft. Und auf der Rückseite ist ein Bild von Mama!«

Papa drehte das Blatt um. Tatsächlich, da war eine realistische Zeichnung eines Wesens mit einem Häubchen oder einer Kappe. Das Ding hatte zwei Augen und hockte in einem schüsselähnlichen Gebilde, und die Mitte der nackten Figur war durch einen Bauchnabel markiert. »Ich habe Mama im Bad gezeichnet«, krähte Anne, »weil ich noch keine Kleider zeichnen kann.«

»Das ist wunderschön, Tochter«, erklärte Papa. »Ich . . . Ich laufe nur schnell und mache eurer Mutter Frühstück.« In der Küche angekommen, platzte er los, machte aber wieder ein einigermaßen ernstes Gesicht, als er zurückging und Mama in Lucys Betrachtung versunken fand. »Ist sie nicht schrecklich, Edward? Du weißt ja, ich habe ihr nur einen Klaps gegeben, und jetzt ist ihre Wange geschwollen, nur weil sie mir Angst einjagen will.«

»Armes kleines Ding, sie hat es nicht böse gemeint. Nicht wahr, Mademoiselle?« Lucy kletterte schweigend auf Papas Knie. Übrigens nahmen alle an, daß sie nicht sprechen konnte und nie sprechen würde. »Tut es weh? Sag es Papa.«

Sie sah ihn an, spreizte dann ihre kleinen Finger und streckte die Hand aus.

»Ich verstehe sie. Sie sagt, daß es kein bißchen weh tut.« Papa nahm sie in die Arme.

»Edward, würdest du vielleicht fünf von ihnen zur Kirche mitnehmen und dann bis zum Mittagessen mit ihnen spazierengehen?«

»Aber sicher!« rief Papa. »Ich bin gern mit meinen Kindern zusammen.«

»Wirklich? Na ja, über den Geschmack läßt sich nicht streiten«, bemerkte Mama gefühllos. »Hör zu, geh nicht über den Etoile, ohne nach links und rechts zu sehen, und lies nicht mitten auf der Straße Zeitung, der Verkehr wird immer gefährlicher. Verlier keines von ihnen und . . .«

»Ich muß doch sehr bitten, meine Liebe! Ich habe genug

Kinder bekommen, um zu wissen, wie ich auf sie achtgeben muß.«

»Ich dachte, *ich* hätte sie bekommen.«

»Es läuft auf dasselbe hinaus.«

»Ich freue mich, daß du so denkst.« Mama fiel plötzlich etwas ein, das ein interessantes Gespräch über Schwangerschaft und Entbindung verhinderte. Sie ging auf Zehenspitzen in Charles' Zimmer, und als sie wiederkam, drückte Papa ein nasses Handtuch auf Lucys Gesicht. »Genau, wie ich dachte«, erklärte Mama. »Er wäscht sich nicht. Er stand knochentrocken in der Wanne und hatte nur einen feuchten Ring um den Popo, um zu zeigen, daß er sich eine Sekunde hingesetzt hat. Also habe ich ihn abgeschrubbt, jawohl, Sir. Er ist fast gestorben.«

»Ich kann's ihm nicht verdenken«, murmelte Papa. »Armer Charles. Aber wie dem auch sei, Lucys Wange ist wieder in Ordnung. Kann ich sie nicht auch mitnehmen?«

»Nein, sie wird sich eine bösartige Krankheit holen und den Winter im Bett verbringen, nur um mich für meine leichte Hand zu bestrafen. Ich behalte sie hier.«

Eine himmlische Stille senkte sich auf die Wohnung, als Mama ihre Vorbereitungen traf. Sie zog sich an, steckte eine silberne Brosche, die sie bei keinem Juwelier losgeworden war, an das Mieder eines alten Taftkleids, stellte die Früchte von Dr. Tingg in die Mitte des Tisches und nahm sich die Zeit, sie zu bewundern, ehe sie den Truthahn ein letztes Mal mit Fett begoß. Die Familie kam um halb eins wohlbehalten zurück. Während die Kinder den auf der Backofentür ruhenden Truthahn betrachteten, klingelte es.

»Ich gehe hin«, sagte Mama und sah mit einem dümmlichen Ausdruck an ihnen vorbei. »Bleibt, wo ihr seid.«

Die Familie hörte ihre Stimme ohne weiteres, denn sie war recht durchdringend: »Oh, Leila! Wie ich mich freue, dich zu sehen! Komm bitte gleich ins Wohnzimmer, hoffentlich holst du dir in dieser feuchten Diele nicht den Tod. Oh, du hättest doch nichts mitbringen sollen. Ja, frohe Weihnachten.«

Eine sanfte, klare Stimme antwortete: »Wenn ich mir vorstelle, daß wir uns hier in Paris wiedersehen, Mary! Gefällt es dir?«

»O ja, ich liebe es, und ich bin so glücklich, wie . . .«

Ehe Kommentare gewechselt werden konnten, läutete die Glocke abermals. »Diesmal gehe ich«, sagte Papa. »Kinder, ihr bleibt, wo ihr seid.«

Er machte auf und spähte auf den schummrig beleuchteten Hausflur hinaus. Dort stand ein junges Mädchen mit einer Toque und einem Persianermantel; ein Muff baumelte an einer Goldkette, und ihr Gesicht schimmerte hinter einem rosa Schleier mit schwarzen Tupfen. »Wohnt hier Mrs. Green?« fragte sie mit einer zugleich schmachtenden und aufgeregten Stimme. Die Frage wurde in einer Sprache gestellt, die entfernte Ähnlichkeit mit Französisch hatte.

»Ja«, antwortete Papa freundlich in demselben Idiom. »Und ich wohne hier auch.«

»Oh!« Das Mädchen trat mehrere Schritte zurück.

Papa wartete geduldig. Dann: »Kann ich etwas für Sie tun?«

Sie sah sich furchtsam um und flüsterte: »Aber ich dachte, sie wohnte mit Mr. Green zusammen. Meine Mutter schrieb mir und sagte, ich solle mich unbedingt vergewissern . . .«

»Das verstehe ich nicht«, sagte Papa, plötzlich recht schroff.

»Sehen Sie«, fuhr das Fräulein auf englisch fort. »Mutter sagte, in den romanischen Ländern hätten die Leute alle sehr sonderbare Vorstellungen von richtig und falsch. Die Leute hätten andere Gesetze und führten ein schrecklich unmoralisches Privatleben, und wenn Mrs. Green mich zu sich einlüde, sollte ich vorsichtig feststellen, ob sie noch respektabel sei und ob . . .«

»Nun, da ich Edward Green bin, kann ich Ihnen sagen, daß meine Frau beinahe noch gut genug ist, um Sie zu empfangen, Miss . . .«

»Oh«, jammerte das Geschöpf, »ich bin so ein Pechvogel, Sie klangen zuerst richtig französisch, und da dachte ich . . . Ich bin Georgia Reed, und meine Mutter . . . Oh, mein Gott, jetzt kann ich nicht zum Lunch bleiben, weil Sie es Mrs. Green erzählen werden, und sie wird denken, ich sei eine bösartige Person!«

»Seien Sie ganz beruhigt«, antwortete Papa und verfluchte Mama im stillen. »Es wird ihr nichts ausmachen, und sie wird kein Wort sagen. Ich auch nicht. Sie erwartet Sie im Salon.«

Von ihrem Gastgeber begleitet, stolperte Georgia durch die Diele, während die jungen Greens in der Küche ihre Kommentare abgaben. »Mama kann anscheinend nicht anders, und je schlimmer sie sind, desto öfter werden sie eingeladen«, bemerkte Eleanor.

»Wir werden kaum noch was vom Truthahn haben«, sagte Mary. »Aber vielleicht bleibt etwas für morgen übrig, und wir können die Knochen absuchen.«

»Nein, Mama wird es nicht erlauben, nicht einmal, wenn wir allein sind. Sie tut es selbst, weil sie gut erzogen ist. Ich wünschte, wir auch«, überlegte Charles.

»Überraschen wir sie einfach, indem wir das Essen servieren. Dann sehen sie, daß wir brav sind, und außerdem waren wir heute alle in der Kirche«, erklärte die fromme Anne.

Als hätte Mama die Gedanken ihrer Kinder geahnt, führte sie die Gäste ins Eßzimmer und plazierte sie sehr schnell links und rechts von Papa. Er schärfte das große Tranchiermesser, strahlte auf den Truthahn hinunter und tat so, als nähme ihn das Zerlegen uneingeschränkt in Anspruch, während Mama die Kinderschar vorstellte. »Leila, das sind sie«, schrie sie. »Die beiden anderen schlafen, ich hoffe es wenigstens.« Zu den Jüngeren gewandt, zischte sie: »Sie ist eine alte Freundin und taub, sprecht also bitte laut und deutlich. Und keine frechen Kommentare, wenn ich bitten darf.«

»Sie sehen alle genauso aus wie du, Mary«, sagte die freundliche Leila. »Und deine Stimme hat die richtige Lautstärke. Ich bin nämlich gar nicht so taub.«

Mama errötete ein wenig und wandte sich zur anderen Seite. »Georgia, meine Kinder sind ein bißchen klein für Sie, aber ich hoffe, ihr könnt trotzdem Freunde sein. Sie sprechen alle Französisch, und vielleicht können sie Ihnen helfen. Kinder, Georgia geht hier zur Schule.«

Georgia streifte ihren Schleier hoch und hob ein unzufriedenes Gesicht mit einer großen roten Nase und zwei Korinthenaugen dicht darüber. Sie richtete ihre Bemerkungen immer an den ganzen Tisch, als ob sie zu kostbar wären, um an eine einzige Person verschwendet zu werden. »Ich kann es hier nicht ausstehen. Die Leute sind sonderbar, und das Essen ist schrecklich. Mama sagt, ich sei so sensibel. Madame . . .«

»Arme Georgia«, sagte Mama höflich. »Aber heute bekommen Sie ein richtiges Weihnachtsessen, und wir werden kein Wort Französisch sprechen.« Dann begann sie einen munteren Monolog, dem ihre Kinder wider Willen lauschten und dann und wann sogar ein Lachen anstimmten, wenn sie einen Scherz gemacht hatte. Die schwerhörige Miss Leila lächelte und antwortete auf gut Glück oder, wenn sie gefragt wurde, gar nicht.

Die Gäste blieben sehr lange, wie es damals bei Südstaatlern üblich war. Papa dachte sehnsüchtig an seinen Mittagsschlaf; von der ungewohnten Menge an Essen übermannt, machte er dann einfach die Augen zu und nickte mit einem verbindlichen Lächeln im Gesicht neben Miss Leila auf dem Sofa ein. Endlich erschien eine Zofe, um Georgia abzuholen.

Mama zündete die Lampe an und plauderte friedlich mit Leila. Sie hörte alle Neuigkeiten von daheim, die Todesfälle, Hochzeiten und Geburten, wer mit Baumwolle Bankrott gemacht hatte und welche Reispflanzer »in die Stadt gezogen« waren. Miss Leila bedeutete ihr weit mehr als eine schon verblühte junge Frau, sie war ein lebendes Bindeglied zu einer glanzvollen Vergangenheit. Schließlich blickte Miss Leila auf die Uhr. »Wie schnell die Zeit in deiner Gesellschaft vergeht! Ich muß gehen, Mary. Du wirst mir doch nicht böse sein, wenn ich etwas sage?«

Mama lächelte. »Nur wenn es sehr schlimm ist. Nun?«

»Na ja, ich habe gehört, daß es euch sehr . . . daß es euch nicht mehr so gut geht wie früher. Vielleicht vermißt du bestimmte kleine Dinge. Und vielleicht hast du nicht mehr genug Zeit, um abends auszugehen. Es tut mir leid, daß ich dir einen perlenbestickten Pompadour mitgebracht habe. Möchtest du statt dessen etwas anderes?«

Mama fuhr fort zu lächeln, aber ihre Augen blickten ernst. »Oh, Leila, um die Wahrheit zu sagen, habe ich vorgestern meine Handtasche verloren. Eine solide kleine Ledertasche wäre mir lieber als dieses wunderschöne Geschenk. Wir kommen übrigens sehr gut zurecht, aber du kannst dir vorstellen, wie es ist:. sechs heißhungrige Kinder mit ebenso vielen Füßen wie Raupen . . .«

Miss Leila stand auf. »Bist du sicher, daß du nichts brauchst?«

»Vielen Dank, aber ich brauche nichts, außer daß du mir versprechen mußt, mir jedesmal rechtzeitig Bescheid zu geben, wenn du nach Frankreich kommst.«

»Ich fahre übermorgen nach Italien. Ich kann dir nicht sagen, wie gut es tut, dich so hübsch zu sehen, so unverändert!«

Als die Tür sich hinter Miss Leila geschlossen hatte, wachte Papa auf. »Hoffentlich war es nicht zu schlimm für dich«, sagte Mama. »Aber ich konnte es nicht ertragen, all die schönen Dinge zu bekommen, ohne sie mit jemandem zu teilen. Ich hatte natürlich noch einen Grund, sie einzuladen. Ich wollte den Leuten daheim zu verstehen geben, daß wir nicht geschlagen sind, so arm wir auch sein mögen. Wir werden nicht als Versager gelten.«

»Glaubst du nicht, daß ich einer bin?« fragte Papa ruhig. »Ich frage mich manchmal.«

»Natürlich bist du keiner.« Mama drückte ihn heftig, sprang auf, um ein Scheit nachzulegen, und ging zum Sofa zurück. »Wer hart arbeitet, sich einigermaßen benimmt und eine wunderbare Ehefrau hat, kann einfach kein Versager sein.«

Eine Menge Neuigkeiten

»Mary!« rief Papa, als er sich am letzten Abend des Jahres hastig den Mantel vom Leib riß. »Mary, wo bist du?«

»Hier«, antwortete eine ziemlich mißmutige Stimme hinter der Schlafzimmertür.

»Mary, ich platze vor Neuigkeiten, ich kann es nicht erwarten, sie loszuwerden.«

»Ich auch nicht. Als erstes ist heute morgen die Gasrechnung gekommen, wir haben sie bei unserer Kostenaufstellung vergessen, und sie werden uns in drei Tagen das Gas abstellen, wenn wir nicht . . .«

»Das werden sie nicht tun. Ich habe Gehaltserhöhung bekommen, fünfzig Franc im Monat, und vielleicht gibt es bald noch eine. Wenn nächstes Jahr zur Weltausstellung Scharen von neuen Mitgliedern kommen, werden wir reich, steinreich!« Papa tanzte und schnippte mit den Fingern, wie er es sein Leben lang bei freudigen Anlässen tat.

Mama fiel ihm, wie es ebenfalls Brauch war, in die Arme und weinte. Sie tat es immer, ob die Nachricht gut oder schlecht war. In diesem Augenblick klappten Eleanor und Mary ihre Schulbücher zu und fingen an, sich zu unterhalten. Der Kachelofen summte und knisterte, wenn eine Bö in den Schornstein hinunter fand und die Kohlen aufglühen ließ.

Eleanor legte ihre schmale kleine Hand auf den Tisch. »Da, ich habe die hübschesten Hände in der Klasse!«

Mary legte ihre daneben und warf den Kopf zurück. »Meine Hände sind kleiner und haben eine schönere Farbe. Ich werde eines Tages eine große Pianistin, wenn ich alt bin. Ich bin künstlerisch begabt.«

»Und ich heirate einen Botschafter, Mama hat gesagt, daß ich so taktvoll bin.«

»Eine gute Idee«, räumte Mary ein. »Welchen hast du dir ausgesucht?«

»Dumme Frage. Natürlich einen, der sehr gut aussieht und noch keine Frau hat.«

»Zuerst müssen wir aus der Schule sein. Ich wünschte, sie würden endlich aufhören, Geld für unsere Bildung aus dem Fenster hinauszuwerfen! Und wir könnten bei Mama zu Haus bleiben.«

»Ja«, stimmte Eleanor zu. »Ich nehme an, wir wissen inzwischen alles, was man überhaupt lernen kann. Zuerst kam Miss Pitzer in Savannah, die wir ganz für uns allein hatten. Dann kam Miss Barton in Le Havre und jetzt in Paris haben wir ein halbes Dutzend Lehrerinnen. Und sie sagen alle dasselbe: ›Eleanor (oder Mary), du bist zu stolz, zu lustig, du bringst die anderen Kinder zum Lachen, statt dich um gute Noten zu bemühen. Du wirst bald merken, daß das Leben kein Spiel ist. Und hab nicht immer das letzte Wort, das gehört sich nicht.‹ Mama redet nie so. Sie ist auch lustig.«

»Ja. Bei mir in der Klasse lachen sie über meine Sachen, weil sie so originell sind. Manchmal kann ich die Lektionen besser als die anderen, und die Lehrerin schnaubt und sagt: ›Nicht übel für eine Ausländerin. Aber sagen Sie mir, Mademoiselle Allwissend, was Ihr Vater von Ihrer Arithmetik hält.‹ Ganz schön gemein.«

»Es ist nur Neid«, bemerkte Eleanor. »Die Lehrerinnen haben Angst, daß wir sie einholen und Dinge fragen könnten, die über ihren Horizont gehen. In Amerika war es das gleiche.«

»Ach«, meinte Mary, das Thema ein bißchen ändernd, »diese herrlichen Beerdigungen, zu denen unser Kindermädchen uns mitgenommen hat! Weißt du noch, wie alle zuckten und stöhnten und wie Schwester Washington Schaum vor dem Mund hatte?«

»Es war herrlich«, stimmte Eleanor zu. »Und ich habe Mamas Kamelien beim Bäcker gegen Kuchen eingetauscht, und wenn ich mein Abendessen nicht hinunterbringen konnte, wurde dieser widerliche Cousin von Mama geholt, und er sagte jedesmal: ›Unsinn, Mary, das Kind hat keine Auszehrung, sie braucht eine doppelte Dosis Rizinusöl, warte, ich werd' dir helfen.‹ Aber wenn sie mich aufs Bett drückten und es in meinen Mund taten, schluckte ich es nicht herunter, sondern spuckte es dem alten Arzt ins Gesicht. Und dann hab' ich ihn gebissen.«

»Aber sie haben dir so lange etwas gegeben, bis du es endlich schlucktest. Die Erwachsenen siegen immer, sie sind einfach größer und stärker als wir.«

Eleanor zuckte mit den Schultern: »Oh, du warst immer ein Schwächling.«

»Nein, ich war ein artiges und sensibles Kind«, protestierte der Schwächling. »Besonders, wenn die Kirchenglocken läuteten und die Waisenkinder sangen und die Sträucher auf dem Platz so süß rochen. Ich war irgendwie traurig, und Dad erzählte mir immer Geschichten über die Geister von kleinen toten Babys, die im Kinderzimmer spielten. Kleine Neger, die man nachts nicht sehen konnte, und Mama bekam nie etwas davon mit, weil . . .«

Die Tür wurde leise geöffnet, und Mama stand im Rahmen und sah sie so traurig an, daß die Mädchen sich schuldig vorkamen. »Töchter, deckt bitte den Tisch zum Abendessen.«

Nach dem Essen schlug Papa seine Zeitung auf und tat so, als läse er. Kurz danach holte Mama ein arg mitgenommenes Buch hervor, *Das rote Tapferkeitsabzeichen*. Ihre Stimme bebte ein wenig: »Mädchen, wir möchten mit euch sprechen. Mit dir auch, Charles.« Die drei Kinder bekamen schreckliche Angst und blickten nach unten. »Edward, soll ich es sagen, oder tust du es?« Papa schüttelte den Kopf. Die kleinen Herzen hämmerten. Was war geschehen? Mama fing an zu weinen, so daß Papa tapfer aufsah.

»Meine kleinen Lieblinge«, begann er unsicher. »Der Briefträger hat mir heute einige interessante Briefe gebracht, sie sind sehr aufregend, aber es sind gute Briefe.

Ja, ich bin sicher, daß es gute Nachrichten sind, aber der Anfang wird nicht leicht sein.«

»Oh, Papa«, stammelte Eleanor. »Was ist es? Etwas über uns?«

Papa schneuzte sich. »Meine Schwestern haben geschrieben, und sie möchten, daß eine von euch nach Amerika zurückkommt, um sie zu besuchen und die Familie wiederzusehen und all das. Versteht ihr, ihr habt hier drüben keine große Chance, weil ich nicht viel für euch tun kann. Während ihr zu Haus . . . Na ja, ihr würdet viel Spaß haben, ihr würdet eine Menge anfangen können, ihr würdet . . .«

»Ihr würdet debütieren und auf Feste gehen und hübsche Sachen tragen«, warf Mama ein. »Ich würde mir keine Sorgen um euch machen müssen.«

»Nein«, jammerten die Mädchen, »wir möchten hier bei euch bleiben.«

»Ich weiß.« Mama blinzelte ihre Tränen fort. »Ich möchte es auch, weil ich euch so lieb habe, aber es ist egoistisch von mir. Ihr könnt gern bleiben, wenn ihr es ertragt, daß ich mir den ganzen Tag Vorwürfe mache, weil ihr in der falschen Umgebung groß werdet, weil ihr nicht genug Spaß habt und nicht mit den richtigen Leuten verkehrt und . . .«

»Ich gehe nicht«, sagte Mary entschieden.

»Du sollst auch nicht gehen«, sagte Papa schnell. »Wir würden lieber Eleanor schicken, sie ist fast fertig mit der Schule. Dich möchten wir nach Le Havre schicken, Schatz. Erinnerst du dich noch an Mrs. Mason? Hm, sie hat eine von euch beiden eingeladen, ein halbes Jahr bei ihr zu verbringen. Sie hat eine Gouvernante für ihre Kinder, die alle in einem guten Alter sind. Le Havre ist ganz nahe, Schatz. Würde es dir was ausmachen? Außerdem habe ich noch etwas für Charles, jawohl, Sir. Wenn er etwas älter ist, werden meine Freunde in Savannah ihm die allerbesten Möglichkeiten bieten . . .«

Charles stand wortlos auf und ging in sein Zimmer. Die Mädchen weinten ein bißchen, doch als Mama zu einer farbigen Schilderung der vielen neuen Abenteuer und Eindrücke anhub, versiegten schnell die Tränen. Nach weiterem guten Zureden verlangten die beiden jungen Damen zu wissen, wann sie die Reise antreten würden.

»Sehr bald, meine Lieben«, antwortete Papa. »Ich werde Eleanor zum Schiff bringen, und sie kann zurückkommen, sobald es uns besser geht, schätzungsweise Ende nächsten Jahres.«

Niemand schlief in dieser Nacht gut, aber das Neujahrsessen mit einem Pudding zur Feier des Tages war einigermaßen unbeschwert. Als es vorbei war, sagte Papa seufzend: »Mary, sorg bitte dafür, daß ich nur eine Viertelstunde schlafe. Du weißt, was mir bevorsteht.«

»Eine große Strapaze. Wer darf deine guten Wünsche als erster entgegennehmen?«

»Der Präsident der Republik. Übrigens . . .«

»Nein, Edward, ich kann erst dann mitkommen, wenn ich ein paar halbwegs passable Sachen anzuziehen habe.«

»Frauen sind schrecklich pingelig«, bemerkte Papa und schlief fast im selben Moment ein.

Mama betrachtete ihn liebevoll, um dann, einem wunderbaren Einfall folgend, in ihr Zimmer zu eilen. Dort kräuselte sie ihre Locken, bürstete ihre Toque, begutachtete einen recht guten schwarzen Tuchrock, besserte die Flechtlitze rings um den Saum aus, zog eine dünne Jacke an und verteilte etwas weißen Puder auf ihrem Gesicht, ehe sie Eau de Cologne hinter ihre Ohren tupfte. »Hör um Gottes willen auf, mich anzustarren, Miss«, sagte sie streng zu Anne. »Warum schläfst du nicht? Hör auf, diese schrecklichen Gesichter zu ziehen. Wenn du anfängst zu schreien und die anderen weckst, haue ich deinen Kopf gegen die Wand, bis er zu Brei wird.«

Anne, die solche lieblosen Bemerkungen gewohnt war, rutschte aus Mamas Bett. »Ich möchte mitkommen.«

»Mitkommen? Wohin?«

»Mit dir, laß mich mitkommen. Ich bin ein großer Trost für dich. Du hast deinen guten Hut aufgesetzt.«

Mama betrachtete die runden blauen Augen, die sie auf

die flehendste Weise anstarrten, die Anne zu Gebote stand. »Meinetwegen. Schnell, hol den beigen Mantel, den Mrs. Lampson dir geschickt hat, und die Bibermütze. Oh, nein, es geht nicht, du hast deine neuen Handschuhe angeknabbert, du kannst nicht mitkommen. Es tut mir leid, aber ich habe geschworen, ein Exempel zu statuieren, wenn du dich noch einmal so benimmst wie ein Baby. Zieh den Mantel aus.«

Anne ließ den Kopf hängen, um sich dann, als ihre Mutter gerade in den Spiegel schaute, aus dem Zimmer zu stehlen. Papa wehrte sich auf dem Rosenholzsofa unbewußt gegen die Rückkehr in die Realität. Er reckte sich und sah sich betrübt um, fragte sich, wo er wohl sein könnte, und gab sich Mühe, diese Umgebung mit einem lebhaften Traum zu verbinden, in dem er alte Freunde getroffen hatte, die Sorte, die ihn auf den Rücken hauten und Ned zu ihm sagten. Was er in dem Wohnzimmer in der Rue Ruhmkorff erblickte, half ihm nicht viel weiter. Vor ihm stand ein eigenartig ausstaffiertes Kind. Es hatte eine Jacke mit Puffärmeln an, die einer ausgewachsenen Frau gehörte. Aufgrund ihrer geringen Größe bedeckte die Jacke ihre dunklen Baumwollstrümpfe bis zu den einfachen schwarzen Schuhen. Auf den goldenen Locken thronte keck eine Bibermütze, die von einem Gummiband gehalten wurde, das in das Doppelkinn schnitt. Die Ansätze der Puffärmel umrahmten ein dralles rotes Gesicht, und an einer der Hände, die unter den Manschetten verschwanden, baumelte Mamas neuer Pompadour. Die Gestalt stand regungslos da, doch unter geschlossenen Augenlidern quollen große Tränen hervor. Papa schaute hin und schaute noch einmal hin, ehe er die Erscheinung ansprach.

»Als ich schon fertig angezogen war und alles«, sagte diese. »Ich darf doch nicht mitkommen!« Die letzten Worte wurden unter Tränen gebrüllt.

»Wer sagt das?«

Unfähig zu sprechen, zeigte Anne auf die Tür.

»Ich sehe mal nach«, murmelte Papa, der an seinen

Sinnen zweifelte, obgleich das Brüllen ganz so klang wie die Laute, die seine Tochter immer auszustoßen pflegte, wenn sie Kummer hatte. Mama stand im Schlafzimmer und schnürte mit gefurchter Stirn ihre kurzen Glacélederhandschuhe zu. Sie ließ das Band in ihre Handfläche fallen, als sie ihn sah. »Hör zu, Edward«, sagte sie zornig. »Wenn du nächstes Mal frei hast, möchte ich, daß du mit mir zum Markt gehst und diesem Kerl in korrektem Französisch sagst, was *ich* von ihm halte. Es ist mir gleich, ob du verhaftet wirst!«

»Warum sollte ich einen Fremden beschimpfen und dafür ins Gefängnis gehen? Wenn es dir Spaß gemacht hat, könnte ich mir die Sache überlegen, aber wenn es dir gleich ist, muß ich schon zweimal darüber nachdenken.« Papa bürstete die mit Seide bezogenen Revers seines besten Mantels und lächelte liebenswürdig.

»Bitte, keine Wortklauberei am ersten Tag des Jahres. Ich meine den Halunken, der mir das Eau de Cologne verkauft hat, das ich dir geschenkt habe. Da, riech mal.« Sie hielt ihm die Flasche unter die Nase.

Papa schüttete einige Tropfen auf seinen Handrücken und sann nach. »Ich muß sagen . . .«

»Es ist nichts als gelbes Wasser!« rief Mama. »Er hat geschworen, es sei Eau de Cologne, und sein Muster duftete köstlich. Da er mich nicht verstehen wird, wenn ich ihm ein paar deutliche Worte sage, mußt du es für mich tun.«

»Das kann ich mir nicht leisten, Mary. Sei vernünftig. Meine Stelle verlieren, verhaftet werden, nur weil ich einem Straßenhändler ein paar deutliche Worte gesagt habe, nein . . . Was hast du für das Eau de Cologne bezahlt, Liebling?«

»Vier Sou«, sagte Mama.

»Oh, wie konntest du erwarten, eine Flasche Parfüm für vier Sou zu bekommen? Hör zu, wir müssen alle leben. Der Mann gab dir genau das, was dein Geld wert war: eine Woche Illusion, und die Freude über den günstigen Kauf ist mindestens fünf Franc wert. Sei fair und laß dir das neue Jahr nicht schon am ersten Tag verderben. Niemand bekommt auf dieser Welt mehr, als sein Geld wert ist, und was mich gefreut hat, war die Geste, nicht das Eau de Cologne. Gehen wir.«

Mama zwickte ihn in den Arm und gab ihm einen Kuß. »Oh, Edward, was für ein Vergnügen, den ganzen Nachmittag mit einer Droschke durch die Stadt zu fahren. Wie du siehst, hab' ich es mir anders überlegt und werde dich begleiten. Charles wird auf die Kleinen achtgeben. Das heißt, er wird sie mit dem Einfallsreichtum eines Teufels quälen, bis wir zurückkommen. Er wird dir jeden Tag ähnlicher.«

»Vielen Dank, Liebling«, flötete Papa. »Übrigens, hier ist noch eine kleine Person in einem Phantasiekostüm, die nicht enttäuscht werden darf. Sie muß mitkommen.«

Mama schnaubte ein wenig. »Ich werde ihre Sachen ändern, sobald ich eine freie Minute habe, und ich habe nein gesagt. Sie ist ein böser, ungezogener Fratz.«

»Ich weiß, ich weiß, aber ich kann es nicht ertragen, wenn ein Kind leidet. Denk daran, daß du auch einmal so jung warst, gönn' ihr ein kleines Vergnügen. Sie wird stets freudig daran zurückdenken, wirklich.«

»Wie du diese Bälger verziehst«, brummte Mama. »Und sie wird die halbe Droschke einnehmen mit diesen Ärmeln.« Sie schweifte unvermittelt ab. »Oh, Edward, niemand kann einen Frack so gut tragen wie du. Du bist wirklich ein attraktiver Mann.«

»Danke für das Kompliment.« Papa strich über seinen langen schönen Schnurrbart mit den gezwirbelten Enden. Sie gingen zur Tür und lasen unterwegs die dickköpfige Anne auf, die in der Diele wartete und sofort Papas Hand nahm.

»Du kleiner Wicht«, sagte Mama und stieg in die Droschke. »Wenn du herumzappelst und Fragen stellst, werfe ich dich hinaus, und du kannst zu Fuß nach Haus laufen. Du hast lediglich Bewährung, Miss.«

Anne drückte Mamas Arm. »Zum Elysée-Palast«, befahl Papa in seinem verbindlichsten Ton. Der Kutscher versetzte seiner dürren Mähre einen leichten Hieb mit der Peitsche, und sie rollten los. Es war ein häßlicher, trüber Tag; schwarze Wolken schossen, verfolgt von größeren Kollegen aus dem Süden, über den Himmel. Der Wind pfiff um die Ecken, zerrte an Hüten, wehte Apfelsinen in den Rinnstein und löste Dachziegel, um nichtsahnende Fußgänger auf den Kopf zu treffen. Die zwischen ihren Eltern sitzende Anne blickte stumm hinaus.

Es war ihre erste Fahrt in die Stadt, und es gab so viel zu sehen, alles Dinge, die sie sich merken mußte. Nicht die Prozession hoher grauer Häuser, sondern die naß glänzenden Bürgersteige, die Blumenstände, die lodernden Fackeln an den Obstkarren, die Müßiggänger auf den Bürgersteigen, die lange und lästige Pausen zwischen einem reichhaltigen Mittagessen und einem üppigen Diner auszufüllen versuchten. Die Pferdehufe klapperten auf dem nassen Kopfsteinpflaster, glitten immer wieder aus, die eisenbereiften Räder schepperten, und die schlecht eingepaßten Fenster der Droschke bebten heftig mit. Anne wischte ihre beschlagene Scheibe ab und beobachtete wunderschön gekleidete Jungen und Mädchen, die unter den mißbilligenden oder auch wohlwollenden Blicken ihrer gesetzteren Eltern herumtobten. Die Erwachsenen trugen Blumensträuße oder in weißes Papier gewickelte Päckchen. Die Männer hatten Zylinder auf, so wie Papa, und ließen sich einhaken von Damen in engen Pelzboleros, die lange Röcke rafften, um gerundete Hüften zur Geltung zu bringen. Die älteren Greens unterhielten sich, aber es war ein Erwachsenengespräch von der uninteressantesten Sorte, nichts im Vergleich zu dem großartigen Schauspiel, das sich vor jungen Augen entfaltete. Der Kutscher fluchte und lenkte sein Pferd an dichten Menschengruppen vorbei, die sich, meist ohne einen Obolus zu entrichten, von irgendwelchen Künstlern unterhalten ließen: Ein Akkordeonspieler saß auf einem Klapphocker, während seine Frau aus vollem Hals ein sentimentales Lied über die späte Reue der freien Liebe sang. Die Droschke hielt hinter einer langen Reihe eleganter Kutschen mit silbernen Lampen und Fahrern mit Stulpenstiefeln, richtigen Breeches und Zylindern. »Es dauert sicher nur eine Minute, Liebling, es sei denn, die Schlange ist sehr lang.«

»Schon gut. Hör zu Edward, verwickel ihn bitte nicht in ein langes Gespräch.«

»Wohin geht Papa?« fragte Anne.

»Er besucht den Präsidenten. Siehst du, der wohnt in dem hübschen kleinen Palast dort.« Angehörige der Garde Républicaine schritten mit Gewehren in weiß behandschuhten Händen auf und ab. »Na, Anne?« Anne antwortete nicht, da sie gerade von einem Leierkasten fasziniert wurde, der eine melancholische Weise plärrte. »Hören Sie, Miss, jetzt ist der richtige Augenblick, um etwas Intelligentes zu fragen. Dein Vater geht jetzt mit dem Zylinder in der Hand hinein und gibt einem Butler seine Karte: *Mr. Edward Moon Green*. Er nähert sich dem Präsidenten immer mehr, bis er endlich an der Reihe ist und eine behandschuhte Pfote schüttelt: ›Darf ich Ihnen im Namen der Amerikanischen Handelskammer und meiner selbst die besten Wünsche zum Neuen Jahr übermitteln, *Monsieur le Président*?‹ Der Präsident verbeugt sich. Er ist schon halb tot und sehnt sich verzweifelt nach seinem Bett, aber er antwortet: ›Ich danke Ihnen aufrichtig, Monsieur . . .‹, und dein Vater verbeugt sich und . . . Oh, da ist er.«

»Das Justizministerium ist nur eine Minute von hier, ich bin sofort wieder da.« Papas hohe Gestalt eilte über die Straße, passierte Wachen in Trikolore-Buden und verschwand in einem wunderschönen Innenhof. »Und jetzt zum Außenministerium.« Papa gab den Seinen zwei Petits Fours, die er vom Büfett genommen hatte, als er sich einen Weg zum Außenminister bahnte, um diesem die Hand zu drücken. Anne aß ihr kunstvolles Backwerk, das Creme enthielt und mit Mandeln verziert war, und hoffte, den Geschmack des Zuckergusses und der Vanillecreme nie zu vergessen. Die Droschke überquerte die grüne Seine überraschend leise, denn das Pferd trabte nun über einen schalldämmenden Belag. »Dieses Holzpflaster ist einfach großartig«, bemerkte Papa. »Tausendmal besser als Stein, angeblich soll bald die ganze Stadt mit Holz gepflastert werden.« Er zog wieder seine weißen Handschuhe an und eilte in ein anderes Palais, so sorglos und unbeschwert, dachte Mama, als wenn er die nackten Stufen seiner eigenen Treppe hochliefe.

»Versuch bitte, ein paar glacierte Kastanien mitzunehmen«, rief Mama ihm nach. Papa drehte sich um, nickte feierlich und zwinkerte. Es war schwer vorstellbar, daß dieser vornehme Mensch von jedem Büfett einige Leckereien stibitzte und in seiner linken Hand verbarg, aber genau das tat Papa.

Um sieben Uhr sagte er ein wenig erschöpft: »Zur amerikanischen Botschaft.«

»Hören Sie, Bürger, wollen Sie denn nie nach Haus?« fragte der Droschkenkutscher. »Ich habe ein Familienessen.«

»Ich weiß, wie Ihnen zumute ist«, antwortete Papa, »und nach diesem Besuch möchte ich auch nach Haus. Aber sie können von Glück sagen, denn Sie werden ein großes Trinkgeld bekommen, ich aber nicht.«

»Hast du das gehört, *Cocotte*?« Der Kutscher wandte sich an sein Pferd. »Der Herr meint, ich kann von Glück sagen. Ausgerechnet er, fein angezogen, neben einer hübschen Frau und vor allem reich. Ich kann also von Glück sagen! Na ja, es kommt wohl auf den Standpunkt an. Hü!« Er gab dem Gaul einen leichten Hieb, und sie rumpelten weiter.

»Mary, ich wünschte, du würdest mit hineinkommen und mit General Porter sprechen.«

»Oh, Edward, ich bin nicht stolz, aber ich kann in diesen zehn Jahre alten Roben aus Savannah keiner feinen Gesellschaft entgegentreten. Grüß den alten Porter von mir, ich mag ihn.«

Papa kam strahlend zurück. »Rue Ruhmkorff vier. Gott sei Dank, das wäre überstanden. Mary, ich hab' den Botschafter von dir gegrüßt und ihm gesagt, du zögest es vor, ihn in einer ruhigeren Umgebung zu sehen. Wir haben ein Glas Port zusammen getrunken, und er sagte: ›Empfänge sind ein Relikt des Mittelalters.‹ Er zeigte auf die Diener in roten Schwalbenschwänzen und Kniehosen. ›Ich staffiere sie zum Ruhm der Vereinigten Staaten heraus, aber diese offiziellen Anlässe sind mein Tod. In Wirklichkeit will niemand kommen, ich will niemanden sehen, und wir alle wünschen die guten Wünsche und die Neujahrsgefühle auf den Grund des Meeres. Auf Wiedersehen, Green, bleiben Sie keine Minute länger in diesem Abgrund von Langeweile und verlogener Höflichkeit. Sagen Sie Ihrer Frau, sie müsse bald mal mitkommen zum Diner, nur wir drei, damit wir uns wie menschliche Wesen benehmen können.‹ Da bin ich also, hungrig wie ein Wolf, ich konnte leider nichts für dich stehlen, der General ist mir keine Minute von der Seite gewichen. Das einzig Gute ist, daß die Kammer die Droschke zahlen wird.«

»Und daß deine Anne ihre Exkursion gehabt hat. Sie hat den ganzen Nachmittag kein Wort gesagt. Ich möchte nur wissen, was für Tragödien uns zu Haus erwarten.«

»Oh, es wird schon alles gutgegangen sein.«

Das stimmte. Miss Leila hatte eine kleine Lederhandtasche geschickt, mit fünf Zwanzig-Franc-Stücken und dem Wunsch, sie möge künftig noch viele andere aufnehmen. Die Einladung zum Weihnachtstruthahn hatte Mama also doch Glück gebracht.

Der Aufschwung –
Optimismus hilft weiter

Im Januar 1900 hätten die meisten Leute das Los der Greens recht erbärmlich gefunden, aber das Tor zum 20. Jahrhundert öffnete sich gerade weit genug, um das Paar und seine Kinderschar in ein heileres Land einzulassen. Eleanor kam in eine unbeschwertere, amerikanische Umgebung, Mary gefielen die Masons und Le Havre, die Tage wurden länger, Mamas Ambitionen erreichten schwindelnde Höhen. Weniger Unkosten, weniger Betten machen, eine etwas prallere Börse und unverhoffte Freiheit. Jawohl, jeden Nachmittag vier Stunden, in denen sie die Hausarbeit vergessen konnte. Sie leistete sich jetzt nämlich die Dienste einer gewissen Madame Lafond, einer ehrbaren Witwe, die ihre Zeit mit vier Sou die Stunde veranschlagte. Mama vertraute ihr die Kinder zum Spazierengehen und Spielen an. Außerdem bereitete Madame Lafond das Abendessen. Sie kostete die Fangprämie eines neuen Mitglieds im Monat, aber Papa wurde so raffiniert, daß er in diesem Zeitraum wenigstens vier Landsleute dazu verleitete, der Amerikanischen Handelskammer beizutreten. Wenn man ihn hörte, gewann man schnell die Überzeugung, daß man außerhalb dieser Vereinigung einfach nicht existierte, ein Niemand war und nichts erfuhr. Auch zog die Mitgliedschaft automatisch eine Einladung zum Bankett am vierten Juli – dem französischen Nationalfeiertag – nach sich, einem üppigen, von Papa organisierten Gelage, nach dem die von schweren Speisen und erlesenen Weinen übermannten Gäste durch mindestens vier Reden eingelullt wurden. Trinksprüche auf das allgemeine Wohlergehen beschlossen das Fest, und danach wurde jedes Mitglied in eine Droschke gehievt und nach Haus gefahren, um seine Gemahlin mit einem Bericht zu ergötzen, der sie zweifellos den Schluß ziehen ließ, daß es sich um einen dieser abscheulichen Herrenabende gehandelt haben müsse.

Mama hatte über ein Jahr in Paris verbracht, ehe sie außer den bescheidenen Straßen, in denen sie einkaufte, etwas von der Stadt zu Gesicht bekam. Nicht wissend, wie lange der paradiesische neue Zustand anhalten würde, begann sie unverzüglich, die Sehenswürdigkeiten in Augenschein zu nehmen. Für jemanden mit einer lebhaften Phantasie werden Vergangenheit und Gegenwart eins. Mama erblickte überall im Louvre Höflinge mit Halsketten, Perlenohrringen und Schlitzärmelwämsern. Diese Herren trugen winzige Hündchen unter dem Arm, konspirierten und rannten einander im Garten den Degen in die Brust. In einem Fenster des Palastes stellte sie sich den unglücklichen Karl IX. vor, wie er, eine Hand auf sein heftig pochendes Herz gepreßt, darauf wartete, daß die Glocken von St. Germain l'Auxerrois das Signal für das Blutbad der Bartholomäusnacht gaben. Mama sah die Geschichte unter ihren sentimentalsten Aspekten. Gleich vielen anderen stieß sie mit dem Kopf an den niedrigen Türsturz der Zelle in der Conciergerie, wie Marie Antoinette es beim Betreten des schauerlichen Kerkers getan hatte. Mama weinte in der Kapelle, in der die revolutionären Girondisten ihre letzte Messe gehört hatten. In der Sainte Chapelle, die sie am selben Tag besichtigte, stellte sie sich vor, daß der Heilige Ludwig und seine Mutter einander ebenso heiß geliebt hätten wie sie und ihr Vater . . .

Sie verweilte lange in Gemäldegalerien und betete in allen Kirchen, deren bunte Bleiverglasung eine gnädige Beleuchtung schenkten. Sie war noch jung genug, um einen leidenschaftlichen und subjektiven Standpunkt zu allen Dingen einzunehmen, und als sie Napoleons Grab besuchte, betrachtete sie stirnrunzelnd die Veilchensträuße, die treue Bonapartisten auf den Marmorsarkophag gelegt hatten. Sie mochte den korsischen Parvenü nie, weil er zu viele Menschen auf dem Gewissen hatte.

Ihr zufolge teilte er sich sogar eine ansonsten leere Hölle mit Judas Ischariot. Papa verehrte Napoleon, aber was Geschichte anbelangt, waren sie nie unter einen Hut zu bringen. Sie fühlte den Geist deutlicher als den Buchstaben. Sie war damals noch eine Aristokratin, das heißt, sie bewunderte nur das Beste, ob in der dünnen Oberschicht der Gesellschaft oder ganz unten im Rinnstein. Alles, was dazwischen kam, die risikoscheuen Brotverdiener und die Leute, die ihr Leben lang auf Sicherheit sahen, verachtete sie von ganzem Herzen. Die wundervollen Nachmittage in ihrem Herzen bewahrend, kehrte sie glückstrahlend heim.

»Es ist doch sehr merkwürdig«, sagte Papa eines Abends im Frühling, als sie auf dem Rosenholzsofa saßen. »Jeder andere wäre nach all dem Besichtigen total fertig, aber für dich scheint es ein Tonikum zu sein. Während du nach einem ruhigen Nachmittag mit den Kindern am liebsten zur Flasche greifen würdest, wie du immer behauptest.«

»Man muß schon sehr beschränkt sein, um nicht zu wissen, daß Kinder einen immer strapazieren. Wenn man einen ganzen Morgen mit ihnen zusammen gewesen ist und tausendmal ›Hör auf damit‹ und ›Laß das‹ gesagt hat, ist man ausgelaugt. Aber die Kinder sind frisch wie Gänseblümchen und entwickeln ihre Phantasie auf Kosten der Erwachsenen. Für sie ist es ein Spaß, Hunderte von Fragen zu stellen. Irgendwann ertappen sie mich dann bei einer Ungenauigkeit, oder wie du meine kleinen Übertreibungen nennen willst. Dann halten sie mich für eine Lügnerin. Sie saugen alle Energie aus mir heraus, reduzieren mich zu einer Schwachsinnigen, halten ihren Mittagsschlaf und fangen wieder von vorn an. Ich sage dir, dagegen ist Besichtigen eine reine Erholung.«

»Ja«, sagte Papa abwesend. Und dann: »Sie dürfen dich nicht für eine Lügnerin halten.«

»Wie soll ich das anstellen? Wie soll ich dieser neunmalklugen Anne sonst erklären, was eine Konkubine ist? Was soll ich sagen, wenn Retta wissen will, was . . .« Sie flüsterte Papa ein biblisches Wort ins Ohr, und er zuckte zusammen und wurde rot. »Und ich wette, daß einer von ihnen sich hinter dem Sofa versteckt hat, als wir über Oscar Wilde sprachen. Selbst Lucy will wissen, was mit ihm los ist. Was würdest *du* da antworten?«

»Ich würde ihnen versprechen, es in zwanzig Jahren zu sagen. Der arme Bursche, ich habe ihn heute im Café de la Paix gesehen, er trank seinen Absinth. Ehrlich, Mary, wenn du sein Gesicht gesehen hättest, das ganze Elend, das sich darin abzeichnete, wüßtest du, daß er einen hohen Preis für seine Gottlosigkeit zahlt.«

»Wer sind wir, um über ihn zu richten und ihn gottlos zu nennen?« fragte Mama heftig. »Er ist so geistreich, und wenn ich daran denke, daß die Leute ihn vor ein paar Jahren noch angebetet haben! Ich glaube sowieso nicht, daß er auch nur die Hälfte von den Dingen getan hat, die ihm vorgeworfen werden.«

Papa seufzte. »Er muß etwas Schlechtes getan haben. Die Zeugen stimmen überein, und er hatte einen fairen Prozeß.«

»Einen fairen Prozeß!« Mamas Augen blitzten. »Erzähl mir nichts von Zeugen! Mein Vater war sowohl Richter als auch Anwalt, und er schwor, man könnte einen Mann ins Kreuzverhör nehmen und dazu bringen, so gut wie alles auszusagen. Er stellte fest, daß ein Unschuldiger in der Regel rot wird und sich windet, während ein Halunke dem Staatsanwalt gerade in die Augen sieht und klar und überzeugend antwortet.«

»Ich freue mich, dieses grundlegende Prinzip zu erfahren«, sagte Papa verbindlich.

»Ich habe nicht gesagt, daß es keine Ausnahmen gibt. Vater hat auch gesagt . . .«

»Ich weiß: ›Gib mir einen Schurken, mit dem ich fechten kann, und beschütze mich vor einem Narren.‹ Ich habe zwar allen Respekt für die Ansichten deines Vaters, aber ich kann die Welt nicht auf diese drastische Weise einteilen.«

»Sehr gut, meinetwegen. Möchtest du wissen, was

Vater noch gesagt hat?« Mama sah Papa streng an. »›Jedermann sieht unschuldig aus, bis er oder sie ertappt wird.‹ Da, Sir, was haben Sie zu Ihren Gunsten vorzubringen?« Sie reichte ihm ein kleines Blatt Papier und ein Foto. »Das habe ich heute morgen in deiner Tasche gefunden.«

In diesem heiklen Augenblick kam Charles herein. »Mama, darf ich nach draußen und mit Chien Frisé spielen?« Chien Frisé, was im Französischen wuscheliger Hund bedeutet, war Charles' großer Freund, und die Straße hallte Zeit von Pfiffen und Gebell wider.

»Ja, Charles, und wenn du etwas anrichtest, wird dein Vater dich aus dem Gefängnis holen. Er müßte selbst dort sein.«

Charles blickte verständnislos und verschwand.

»Mary, es ist nicht *mein* Geheimnis, ich kann es dir nicht sagen«, beteuerte Papa.

»O nein, natürlich nicht. Ein anderer Mann ist ein wunderbares Alibi.«

Papa überhörte die sarkastische Bemerkung. »Ein Bursche, der am Ende war, kam zu mir, er hatte keinen Sou mehr in der Tasche, seine Frau hatte ihn verlassen, und er war auf dem Weg zur Seine, als ihm die Vorsehung sagte, er solle vorher bei mir vorbeischauen. Sieh dir das Gesicht genau an, Mary, sie ist eine der gefeiertsten Schauspielerinnen von Paris. Sie heißt Jeanne Granier. Der arme Kerl verliebte sich in sie und lud sie zum Souper in einem Restaurant ein. Sie nahm an, und der Rest« – Papa stöhnte – »ist ein Alptraum. Er gab sein ganzes Gehalt aus und alle seine Ersparnisse, machte seine Frau zur Bettlerin, ruinierte seinen Ruf . . . Und weißt du, wofür? Für das Vergnügen, dieser Dame Blumen und Konfekt zu schikken. Sie mag nur das Teuerste. Manchmal darf er sie besuchen. Da.«

Mama betrachtete das Bild einer Frau mit groben, aber einnehmenden Zügen, einer starken Figur und viel Schmuck an einem nackten Hals. »Na ja, sie ist mindestens fünfzig, und ich habe schon hübschere Fünfzigerinnen gesehen.«

»Manche Schauspielerinnen sind sehr faszinierend, meine Liebe. Der Mann gab mir dieses Foto, das er – warum soll ich es nicht sagen? – mehr liebt als sein Zuhause und seine Kinder, für fünf Franc. Er hat seit Tagen nicht mehr gegessen . . .« Papa schluckte.

»Was für eine gottlose Person!« rief Mama. »Ich würde sie auf der Straße auspeitschen und brandmarken lassen.«

»Ich dachte, du wolltest nicht über andere urteilen. Na ja, ich bin gestern in der Mittagspause zu ihr gegangen.«

Das war also deine geschäftliche Verabredung! Eine sittenlose und böse Person besuchen!«

Papa fuhr ungerührt fort: »Ich lernte eine sehr zuvorkommende *Dame* kennen. Sie hörte sich alles an, was ich über ihren Bewunderer zu sagen hatte, und es tat ihr schrecklich leid. Sie hatte keine Ahnung von seinen näheren Umständen und machte sich im übrigen auch nichts aus seinen Aufmerksamkeiten. Sie sagte sogar: ›Monsieur, ich bekomme jeden Tag ein Dutzend Blumensträuße und viele Geschenke, wie alle Schauspielerinnen. Das Familienleben eines Fremden geht mich nichts an. Wenn ein Herr darüber redet, meinetwegen. Wenn nicht, ist es mir auch gleich. Ich kümmere mich um meine eigenen Angelegenheiten. Viele Männer laden mich zum Essen ein. Soll ich sie vielleicht fragen, woher sie das Geld nehmen, um die Rechnung zu bezahlen? Eine Schauspielerin gehört jedem und keinem. Und was diesen Herrn betrifft, so habe ich kaum zehn Sätze unter vier Augen mit ihm gewechselt. Sie scheinen ein intelligenter Mensch zu sein, sonst hätte ich meine Zeit nicht damit verschwendet, Ihnen meine Motive darzulegen.‹ Dann schickte sie mich mit einer großartigen Equipage ins Büro zurück, was mir gar nicht recht war, weil ich dem Kutscher ein Trinkgeld geben mußte. Sie hat jedenfalls einen sehr guten Eindruck auf mich gemacht«, schloß Papa unschuldig wie ein Kind. »Jetzt muß ich dem Burschen eine Stelle besorgen.«

»Er tut mir sehr leid«, erklärte Mama. »Das heißt, wenn er sich wegen solcher Lappalien ruinierte, ohne sein Ziel zu erreichen.«

»Oh, Mary!« Papa war schockiert.

»Tu nicht so entrüstet, du alter Heuchler. Kein Mann überschüttet eine Frau mit Aufmerksamkeiten, wenn er nicht etwas damit bezweckt.«

»Du bist so unpoetisch«, parierte Papa.

»Weil ich die Männer kenne. Sie sind alle egoistisch«, sagte Mama, wurde rot, lachte ein bißchen zu schrill und wechselte unvermittelt das Thema. »Übrigens, ich habe Agnes gestern gesehen. Sie und Willie sind jetzt mit der Wohnung fertig und würden uns gern zum Abendessen einladen, wenn du nichts dagegen hast.«

»Im Gegenteil, ich freue mich und übersehe die kleinen Nachteile. Ich bin sehr froh, daß du jetzt eine Freundin in Paris hast. Es ist so schwer für dich, fern von daheim zu sein, und noch dazu mit einem Egoisten wie mir.«

Mama lachte wieder hysterisch. »Und sie hat mir einen seltsamen Rat gegeben: kochendheiß baden, drei Dosen Chinin nehmen und zwanzigmal hintereinander von der Kommode springen. Ich habe heute nachmittag alles getan, die Kinder glauben, ich hätte den Verstand verloren.«

Papa hielt sich den Kopf und ging im Zimmer auf und ab. »Sie schlagen zweifellos nach mir. Entweder bin ich hier verrückt, oder du bist es. Ich habe noch nie so etwas von dir gehört, und wir sind jetzt Jahre und Jahre verheiratet.«

»Verstehst du denn nicht«, sagte Mama mit tragischer Stimme. »Ich bekomme ein Baby.«

Papa machte einen Freudensprung und lief zu ihr. »Oh, mein Schatz, mein Liebling! Ich freue mich so, wir haben eine Ewigkeit keines mehr bekommen. Ich liebe Babys. Ist das alles?«

»Du freust dich also, daß ich noch so ein armes Wurm in die Welt setze!«

Papa schneuzte sich und schluchzte beinahe: »Natürlich freue ich mich. Diesmal wird es ein Junge sein, er wird neunzehnhundert geboren und sein Leben noch dazu mit einer Weltausstellung beginnen! Oh, ich bin so glücklich!«

»Gut, daß wenigstens einer glücklich ist«, sagte Mama.

»Dein Bruder Andrew kommt morgen, um mit uns essen zu gehen. Ich gehe jetzt sofort zu Bett.«

»Ich werde dir mit dem Kleinen helfen, Schatz, selbst wenn er nachts brüllt. Aber das wird er nicht, er wird die Freude unseres Alters sein. Du wirst sehen!«

Emily, Agnes und Dreyfus

Alle Greens stimmen überein, daß Emily die schönste Erinnerung an ihre eigene Kindheit ist. Selbst als sie groß wurden und sie so sahen, wie sie wirklich war, eine attraktive rothaarige Frau, die aß, tanzte, manchmal ärgerlich und oft müde wurde, verwechselten sie die Wirklichkeit nie mit jener hübschen Gestalt, die ihre Kinderjahre verschönt hatte. Ein Engel, ein überirdisches Wesen, das sie anlächelte, seine weiche Hand von kleinen Pfoten umklammern und sich von schmutzigen Schuhen auf die Füße treten ließ, die es so selten benutzte. Sie träumten von ihr, hofften, daß sie sich materialisierte, und verschmolzen sie, wenn sie es tat, mit Visionen aus Märchen, schwimmenden Nixen, lockenden Sirenen. Sie verkörperte die Scheherazade aus *Tausendundeine Nacht*, die guten Menschen der Brüder Grimm; sie war groß und majestätisch und zugleich der winzige Kobold, der in einer Pusteblume schläft, die Nymphe, die Blumen und Tiere zum Reden brachte. Vögel flogen Besorgungen für sie; Fische brachten ihr die Schätze des Meeres. Emily besuchte uns in jener verzauberten Kindheit, ab 1897, und ihr Erscheinen wurde jedesmal durch ungewöhnliche Boten angekündigt: einer großen, von Schimmeln gezogenen Viktoria, einem mit Geschenken beladenen Lakaien, einem farbigen Butler, der die Küche in Besitz nahm und amerikanische Gerichte zubereitete, die denen Mamas weit überlegen waren.

Der Butler hieß Lewis, und sein bescheidenes schwarzes Gesicht strahlte für die Greens, wenn es für andere nur lächelte. Er machte Schokoladekuchen und Majonäse in einem kleinen Zimmer voller Kinder, und vielleicht gefiel es ihm. Aber wer konnte das sagen, er war ein so

unfehlbarer und kultivierter Gentleman! Mama bekam einmal das folgende Gespräch zwischen dem kleinen Julien und Lewis mit und schlich aus der Küche. »Lewis, warum ist dein Gesicht schwarz?« Keine Antwort, nur schnelles Rühren von Majonäse und abgründige Verlegenheit. »Lewis, ich wünschte, mein Gesicht wäre auch schwarz.«
». . .«
»Lewis, ich mag dich.«
»Danke, *Mr. Julian.*«

*

Manchmal ging Emily eine Nachricht in schwungvoller, nachlässiger Schrift voraus. Mit ihrer typischen Verachtung für nähere Erklärungen wandte Mama sich dann an ihre Kinderschar: »Zieht euch selbst an, ihr seid alt genug. Wir gehen in fünf Minuten – in den Zirkus. Auch die Unartigen kommen mit, ihr wißt genau, wen ich meine. Den letzten beißen die Hunde.«
Die sonst so flinken Kinder waren vor Aufregung wie gelähmt, zogen ihre besten lächerlichen Sachen an (wir waren ganz gewiß sonderbar gekleidet) und warteten in feierlichem Schweigen in der Diele. Aber da war ein Haar in der Suppe: Die besten Sachen waren noch auffälliger als unsere Alltagskleidung. Ehe wir das Ende der Straße erreichten und in einen Omnibus springen konnten, tauchten aus dem Nichts, vielleicht aus dem Kopfsteinpflaster, freche kleine Gassenjungen auf, johlten, sprangen, machten lange Nasen und grüßten uns mit lautem Geschrei: »*O yes, plum-pudding, whiiis-kiie, dumdum!*« Letzteres war eine Erinnerung an die Geschosse aus dem Burenkrieg. Die bösen Buben sangen auch ein Lied über Chamberlain, Ohm Krüger und den Tod aller britischen Soldaten. Solche Freundlichkeiten waren vor der Entente Cordiale in diesen Kreisen an der Tagesordnung. Wie gern hätten die Greens sich ihrer Sonntagssachen entledigt und sich kämpfend im Dreck gewälzt! Aber wie konnten sie, wenn Mama stolz und erhaben hinter ihnen

ging? Rote Wangen bebten, blonde Mähnen wurden geschüttelt, und giftige Blicke durchbohrten den Feind.

Der Bus brachte die Kinder zum Nouveau Cirque. Sie saßen an der sägemehlbestreuten Manege, genau hinter der samtgepolsterten Brüstung, die sie von wilden Tieren, tänzelnden Zebras, Pirouettendamen und fliegenden Trapezkünstlern trennte.

Die Clowns waren zuerst wunderbar. Footit, ein Engländer, sprach Französisch mit dem lustigsten Akzent von der Welt. Er hatte ein weißes Gesicht, eine rote Nase, noch rötere Haare und karierte Kleidungsstücke, die er fast alle während seiner Nummer verlor. Chocolat war dagegen ein großer, fröhlicher, sehr schwarzer Neger, den wir sehr liebten, jedenfalls bis zu dem schrecklichen Tag, an dem Mama ihn ansprach. Wir wären am liebsten vor Scham gestorben, andere Eltern redeten nie mit Clowns. Aber Mama machte sich nie etwas daraus, was andere über sie dachten. »Chocolat«, fragte sie mit ihrer lauten, hellen Stimme. »Von wo bist du?«

Chocolat sprang aus der Manege und blieb breit lächelnd vor ihr stehen. »Von Macon, Ma'am.«

»Und ich bin von Savannah!«

Chocolat war begeistert. »Ich hab' ja gewußt, daß wir aus derselben Gegend sind.«

Von da an hob er seine besten Witze für die Greens auf und unterhielt sich jedesmal mit Mama. Ich wußte, daß es ihnen beiden Freude bereitete, ein paar Worte zu wechseln, die sie an eine versunkene amerikanische Welt erinnerten.

Und wenn Emily ihre Kutsche schickte, damit wir in den nahegelegenen Bois de Boulogne fahren konnten, kamen wir in Gegenden, die für unsere kurzen Beine unerreichbar waren. Die Pferde trabten Alleen entlang, vorbei an Kindermädchen mit Babys bis zum Poloplatz und zum Schloß Bagatelle, das in unserer Phantasie das ganze Jahr über voller Rosen war. Wir fuhren an dem kristallenen Wasserfall vorbei, der über zerklüftete Felsen rauschte. Manchmal begegneten wir einer Familie hellbrauner Damhirschkühe mit ihren Kitzen oder einigen jungen Hirschen, die sprießende Gestänge an Bäumen rieben. In einem Gebüsch dahinter wachte Vater Hirsch über die Seinen. Ein- oder zweimal kündigten scheußlicher Gestank und lauter Lärm das Nahen jenes neuen Ungeheuers an, des Automobils. Die Pferde scheuten und bäumten sich auf . . .

All diese Zeilen lang denke ich an Emily, die wie Jupiter in seiner Wolke oft hinter ihren guten Taten verborgen blieb. Sie trat auf merkwürdige Weise in den Kreis der Greens. Sie war als ein hübsches junges Mädchen, das mit seiner Mutter reiste, von dem unternehmungslustigen Onkel Andrew aufs Korn genommen worden. Die Geschichte dieses Herrn ist für uns hier nicht weiter wichtig, aber seine merkwürdigen Gewohnheiten und Ticks machten ihn denkwürdig. Wenn er seinen Bruder Ned überfiel, umwehte uns ein Hauch der großen Welt, und wir wurden uns irgendwie bewußt, daß er das Gegenteil von Papa war. Onkel Andrew war ein leichtlebiger, modisch gekleideter, großgewachsener, häßlicher Mann (er hatte als kleiner Junge mit Schießpulver gespielt und dabei sein Gesicht entstellt) mit braunen, dicht beringten Händen und einer Uhrkette aus Flechtgold, die in Taschen voller Kleingeld verschwand. Er gab fürstliche Trinkgelder, und eigentlich mochten wir ihn ganz gern, trotz der Tatsache, daß er uns oft als schlechtes Beispiel vorgehalten wurde. »Wie dein Onkel Andrew«, hieß es dann, und wir sollten uns vor diesen und anderen Fehlern hüten: mit Schießpulver zu spielen, ein Niesen zurückzuhalten und dadurch Gesichtsäderchen zum Platzen zu bringen, unsere Nieren zu ruinieren, indem wir Dreiviertelliterflaschen sauren Weißwein tranken, verdorbene Speisen in orientalischen Länder zu essen und uns dadurch eine Lebensmittelvergiftung zu holen. Vor allem sollten wir jedoch nicht die Beherrschung verlieren und Zeitungen in Fetzen zu reißen oder sie nervös hin und her zu schwenken, so daß sie wie Bambusstauden in einem Tropenwald raschelten.

Man konnte zahlreiche Lehren aus Onkel Andrews

Benehmen ziehen, aber Mama beschränkte sich auf die, die für unerfahrene Seelen wichtiger waren. Übrigens war er ein äußerst spendabler Gastgeber und führte Mama und Papa, wenn er nach Paris kam, in die allerbesten Restaurants, wo er teuerste Speisen und Weine bestellte und sensible Gemüter dann vor den Kopf stieß, indem er bemerkte: »Mary, noch einen Flügel? Ich wette, du kriegst nicht jeden Tag solche Rebhühner. Ned, alter Junge, ich wette, es ist Jahre her, seit du das letztemal einen solchen Burgunder hinter die Binde gekippt hast. Quetsch die Flasche aus, vielleicht dauert es lange, bis ich wiederkomme.«

Aber er kam oft wieder, verkehrte jedesmal mit den besten Leuten, ging auf die richtigen Feste (die den falschen aufs Haar gleichen) und war unweigerlich verliebt, sehr verliebt. Immer verliebt, immer ein entzückendes Wesen belagernd, immer vor Leidenschaft von Sinnen, immer im Begriff zu heiraten oder sich scheiden zu lassen. Zwischen zwei Passionen lernte Onkel Andrew dann Emily kennen und machte ihr den Hof. Als er merkte, daß dieses Fräulein mit Klostererziehung nicht so reagierte, wie er es sich wünschte, fiel ihm ein, daß sein Ruf als Don Juan vielleicht im Wege stand. Er senkte die Stimme, fuhr fort, sie zu umwerben, und machte sie zum Zeichen seiner Achtbarkeit mit Mama und Papa bekannt. Mama schloß Emily sofort für immer ins Herz, und der arme Onkel Andrew unternahm einen letzten verzweifelten Versuch, seine Angebetete zu umgarnen. In der Hoffnung, daß ihnen beiden die Ehe prophezeit würde, nahm er Emily mit zu einer gefeierten Wahrsagerin. Aber es geschah etwas Einzigartiges. Als sie sich zum Gehen wandten, nahm die Frau Emily beiseite und flüsterte: »Dieser Monsieur möchte Sie heiraten, aber er wird es nie tun.« So verschwand Onkel Andrew allmählich aus Emilys Leben, und sie betrat das unsere, um viele Jahre lang unsere angebetete Wohltäterin zu sein.

Gegen 1900 vergrößerte sich der Freundeskreis der Greens, um hinfort stetig zu wachsen. Unser altes Kindermädchen Charlotte zog zu *Ma Tante* nach Paris. Wir gingen zu dieser grimmigen Tante zum Tee und dienerten vor ihr, nicht allein wegen des köstlichen Gebäcks, sondern auch wegen Charlottes Erbe. *Ma Tante* mußte umschmeichelt und umsorgt werden, denn sonst würde Charlotte vielleicht nicht den dicken Goldschmuck, die wuchtigen Möbel und das ansehnliche zinsträchtige Vermögen bekommen . . . Aber sie bekam alles, als es dann endlich soweit war. Als nächstes fand Mama heraus, daß bei uns im Haus eine englische Gouvernante wohnte, eine Miss Hill. Sie war ein armes Geschöpf und eine ausgezeichnete Lehrerin, die als Gegenleistung für Mahlzeiten unser Englisch aufpolierte. Sie trug auch dazu bei, uns die Weihnachtsfeste zu verderben. Sie trug auch dazu bei, uns die Weihnachtsfeste zu verderben. Mama speiste manchmal in der Botschaft mit dem »netten alten Porter«. Sie betrachtete dies als eine Gunst ihrerseits, da sie nichts auf diplomatischen Glanz gab. Jeden Sommer kamen Scharen von Südstaatlern herüber, und nun, zur Weltausstellung, waren es mehr denn je. Mama lud sie zum Essen ein, und sie luden sie dafür in feine Restaurants ein. So oft, daß sie sich fragte, was das werdende Baby über die jähen Sprünge von Backpflaumen mit Reis zu Seezunge Marguéry und dergleichen dachte. Papa fand unglaublich viele neue Freunde, zum Teil Mitglieder der Kammer, zum anderen nette Franzosen. Diese Herren kamen nie zu uns, da wir nur Vertraute empfangen konnten, erstanden aber in Bemerkungen wie »einer der bestinformierten Burschen, die ich kenne«, zum Leben und gehörten zu Papas Café-Existenz. Er saß gern an einem schönen Tisch vor einem Boulevardcafé und trank ein Gläschen.

Paris war voller Besucher, vom harmlosen Amerikaner, der sich einen gelb lackierten Ziegelstein als Gold verkaufen oder die Brieftasche aus der Hose ziehen ließ, bis zu stolzen algerischen Kavallerieoffizieren mit schmalen Taillen und Monokeln; von zweifelhaften Damen mit unmöglich rosa Gesichtern, gebleichten Pompadourfrisuren und engen, sahnefarbenen Glacélederstiefeln bis zu exotischen Personen aus Osteuropa und sehr dunklen aus Südamerika. Wenn man Papa glauben darf, gab es damals reizvollere, buntere Requisiten, als in unserer jetzigen grauen Zeit. Der Schwindler war dreister (so der Mann, der gestohlene Schecks mit der Signatur *S. Ch. Windel* versah und dann einlöste), der ehrliche Mann generöser, der mutige schneidiger. Es war die letzte Stunde der eleganten Muße, sagte er oft. Fort ist jener prickelnde Reiz, vergangen mit den Körben voller seltener Orchideen und den wertvollen Erstausgaben mit Banknoten zwischen den einzelnen Seiten, die feine Herren ihren kleinen Freundinnen schicken konnten. Fort sind auch die russischen Fürsten, die den gefeierten Kokotten perlengefüllte Fische schickten und Restaurants kurz und klein schlugen und den anwesenden Gästen dann eine Rente aussetzten. Auf dem Müll der Vergangenheit liegen Diners mit acht Gängen, lange Glacéhandschuhe, die fünf Liter fassenden Jeroboamflaschen, die großen Glücksspielabende und heroischen Wetten. Fort sind auch die goldenen Tage, als nicht viel geschah oder geschehen war, das Millionen die Nahrung raubte und ein Dutzend Rassen zu Krüppeln machte. »Und es gab so gut wie keine Steuern. Jetzt lebt die Welt im Elend und ist eine Beute von Trusts und Industriemagnaten, ein paar Narren ausgeliefert, die zuviel reden und Europa in die Luft jagen und sechs Nationen gegeneinander ins Feld schicken können.«

Wie dem auch sei, wir schreiben 1900, und es ist ein schöner Juniabend. Worüber unterhielten sich die Herren im Café? Papa schwor, daß die Gespräche nie Anrüchiges oder gar Verbrechen zum Inhalt hatten, doch wenn man nicht lockerließ, gestand er, daß sie sich weitgehend um Kriege in fernen Kolonien, legendäre Finanzskandale und faszinierende Morde drehten. Mehr oder weniger die gleichen Dinge wie heute.

An diesem Abend zahlte Papa seinen Absinth, blieb noch ein wenig, um von seinem Freund Lemaire, dem französischen Minister in Peking, eine weitere Geschichte über China zu hören, diskutierte über den Anbau von Reis in terrassenförmigen Pflanzungen und schlenderte heim. Mama kam ihm auf die Diele entgegen, weigerte sich aber wie an allen Absinth-Abenden, ihm einen Kuß zu geben. »Wenn die Kinder nicht aufhören zu schreien, drehe ich den Gashahn auf. Du weißt doch, daß die Miltons mit uns im Bois essen gehen wollen. Was soll ich bloß mit deinen Gören machen?«

»Meine Güte!« schrie Papa. »Ist mein Frack fertig?«

»Nein, das heißt, ja, ich weiß nicht mehr, was ich rede. Er liegt auf deinem Bett.«

»Sie machen *wirklich* einen Heidenspektakel. Was ist da los?« Aus Mamas Zimmer drangen schaurige Töne. Drei kleine Mädchen saßen in ihren Betten und schluchzten und brüllten wie am Spieß. In der Mitte des Zimmers stand Charles, hielt sich die Ohren zu und las laut vor. Als Papa hereinkam, erstarb das Gebrüll, und sechs kleine Arme wurden ausgestreckt. »Papa, Papa!«

»Guten Abend, meine Damen. Wollt ihr mir eine neue Oper vorsingen? Sehr schön, aber versucht es mal mit den leisen Teilen, die Nachbarn haben etwas gegen Wahnsinnsarien.« Papa gab jeder von uns ein Stück Zucker aus dem Café de la Paix und setzte sich auf den Rand eines Betts. Wir lutschten traurig den Zucker, nur dann und wann entrang sich unserer Kehle noch ein Schluchzen, das von dem großen Ausbruch übriggeblieben war. Papa war beunruhigt, denn die runden Wangen glänzten zu sehr, das blonde Haar war zu naß von Schweiß und klebte an zu heißen Stirnen. Dann fing Retta wieder an zu weinen, und Papa wußte, daß sie wirklich von etwas gequält wurde. »Kann ich meinen kleinen Mädchen nicht helfen?« fragte er zärtlich. »Kann eure Mama etwas für euch tun?« Er nahm die drei langen Baumwollnachthemden in seine starken Arme.

»Papa«, stammelte Anne, »wir können es Mama nicht erzählen, sie versteht es ja doch nicht.«

Papa wurde klar, daß seinen »kleinen Mädchen« in Augenblicken großer Erregung das Englische vergaßen, das nur angelernt war. Ihre Sprache war Französisch. Er fuhr fort, auf französisch mit ihnen zu reden: »Ihr habt Angst, Mesdemoiselles? Erzählt es eurem alten Papa, er ist auch ein Feigling.«

Die Reaktion ließ nicht auf sich warten. Wir brüllten im Chor, bis er aus seinem Taschentuch Kaninchen und Nonnen machte und in einer kurzen Ruhepause versprach, nicht eher aus dem Zimmer zu gehen, bis wir keine Angst mehr hätten. Aber wir müßten bitte alles erklären. Charles las unbewegt weiter: »Die Bastonade ist die beliebteste Art der Bestrafung bei den Türken. Die wiederholten Schläge biegsamer Ruten auf die nackten Fußsohlen des Missetäters bewirken schon nach ganz kurzer Zeit einen ausgesuchten Schmerz. Häufig . . .«

»Charles, möchtest du dir nicht zwei Sou verdienen?«

»Ja, Sir!«

»Dann nimm dein Buch und hau ab!« Papa wandte sich wieder zu uns. »Und jetzt erzählt. Habt ihr Angst vor eurem Bruder?«

»*Non, papa.*«

»Die Miltons warten seit fünf Minuten im Wohnzimmer, Edward. Hast du noch nicht angefangen, dich umzuziehen?« Mama langte mit beiden Händen nach ihrem Kopf. »Um Gottes willen, Mädels, hört bitte auf, ihr macht uns verrückt.«

»Hör zu, Mary«, sagte Papa. »Ich glaube nicht, daß ich heute abend ausgehen werde. Da du soweit bist, kannst du die Miltons begleiten, aber ich kann sie nicht in einem solchen Zustand allein lassen, ich meine, die Kinder.«

»Ich auch nicht. Mich beunruhigt nur, daß heute nichts geschehen ist, das einen solchen Anfall auslösen könnte, und sie waren besonders brav. Ich hasse es, die Miltons fortzuschicken; wenn die Geschichte mit vielen künstlerischen Ausschmückungen in Savannah ankommt, wird sie absolut haarsträubend sein. Und denk' daran, daß diese Freunde von Bekannten nicht zu unseren Vertrauten gehören.«

»Ich sag' dir was.« Papa streichelte seinen Kleinen den

Kopf. »Wir essen einfach hier. Nimm alles Kleingeld aus meiner Westentasche. Laß Charles bei dem Mann um die Ecke ein paar von diesen leckeren Delikatessen holen. Du wirst die Gäste unterhalten, ich decke den Tisch, und wenn ich die Wahrheit aus den dreien hervorgelockt habe, verbringen wir alle einen gemütlichen Abend. Es gefällt mir nicht, wie sie aussehen.« Mama eilte mit dem Geld fort. Nachdem Papa die verstörten Mädchen eine Viertelstunde lang geduldig ausgehorcht hatte, begriff er. Sie waren mit Mama zur Ausstellung gegangen, und Mama hatte sich nach einer Weile auf einer Bank ausruhen wollen und die Kleinen aufgefordert, derweil einen Pavillon mit Schmuck und Pelzen zu bewundern. Die Mädchen gehorchten und gingen danach in einen anderen Pavillon, der nicht für sie gedacht war. Dort sahen sie die Nachbildung eines Krankenhauses aus dem 18. Jahrhundert und schauten und schauten, bis es keinen Greuel mehr gab, der sich ihnen nicht eingeprägt hätte, um dann weinend zu Mama zurückzulaufen. Papa hatte die gespenstischen Wachspuppen auch gesehen, so daß er mit seinen Kindern fühlte.

Nun ja, Papa lachte das Ergebnis fort und erzählte lustige Anekdoten über sein Pony Whitey, auf das man sich in schwierigen Zeiten immer verlassen konnte. Er schaffte es irgendwie, die Mädchen zu beruhigen, lieh ihnen seine Uhr als Ersatz für seine tröstliche Gegenwart und ging zu Mama und den Miltons, um ein sonderbares und kostspieliges Mahl einzunehmen, das der rohe Charles komponiert hatte: Salzhering, Anchovis, Schinken, einen sehr alten Käse und viele Flaschen eines dickflüssigen purpurnen Weins. Mama war nicht unbedingt »begeistert über diese Trampel aus Florida«, die das Essen mit großen Augen anglotzten und ein klein wenig herablassend wirkten. Mamas Augen blitzten, und Papa sauste wie eine Hornisse um den Tisch und bediente die Gäste und betete, daß das Blitzen nichts Böses bedeuten möge.

»Die Franzosen haben es entschieden gern salzig«, sagte Mrs. Milton mit schleppender Stimme. »Wie haben

Sie sich daran gewöhnt, Mary? Ich darf doch Mary zu Ihnen sagen?«

»Sie müssen, Sie müssen«, sagte Papa schnell. »Was das Salz angeht, so ist es Absicht. Die Gerichte sind stark gewürzt, damit Sie genug Durst bekommen. Nehmen Sie doch noch ein Glas von diesem bescheidenen Trunk.«

»Bescheiden ist das richtige Wort«, bemerkte Mama und winkte die Flasche von ihrem Glas fort. »Er kostet vier Sou die Flasche und ist aus einem billigen Weinladen.«

Mr. Milton wurde verständlicherweise von Durst verzehrt. »Versuchen Sie doch ein wenig, Mrs. Green, er paßt vorzüglich zu diesen Leckereien, ähem.«

»Nein, danke«, antwortete Mama brüsk, aber wahrheitsgemäß, »ich trinke fast nie Wein, höchstens guten Champagner.«

Papa war ein bißchen ärgerlich, weil seine Frau nicht mitspielte. Er brachte es jedoch fertig, seine Gäste herzlich anzulächeln. »Milton, mein lieber Junge, diese Flasche ist die Ihre und die daneben auch. Sie sind ein Mann von Welt.« Mr. und auch Mrs. Milton nahmen das Kompliment ganz selbstverständlich entgegen, denn sie waren reich und gravitätisch. In ihren Bemühungen, ihren Durst zu löschen, waren sie übrigens im Begriff, sich wider Willen zu betrinken. Als Mama einen Schluckauf bekam, wandten sie mißbilligende Gesichter in ihre Richtung. Mama konnte den schweren Rotwein nicht vertragen und war zu ermattet, um Charles zu bitten, ihr etwas Wasser zu bringen.

Mr. Milton verlor die Kontrolle über seine Zunge und schnitt ein Thema an, dem er sich eigentlich auf diplomatische Weise nähern wollte. »Green, Sie reisen doch gern, nicht wahr?«

»Ja, in der Tat.«

»Und Sie kennen alle diese Sprachen?«

»Einige von ihnen«, antwortete Vater vorsichtig.

»Wirklich? Angenommen, Sie treffen einen Türken. Eine harte Nuß. Ich wette, das Kauderwelsch können Sie nicht. Was tun Sie?«

Papa erwiderte würdevoll: »Ich rede ihn auf französisch an, dann auf englisch. Als nächstes versuche ich es mit Deutsch. Wenn das auch nicht klappt, mache ich eine Verbeugung und gehe, denn ein Türke, der keine von diesen Zungen beherrscht, macht seiner Erziehung Schande, jawohl, Sir.«

»Und Sie verstehen diese Europäer? Sie sind ihnen und ihrer Unehrlichkeit gewachsen?«

Papa schenkte seinem Gast ein betont fröhliches Lächeln, das uns als »Tigergrinsen« bekannt war. »Ja, ich bin ihnen gewachsen, und was das andere betrifft, mein bester Milton, so darf ich Ihnen im Vertrauen sagen, daß die Europäer nicht schlimmer sind als einige der Haie, die unsere Gewässer unsicher machen. Ich hoffe, ich habe mich klar ausgedrückt.« Er trommelte mit den Fingern auf den Tisch.

Mr. Miltons fette gelbe Wangen zuckten. Er war sich bewußt, daß es bei Papas Baumwollbankrott nicht ganz fair zugegangen war. Übrigens hatte sein schlechtes Gewissen vielleicht ein wenig dazu beigetragen, sich mit den Greens in Verbindung zu setzen, um zu sehen, ob sich ein Unrecht wiedergutmachen ließ. »Ja, ja, Green. Sehen Sie, würden Sie eine Position annehmen, die zuerst ein bißchen knifflig sein könnte? Ich nehme an, Sie haben es im Moment nicht allzu leicht.«

»Mir geht es sehr gut«, erklärte Papa. »Aber ich würde eine andere Stelle in Erwägung ziehen, vorausgesetzt, man böte mir bessere Bedingungen als die, die ich jetzt habe.«

»Erinnern Sie sich an Louis Haskell?« Mr. Milton ging zu weit.

»Aber gewiß, das Salz der Erde, ein guter Freund und der netteste Mann, der je einen Julep kippte. Kommt er herüber?«

Mr. Milton hörte abrupt auf zu trinken. »Nein, jedenfalls nicht die nächsten Jahre, wenn er überhaupt kommt. Mary Lou, es wird Zeit . . . Wir fahren morgen . . .«

Die Greens beugten sich aus dem Fenster, um die

beiden gedrungenen Gestalten zu beobachten, die unsicher zum Ende der Straße schritten. »Ich möchte wissen, warum sie gekommen sind«, sann Mama laut.

Dann entdeckte sie, daß »die kleinen Mädchen« Masern hatten. Beide Elternteile betrachteten dies als den passenden Zeitpunkt, ihre Jüngsten allein zu lassen, so daß sie ihr Nachtzeug nahmen, ihr Zimmer den Kranken überließen und sich in das Gemach zurückzogen, das Eleanor und Mary geräumt hatten. Die Kinder genossen die Masern, weil sie nun nicht mehr über einer englischen Fibel brüten mußten, und die *Geschichte Britanniens* von Mrs. Markham sowie die klugen Bemerkungen des pedantischen kleinen Charles M. und seiner garstigen Schwester Mary fürs erste vergessen konnten. Kein Katechismus mehr, keine Psalmen für konfuse kleine Hirne, die unter einem nicht endenden Hindernislauf zwischen zwei Sprachen gelitten hatten.

Statt dessen saßen sie im Bett und hörten zu, wie Mama ihnen mehrere interessante Bücher vorlas, die sie für Fortsetzungen einer und derselben Geschichte hielten: *Königin Hildegard, Fred, Maria und ich* und *Kleine Frauen*. Sie waren gelinde gesagt nicht allzu gescheit, und da sie aus Furcht, verwirrende Antworten zu bekommen, nie Fragen stellten, setzte ihr Verstand im Lauf der Zeit ein sonderbares Bild eines zersplitterten Universums zusammen. Papa besuchte sie dreimal am Tag und zog jedesmal ein Geschenk oder vielmehr drei Geschenke von derselben Größe und demselben Wert aus der Tasche seines Cuts. Ein Handlungsreisender aus der Kleiderbesenbranche hatte Papa Muster seiner Waren gegeben, ein Herr aus Smyrna hatte ihm ein Dutzend winzige Körbe mit Feigen geschenkt, und so nahmen die fleckigen jungen Damen freudig Bürsten mit bunten Zelluloidstielen und leere Körbchen entgegen. Gegen Ende der Krankheit bekamen sie Zuckerklumpen mit aufgemalten Gesichtern und Watteperücken, wunderschöne Kunstwerke, die mit »Papa« signiert waren. »Und wenn Ihr sie aufeßt, werdet Ihr einen furchtbar dicken Bauch kriegen und platzen«, sagte

Mama. Anne hatte so schrecklichen Hunger, daß sie der Versuchung erlag, ihren Klumpen aß, das Gesicht zur Wand drehte und sich auf einen elenden Tod gefaßt machte. Sie schlief einige Stunden, und da sie sich beim Erwachen nicht schlechter fühlte als vorher, verzehrte sie die Klumpen von Retta und Lucy und glaubte den Erwachsenen fürderhin nie wieder.

In der Rekonvaleszenz, als die Kinder zappelig wurden und sich nicht einmal mehr für Geschenke wie eine Streichholzschachtel mit einer Maus aus grauer Wolle oder einer falschen Goldmünze interessierten, kam Madame Lafond, um ihnen Gesellschaft zu leisten. Sie war keine interessante Frau, aber sie kochte Tapioka und wußte zwei fabelhafte Geschichten, die sie einige Jahre lang erzählte, ohne ein Komma zu ändern. Eine handelte von einem schönen und guten Mädchen, das zu Unrecht beschuldigt wurde, den Schmuck seiner Herrin gestohlen zu haben. Es ertränkte sich vor Gram, und Jahre später wurden die Juwelen in einem Elsternest gefunden. Wir, die Kinder, fanden das Mädchen doof, frohlockten jedoch über die nagenden Gewissensbisse der Erwachsenen. Die zweite Geschichte war beängstigender und ließ uns zweimal überlegen, ehe wir in Mamas schwarzem Reisekoffer mit dem schweren kuppelförmigen Deckel herumstöberten. Ein kleiner Junge war beim Versteckspielen in eine Holztruhe gekrabbelt. Nach vielen gewundenen Bemerkungen Madame Lafonds, denen unter anderem zu entnehmen war, daß der Truhendeckel zu schwer für das Kind war, kam heraus, daß dessen mumifizierter Leichnam Jahrhunderte später in sonderbar bunten Kleidungsstücken entdeckt wurde. »Von Ihnen, Madame Lafond?« – »Nein, Mesdemoiselles, wie oft habe ich euch das schon gesagt.«

Während unserer Rekonvaleszenz besuchte Mama ihre Freundin Agnes, die einen langen Aufenthalt auf dem Land unterbrach, um ein Zwischenspiel in ihrer dunklen, aber vornehmen Wohnung in der Rue des Pyramides, im Herzen der feinen Einkaufsgegend, zu geben. Die uralten

Kirchen und von schummrigen Gaslaternen beleuchteten Straßenszenen faszinierten Agnes, die gern abends losging, um das Leben im romantischen Zwielicht zu beobachten.

Wir Kinder kannten Agnes damals besser. Sie war aus Irland und entwickelte, als sie dicker wurde, eine Manie für große Plaids und karierte Stoffe, die so mancher Figur nicht zum Vorteil gereichen. Sie besaß den Charme des 19. Jahrhunderts, aber sie brauchte ihn auch in Hinblick auf mehrere Handikaps, von denen ihr Mann das größte war. Agnes, eine anspruchsvolle und wohlgeborene Person, hatte sich in einen sehr gewöhnlichen und noch dazu leicht geistesgestörten Amerikaner verliebt und ihn geheiratet. Sie hielt seine sonderbaren Angewohnheiten für amüsante transatlantische Schwächen, bis sie die Greens kennenlernte und eines anderen belehrt wurde.

Als Mama an jenem Nachmittag um drei Uhr kam, wurde sie in einen üppigen Salon geführt, in dem ein köstlicher Duft von Tabak und weißem Flieder hing. Agnes hatte ein langes geblümtes Gewand an und ruhte in einem bequemen Lehnstuhl. In der einen fleischigen Hand hielt sie ein Buch, in der anderen eine halb aufgerauchte, dicke schwarze Zigarre. Ihr molligen Beine lagen auf einem Schemel. In bequemer Reichweite stand ein Beistelltisch mit vielen Papieren und einem Glas Gin mit Wasser. Agnes strahlte, als Mama hereinkam, unternahm Anstalten, sich zu erheben, kapitulierte und gab ihrer Freundin einen langen Kuß auf die Wange. »Wie gut du riechst, Mary, wie ein Veilchenstrauß.«

»Du riechst auch wunderbar, meine Liebe, trotz dieser abscheulichen Zigarre. Wie kannst du nur ein Buch verkehrt herum hinlegen? Du ruinierst den Einband, du rücksichtsloses Ding.«

»Puh, bei alten Freunden kann ich mir das erlauben. Ich kenne Balzac mehr als oberflächlich, meine Liebe.«

»Gute Freunde soll man auch gut behandeln, weißt du das nicht? Oh, Aggie, Aggie, was für ein loses Ding du bist. A propos loses Ding, hast du . . .«

Agnes trank trotzig ihren Gin aus. »Nein, ich habe nicht. Quäl' mich nicht, ich mach' mir solche Sorgen.«

»Und du willst so wieder zurück aufs Land? Deine Schuhe ausziehen, dich im Gras wälzen, trinken und dich mästen, während deine arme Seele laut zum Himmel schreit! Ich bin diejenige, die sich Sorgen macht.«

»Laß mich in Ruhe, du Ketzerin!« rief Agnes. »Ich liebe die Normandie, ich werde eine herrliche Zeit haben, jede Menge lesen, viel radfahren und vielleicht sogar ein Buch schreiben. Ja, und ich werde diesen wunderbaren *cidre* trinken und fetten Schichtkäse essen, unter meinem Sonnenschirm am Fluß sitzen und ins Wasser starren.«

»Warst du bei deinem Beichtvater?« fragte Mama unbarmherzig.

»Ja, und er hat sich geweigert, mir die Absolution zu erteilen!« Die arme Agnes brach in Tränen aus. »Er hat meine Sünden satt, jedesmal, wenn ich zu ihm gehe, gelobe ich, mich zu bessern, und . . . Dann vergesse ich es einfach. Es ist das Wunder des Herzens, dieses unvergleichliche Schweben . . . Oh, das verstehst du nicht, du bist solch ein Ausbund an Tugend.« Sie trocknete mit einem wallenden Ärmel die Augen.

»Es ist unfair, mich zu beschimpfen«, begann Mama hitzig, aber dann verstummte sie. Was Agnes sagte, stimmte. Die Sünden des Fleisches hatten keine Anziehungskraft für sie; abgesehen von einer Neigung zu Zornesausbrüchen war Mama übrigens eine beinahe untadelige Sterbliche. Als intelligente Frau wußte sie, daß Tugend ohne Versuchung kein Verdienst ist. Wer war böse und wer nicht? Wer konnte sagen, ob Tugend nicht oft aus Selbstgefälligkeit bestand?

»Diese verflixte Green bringt mein kleines Püppchen also zum Weinen!« Willie war plötzlich über die Schwelle getreten. »Geh, du törichtes kleines Ding!«

»Sei bitte nicht unhöflich, Liebling«, sagte Agnes. »Ich hab' nur Qualm in die Augen bekommen.«

»Möchten Sie mir nicht die Hand geben, Willie?« fragte Mama lächelnd.

»Da haben wir es, gute Manieren wie der Rest eurer verdorbenen Klasse, alles giftige Fliegen, die sich an der Gesellschaft mästen.«

»Oh, Willie, hör auf, meine beste Freundin zu beleidigen. Was willst du?« fragte Agnes.

Ohne zu antworten, ging Willie zum Kamin und blieb vor der Bronzebüste Napoleons auf dem Sims stehen. Das Kinn senkend, starrte er die beiden Frauen auf seine irre, feierliche Art an. Er hatte zwar eine niedrigere Stirn, aber Mary staunte trotzdem wieder einmal über seine verblüffende Ähnlichkeit mit dem Kaiser der Franzosen. »Ich will mit Menschen reden, deren Geist dem meinen ebenbürtig ist, die sich über ernsthafte Dinge unterhalten können und nicht nur über Hüte und Bälle tratschen . . .«

Mama platzte wider Willen los. »Entschuldigen Sie, daß ich lache, Willie, aber als Frau, die sich beides nicht leisten kann, finde ich Hüte und Bälle sehr reizvoll. Und was schwebt Ihnen als Thema vor? Ich würde es gern hören.«

»Bitte«, sagte Willie. »Ich habe gerade in der Bibel gelesen. Wissen Sie, daß die Bibel in mancher Hinsicht ein kluges Werk ist? Sie glauben, Sie wüßten alles darüber, aber Ihr törichter Verstand ist von all dem umnebelt, was die Pfaffen Ihnen gesagt haben. Mein erhabener Verstand hat mir nun aber zu verschiedenen interessanten Einsichten verholfen . . .«

»Ja, Liebling«, sagte Agnes schnell. »Wir wissen alle, daß du sehr originelle Meinungen entwickelst, wenn du allein bist. Sag' uns bitte die neueste.«

»Nun ja, du hast gesagt, ich solle die Offenbarung des Johannes lesen. Du sagtest, sie sei sehr gut, und so las ich sie und arbeitete daran und fügte sogar einige Kommentare hinzu, damit andere sie besser verstehen können. Aber es funktioniert einfach nicht, es ist ein idiotisches Buch!«

»Oh!« schrie Mama auf. »So etwas dürfen Sie nicht . . .« Dann fiel ihr ein, daß es sinnlos war, mit Willie zu streiten, und sie wechselte geschickt das Thema.

»Meine Güte, was für Ähnlichkeit mit Napoleon Sie haben, und vielleicht ist es nicht nur äußerlich. Napoleon hatte auch sehr entschiedene literarische Ansichten.«

Willie freute sich, daß die Ähnlichkeit mit dem großen Mann aufgefallen war. »Hm-m, wissen Sie, große Geister denken irgendwie ähnlich. Napoleon war ein sehr vielbeschäftigter Mann, und ich . . .«

»Monsieur Chardonne für Sie, Monsieur«, meldete ein Hausmädchen und beendete auf diese Weise ein schwieriges Gespräch. Als die Tür hinter Willie ins Schloß gefallen war, machte Mama einen Luftsprung und umarmte Agnes. »Ich hatte eben eine Idee, Aggie. Zieh schnell etwas an, und wir fahren zu jeder Kirche in Paris, bis wir einen Priester finden, der dir vergibt. Dann wird es uns viel besser gehen.«

Im Schlafzimmer zwängte Agnes ihren üppigen Leib in ein Stützkorsett und mühte sich ab, es zu schließen. Es war sehr hoch, eng in der Taille und formte ihre Hüften zu schwellenden Gebirgen. »Du weißt aber nicht, was ich alles auf dem Kerbholz habe.«

»Nein, und ich will es auch nicht wissen. Ich weiß nur, daß du nicht glücklich bist. Und Gott möge mir verzeihen, aber ich mache dir keinen Vorwurf, wenn ich an gewisse Dinge denke.«

»Du meinst doch nicht Willie? Ich liebe ihn mehr als irgend jemanden. Und er hat wirklich einen phänomenalen Verstand, ich dulde es also nicht, daß du dir komische Dinge ausdenkst, die du Edward erzählen kannst.« Kaum hatte sie das gesagt, lachte Agnes los und platzte aus den Fischbeinstangen.

Mama lachte, bis ihr die Tränen kamen. »Das ist alles sehr lustig, Agnes Farley, aber du denkst vielleicht, ich sei blind? Ich habe auch etwas für Farben übrig, aber man kann nicht in einem karierten Radfahrkostüm zur Beichte gehen. Soviel steht fest.«

»Meinetwegen, ich kann ja schwarze Schuhe und Strümpfe anziehen, aber wenn ich schon ein langweiliges graues Kostüm nehmen muß, wirst du mir wenigstens die grüne Toque mit den Sittichen erlauben, oder werden die Leute sich auch dann nach mir umdrehen?«

Es war nach vier, als Agnes die Treppe hinunterrauschte und sich kritisch umschaute, bis sie eine wirklich schicke Droschke entdeckte, deren Kutscher einen weißen Zylinder trug. Sie setzte sich neben ihre zierliche Freundin und begann die Suche. Zuerst schien es sie zu amüsieren, und sie war nur ein bißchen nervös, aber nach mehreren vergeblichen Anfragen in Gotteshäusern geriet sie zunehmend in Verzweiflung und schüttelte, wenn sie zu der Droschke mit Mama zurückkam, betrübt den Kopf. In einer kleinen Kapelle an den hinteren Boulevards fand sie dann endlich, wonach ihre Seele dürstete, Absolution. Mama meinte, man solle zwar nicht über geheiligte Dinge scherzen, aber der Priester müsse alt und recht schwerhörig gewesen sein.

Agnes freute sich jedenfalls so sehr, daß sie in einem nahen Café Drinks bestellte. Mama hielt immer mit ihrer wahren Meinung über Cafés hinter dem Berg, weil sie wußte, daß Damen sie nur heimlich aufsuchen sollten, doch nachdem sie es ein- oder zweimal ausprobiert hatte, tat sie nichts lieber, als eines dieser wohltuend stillen Paradiese zu betreten, in denen ein gähnender Kellner, eine dicke Katze und die Kassendame mit ihren großen Brillantohrringen der Dinge harrten, die da kommen mochten. Agnes hatte eines von dieser Sorte ausgesucht, aber es war nicht ganz leer. Die über den sandbestreuten Fußboden raschelnden Kleider der Damen weckten den Kellner, der an einen Gummibaum in einem Majolikatopf gelehnt schlief.

Ein großer Irisstrauß zierte den Kassentresen, die Zinktheke war blitzblank poliert, es roch nach Rotwein, Sägemehl und abgestandenem Tabakqualm. Zwei arme kleine Straßenmädchen saßen verschüchtert in einer Ecke und tranken Kaffee aus Gläsern.

Agnes nahm auf einer rutschigen Bank in ihrer Nähe Platz und haute mit ihrer schmuckstrotzenden Faust auf die marmorne Tischplatte: »Zwei Cognacs mit Wasser.«

»Nein«, sagte Mama.

»O doch«, erwiderte Agnes und zwinkerte ihr zu. »Du würdest keinen Cognac ohne Wasser mögen, meine Liebe.« Sie wiederholte die Bestellung mit fester Stimme, um dann zu flüstern: »In einem großen Glas bekommt man mehr. Wenn man Cognac pur bestellt, geben sie einem nur einen Fingerhut voll.«

»Ich verstehe«, sagte Mama mit einem bekümmerten Blick auf die Straßenmädchen.

»Du würdest es natürlich nie zugeben, aber ich weiß, du findest es merkwürdig, daß ich von der Kirche auf dem schnellsten Weg in eine Kneipe gehe. Die Wahrheit ist, daß ich immer ein bißchen leichtsinnig werde, wenn mir eine Last von den Schultern genommen worden ist. Ich wünschte, du würdest aufhören, die armen kleinen Huren anzustarren, die nicht schlimmer sind als viele andere. Du bist eine Puritanerin, Mary Green.«

»Ja, ich starre sie an«, gestand Mama. »Aber nicht, weil ich etwas gegen sie habe. Ich ärgere mich über die dummen Dinger. Wie können sie bloß erwarten, ihren Lebensunterhalt zu verdienen, wenn sie sich so töricht benehmen! Da ist doch eben dieser häßliche Kerl hereingekommen, und schon plustern und spreizen sie sich, um seine Aufmerksamkeit zu erregen. Er würde sich am liebsten irgendwo verkriechen.« Sie überlegte kurz. »Das beste wäre, sie würden sich trennen. Eine von ihnen müßte sich einfach neben ihn setzen und nur schüchtern lächeln, bis er etwas sagt oder bis sie es für ihn sagt, und dann könnten sie gehen. Ich würde es ihnen ja gern erklären, aber mein Französisch reicht dafür nicht aus. Versuch du es.«

»Mary, du bist verrückt.« Agnes schmunzelte und holte ihr Zigarettenetui heraus. Das ganze Café war schockiert, und alle Köpfe fuhren zu ihr herum, als sie ein Schwefelzündholz anriß. »Du solltest deine Nase nicht in fremde Angelegenheiten stecken, meine Liebe.«

»Es ist ein schrecklicher Beruf«, sann Mama. »Aber wir müssen alle leben, und ich kann es nicht ertragen, wenn die armen Dinger leer ausgehen. Oh, sie tun es offenbar nicht, sieh mal!« Der Kellner brachte das Glas des häßlichen Mannes zum Tisch der Straßenmädchen, und bald frönten alle drei dem faszinierenden Zeitvertreib, sich in ein gutes Licht zu rücken. »Nun kann ich zufrieden nach Haus gehen«, bemerkte Mama glücklich.

»Ja, mit einem guten Gewissen«, zischte Agnes. »Du hast dazu beigetragen, einen guten Christenmenschen aus mir zu machen, du hast die Sittenlosigkeit von zwei lockeren Mädchen unterstützt. Du bist so ehrbar und zugleich liederlich. Ich glaube, du stehst insgeheim auf der Seite des Lasters. Und du bist furchtbar streng zu mir.« Sie gingen hinaus, und Agnes wählte wieder eine passende Droschke.

»Ah, du bist anders, du krönst deine Verbrechen an einem Mann, den du liebst, durch Arglist und Täuschung, und du kannst nicht zu deiner Entschuldigung vorbringen, daß du am Hungertuch nagst. Nein, nein, Aggie, für dich gibt es keine Entschuldigung, meine Beste.«

»Sprechen wir nie wieder von meiner Moral«, sagte Agnes würdevoll.

»Meinetwegen, ich gebe zu, sie geht mich nichts an, aber ich mag dich nun mal.«

»Ich weiß. Ich bringe dich nach Haus, ich habe mehr als genug Zeit, denn wir essen erst um acht. Ich wünschte, du und Edward würdet gelegentlich kommen. Es tut Willie so gut, Landsleute zu sehen.«

Mama blickte in eine andere Richtung. »Wenn die Kinder im Bett sind, können wir abends nicht mehr fort.« Sie fuhren die Boulevards entlang. »Wenn ihr vom Land zurückkommt, müßt ihr bei uns essen. Kochen ist nicht meine Stärke, aber ich dulde es nicht, daß Edward darüber lacht, weil er sich dann selbst komisch vorkommen wird. Ich räume ein, ein schlechter Mann würde manchmal zuschlagen . . .«

»Oh, da ist ja Edward, mitten in einem unglaublichen Auflauf.«

Mama stand auf und traf Vorbereitungen, Papa etwas

zuzurufen, als sie vor einem Straßencafé einen außergewöhnlichen Anblick gewahrte. Zwei Männer mit sehr bleichen Gesichtern, die den Kopf vorschoben und aufeinander einschrieen, wurden von Freunden festgehalten. Zahlreiche Gäste prügelten sich und begossen einander mit ihren Getränken. Aufgeregte Kellner liefen hin und her und bespritzten alle mit Sodawasser. Dann und wann fiel einer der bläulichen Glassyphons auf die Erde und zerplatzte wie eine Bombe. Polizisten schwärmten aus und nahmen alle fest, die sie gerade in die Hände bekamen. »Oh, ich möchte aussteigen und Edward retten!« rief Mama.

»Du bleibst, wo du bist, meine Liebe! Sie prügeln sich nur wegen der Affäre Dreyfus.«

»Nur!« echote Mama. »Und Edward ist immer auf der falschen Seite! Sie werden ihm den Schädel einschlagen. Oh, Agnes, jetzt schlagen sie sich mit den Biergläsern. Da, wieder, und es war noch dazu bis oben hin voll.«

Die Droschke hatte gehalten, und der gesamte Verkehr ruhte. »Es ist ja gar nicht Edward«, sagte Agnes. »Ich habe mich geirrt, es sei denn, er hätte einen kahlen Wirbel.«

»Er hat natürlich keinen. Jetzt kann ich die Prügelei genießen.«

Auf der Straße ging nun nichts mehr, denn 1900 gab es noch keine Verkehrsregeln, die verlangten, daß man rechts und ordentlich hintereinander fuhr. Das irische Blut beider Damen kam in Wallung, als sie die Auseinandersetzung von ihren bequemen Polstern aus beobachteten. Nun wurden Cafégäste, die sich in Trauben aneinanderklammerten, von Polizisten fortgezerrt, die einander ebenfalls an der Taille festhielten und aus Leibeskräften zogen. Die Hüter des Gesetzes wurden von Freigeistern mißhandelt, die diese oder jene politische Ansicht äußerten und gar nicht daran dachten, für oder gegen Dreyfus Stellung zu beziehen; sie traten ihnen auf die Zehen und schütteten den Uniformierten die Getränke anderer von hinten in den Kragen. »Es ist beinahe zuviel los«, bemerkte Mama. »Sieh dir die Offiziere dort an, die von

Kellnern umringt sind. Sie sind alle beängstigend rot. Wenn sie nicht aufpassen, gibt es bald Verletzte. Da! Der Oberst dort ist in den Bauch getreten worden.«

»Sie haben keine gute Taktik«, murmelte Agnes. »Stühle sind zum Beispiel hervorragende Wurfgeschosse, und mit diesen großen silbernen Kugeln auf Ständern könnte man ein Dutzend Gegner niederstrecken, wenn man gut zielt. Du nimmst mir die ganze Aussicht, Mary, das habe ich nicht mitgekriegt. Warum schreien sie?«

»Oh, es war nur ein alter Mann, der unter die Tische gekrabbelt ist und einen General am Bart gezogen hat. Der General hat ihm eine Ohrfeige gegeben, und statt sich zu prügeln wie richtige Männer, tauschen sie jetzt ihre Visitenkarten aus. Es wird langweilig, laß uns weiterfahren, das Café ist ohnehin schon Kleinholz, und kein Mensch ist richtig verletzt.«

»Ja, sie haben viel zu zimperlich gekämpft«, stimmte Agnes sinnend zu, als die Droschke sich langsam wieder in Bewegung setzte. »Wenn ich Streit mit jemandem hätte, würde ich ihn als erstes niederschlagen.«

»Ich auch, wenn ich es schaffen könnte«, pflichtete Mama bei. »Dann würde ich mich auf seinen Bauch setzen und kräftig hopsen.«

»Sehr gut. Und ihn vielleicht an der Nase ziehen und mit einem Haken vom Kleid seine Augen ausreißen.«

»Oh, Agnes, und du bist eben zur Beichte gewesen!«

»Ich weiß, und ich habe nur einen Scherz gemacht. Oder vielmehr versucht, mir vorzustellen, wie es ist, wenn man zur Episkopalkirche gehört. Ich will dich nur ein bißchen auf die Palme bringen, meine Liebe.«

»Nun, dann muß ich dir sagen, daß wir von der Episkopalkirche anderen Leuten nicht die Augen herausreißen, es sei denn in einem fairen Kampf.«

Der Abend wurde allmählich kühl, und als sie eine schattige Avenue hinunterfuhren, tanzten Myriaden gebrochener Strahlen der von prallen Wolken eingerahmten untergehenden Sonne. Beide Damen schämten sich ein bißchen ihrer Aufwallung. »Ist es nicht schrecklich«, bemerkte Mama nach einer langen zornigen Pause, »daß menschliche Wesen so außer sich geraten und sich in ihrem Haß so hinreißen lassen können, daß selbst alte Freundinnen wie wir . . .«

»Dabei sind wir beide für Dreyfus«, seufzte Agnes.

»Ja. Diese Rasenden wecken in mir etwas, das sehr häßlich ist, und ich hasse es. Ich möchte den Namen dieses unglücklichen Dreyfus nie wieder hören.«

»Es ist abstoßend und demütigend, sich so grausam aufzuführen.« Agnes war ganz Mamas Ansicht. »Stell dir vor, Christen benehmen sich wie wilde Tiere. Wir sind immer noch in der Steinzeit.«

»Und warum sollen wir überhaupt in Zorn geraten?« fragte Mama. »Können wir nicht verschiedener Meinung sein, ohne uns gleich mit Unflat zu bewerfen?«

»Sehr richtig, meine Liebe. Oh, wir müssen auf Wiedersehen sagen. Ich finde es schlimm, wenn ich daran denke, daß du in dieser toten Stadt eingesperrt bleibst, und mein Patensohn in dir . . .«

Mama gab Agnes einen langen Kuß auf die Wange. »Wenn du zurückkommst, wird er dich am Bahnhof abholen, Aggie, Schatz. Oh, da oben ist Edward, er winkt uns vom Eßzimmerfenster zu. Hallo, hallo!«

Papa begrüßte Mama an der Wohnungstür. »Ich habe mir Sorgen um dich gemacht, Liebling. Wenn du mit Agnes zusammen bist, vergißt du deine Familie. Alles ruhig am Potomac, die Kinder haben gebadet und liegen mit einem Thermometer im Bett.«

»Gut.« Mama erdolchte ihr Häubchen unbarmherzig mit zwei Hutnadeln. »Ich bin angenehm erschöpft. Wenn man mit Agnes in die Stadt geht, erlebt man immer etwas Aufregendes.«

»*Madame est servie!*« verkündete Charles, nachdem er wie üblich sein rosiges, feierliches Gesicht zur Tür hereingesteckt hatte, ohne an den restlichen Körper zu denken. »Oh, Mama, ich habe dich gesehen, du bist mit einem *fiacre à roues caoutchoutées* gekommen, sehr schick! Und Papa hat *cornichons* zum kalten Braten mitgebracht . . .«

»Wie wäre es, wenn du eine Sprache zur Zeit sprächest?« sagte Papa. »Es ist rationeller, weil man dann eine größere Chance hat, daß die Leute einen verstehen. Du hattest also einen schönen Tag, Mary?«

»Ja, wir waren überall. Wir hatten eine Menge zu besprechen. Edward, ich bin überzeugt, daß Willie Farley nicht ganz richtig . . . Charles, ich habe nie ein Wort über Mr. Farley gesagt, hast du verstanden?«

»Aber ich habe nie den Mund aufgemacht, Mama«, protestierte Charles.

»Den Mund nicht, aber deine Augen . . . Hast du jemals deine riesigen ernsten Augen gesehen? Ich kann in deinem Herzen lesen, und du denkst, ich machte Andeutungen über den armen Mann.«

Papa nahm eine Serviette von einer Salatschüssel und schnupperte genüßlich. »Wie himmlisch! Kartoffelsalat mit Zwiebeln, deine Gemahlin an deiner Seite und gegenüber dein Erbe, die anderen im Bett, wo sie hoffentlich schlafen, ein wunderbarer Abend. Kann das Leben schöner sein? Ich frage euch!«

Mama lachte. »Wie oft hast du das schon gesagt, und jedesmal aus den lächerlichsten Gründen, Liebling, du bist ein unverbesserlicher Optimist.«

»Nun, ich habe alles, was einen dazu machen kann.«

»Oh, Edward!« rief Mama plötzlich und legte, das Bild gespielter innerer Bewegung, eine Hand an den Busen.

»Ja?« murmelte Papa, den Mund voller Kartoffelsalat.

»Du weißt doch, dein Lieblingscafé auf den Boulevards? Es ist praktisch dem Erdboden gleichgemacht worden, und ich habe noch nie in meinem Leben eine solche Schlägerei gesehen, obgleich ich es Agnes gegenüber nicht zugeben wollte, weil sie mich sonst für eine Landpomeranze gehalten hätte.«

»Das ist doch nicht dein Ernst?« Papa blieb ungerührt. »Nicht wirklich zerstört? Was war los?«

»Sie haben es kurz und klein geschlagen! Natürlich die Affäre Dreyfus, und ich wette, daß ein paar Offiziere verantwortlich waren.«

»Ich nehme die Wette an, Mary. Französische Offiziere sind die umgänglichsten Menschen von der Welt. Wenn die Ehre der Armee angegriffen wird, müssen sie sie natürlich verteidigen. Das würdest du auch tun.«

»Ich würde nie für eine Ansicht eintreten, wenn sie nicht richtig wäre. Wenn ich einen Fehler gemacht hätte und ganz allein für die ganze Armee stünde, würde ich vortreten und zugeben, daß ich im Unrecht bin. Außerdem ist Dreyfus erwiesenermaßen unschuldig.«

»Nein, begnadigt, das ist etwas ganz anderes. Wir kennen die näheren Umstände nicht. Nach deiner Theorie mußte Dreyfus' aufrichtige Art doch verdächtig sein. *Du* behauptest doch immer, daß der Schein trügt. Nein, nein, Mary«, Papa nahm eine zweite Portion Kartoffelsalat. »Irgend etwas sagt mir, daß ein Gerichtshof aus Herren und Offizieren keinen Fehler machen kann. Das ist meine Überzeugung, und nichts kann sie erschüttern.«

»Aber das Gericht hat mit der Begnadigung doch praktisch zugegeben, daß es einen Fehler gemacht hat. Er hat sein Land nie verraten, und er hat nie Geheimdokumente verkauft, das weißt du. Die Indizien waren äußerst dürftig . . . Das reicht als Beweis nicht aus.«

»Du bringst die Tatsachen durcheinander. Nicht das Gericht hat ihn begnadigt, sondern der Präsident der Republik«, sagte Papa kopfschüttelnd. »Aber davon ganz abgesehen – ich traue seinem Gesicht nicht, und er hat abstehende Ohren.«

»Was für ein Eingeständnis! In Wahrheit magst du Dreyfus nur nicht, weil du einfach nicht den Gedanken ertragen kannst, daß ein armer Jude ohne Freunde recht hat und ein ganzes Offiziersgericht sich irrt. Es war ein Fehlurteil, und du bist ein Dickschädel.«

Papas Gesicht verdunkelte sich. »Also gut, vielleicht bin ich das. Ich werde jetzt nach nebenan gehen, damit du deinen Sieg und vor allem deine *Höflichkeit* auskosten kannst.« Er eilte aus dem Zimmer und zog sich, dieses eine Mal allein, auf das Rosenholzsofa zurück, um in Würde vor sich hin zu schmollen.

Wir haßten es, wenn unsere Eltern sich zankten. »Mama«, sagte Charles, »*l'affaire Dreyfus* spaltet ganze Familien. Darf ich Papa etwas Käse bringen, er mag ihn so gern?«

Mama preßte die Lippen aufeinander. Sie würde gern ihr eigener Friedensbote sein, aber sie wünschte auch eine Entschuldigung von ihrem dickköpfigen Gemahl. Ohne zu antworten, ging sie in ihr Zimmer, fing an, sich auszuziehen, überlegte es sich anders, setzte ihr Häubchen auf und kehrte zu Charles zurück. »Ja, bring deinem Vater ein bißchen Käse, aber sag ihm nicht, daß ich aus dem Haus gehe. Ich laufe nur schnell um den Block und bin gleich wieder da.«

Heute fällt es schwer, sich vorzustellen, daß die Affäre Dreyfus Freunde zu erbitterten Gegnern machte und ein ganzes Land in zwei Lager spaltete. Sie war jahrelang ein gefährliches und allgegenwärtiges Thema. Viele aufrichtige Leute wie Papa meinten, ein Gerichtshof könne sich nicht irren. Einige, wie Mama, entnahmen einem Wust widersprüchlicher Indizien, daß Dreyfus kein Verbrechen begangen hatte. Als der Kassationshof 1906 das Urteil von 1894 aufhob und Dreyfus uneingeschränkt rehabilitierte, waren die meisten seiner Verteidiger und Gegner äußerlich versöhnt, aber es gab kaum eine Familie, die nicht große und dauerhafte Narben zurückbehalten hatte. Papa und Mama stritten sich jahrelang über den Fall, doch ihre Argumente wurden im Lauf der Zeit zu Allgemeinplätzen, und sie ließen sich nur noch unter außergewöhnlichen Umständen wie großer Erschöpfung, Leberkoliken oder unerträglichem Wetter zu Temperamentsausbrüchen hinreißen.

Als Mama um die Ecke bog und unter den kühlespendenden großen Platanen des Boulevard Gouvion-St-Cyr dahinschritt, war sie nicht mehr ganz so aufgebracht. Der gelbe Mond, der ein kleines Stück über den geschleiften und bröckelnden Befestigungen stand, ähnelte einem Lampion. Mama sah die spreizbeinigen Stühle der Conciergen, die Hemdsärmel der Männer, die in dem feierlichen Licht blitzten, aber sie nahm nichts davon auf. Bei dem Streit mit Papa war ihr heiß gewesen, und sie hatte sich hundemüde gefühlt, und nun kam eine große Veränderung über sie. Sie war allein, umgeben von unsäglichem Frieden. Alle irdische Liebe schwand, ihr Mann, ihre Kinder und ihre Umgebung, all das schien auf einmal einer anderen zu gehören, nicht mehr ihr. Sie empfand nur noch Freiheit und Glück. Ihr Körper und ihr Geist, alles, was sie als Mary Green kannte, schien neben ihr herzugehen, neben diesem Wesen, das plötzlich keine normalen Sorgen mehr kannte und ganz in seinem Glück aufging. Dieser Zustand legte sich dann aber ebenso unvermittelt, wie er gekommen war, und warf Mama wieder in den Alltag zurück. Sie zwinkerte ein paarmal und schulterte ihre Bürde, aber der vorübergehende Riß im Horizont des täglichen Lebens hatte sie zu einer anderen Frau gemacht.

»Liebling«, sagte eine wohlbekannte Stimme. »Du bist so schnell gelaufen, daß ich kaum mitkam. Ich habe Seitenstiche.«

»Das kommt von dem Käse«, dachte sie, schämte sich sofort und antwortete freundlich: »Die frische Luft hat mir gutgetan. Heute ist der letzte Tag im August, nicht wahr?«

»Ja, morgen ist der erste September, auf mein Wort«, erklärte Papa nachdrücklich.

»Ich weiß genau, was du jetzt sagen willst«, fuhr Mama gleichmütig fort. »Aber es stimmt nicht, und du bist dir darüber klar.«

»Wie kannst du so reden? Du könntest mich genausogut einen Lügner nennen.«

»Du hast recht, ich gebe es zu. Sieh mal, Edward, du bist überzeugt, daß du nie wieder mit mir streiten wirst. Das glaube ich auch, aber im Grunde unseres Herzens wissen wir beide, daß wir es bald wieder tun werden, vielleicht schon heute abend oder morgen, beim geringsten Anlaß. Warum sollen wir die Augen davor verschließen? Wir sind alte Veteranen, wir haben uns durch den Spanisch-Amerikanischen Krieg gekämpft, den Panamaskandal, Faschoda, den Burenkrieg. Ich kann nichts dafür, daß du immer Unr . . ., daß wir es immer unterschiedlich sehen. Aber ich mag dich, ich habe sogar große Achtung vor dir, trotz allem.«

»Schon gut, Liebling, alles, was du willst, aber« – er nahm ihren Arm – »ich möchte deine Aufmerksamkeit auf etwas sehr Exzentrisches richten. Selbst im Hochsommer geht eine Dame nicht mit einem Häubchen und einem weißen Unterrock aus dem Haus, nicht wahr?«

Mama schaute nach unten, und tatsächlich, über ihren Stiefeln wallten drei gestärkte Rüschenringe. »Oh, wie furchtbar, das ganze Viertel hat mich ausgezogen gesehen! Die Frau, die Totenkränze macht, der Krämer Ravaz, der bärtige Mann, der Charles Fahrräder leiht . . . Warum hast du das nicht gleich gesagt?«

»Ich wagte nicht, deinen Vortrag zu unterbrechen, meine Liebe.«

»Ach so.« Mama seufzte. »Edward, wenn du morgen in die Stadt fährst, könntest du Miss Wilcox bitten zu kommen. Du weißt doch, sie ist die Krankenschwester. Du wirst bei Charles schlafen müssen.«

Das Baby war also so gut wie fällig. Stumm legte Papa den Arm um Mama und half ihr die Treppe hinauf. Ihre Müdigkeit kehrte zurück, und sie schleppte sich in Gedanken an die nahende Heimsuchung die Stufen hoch.

Sie ging sofort zu dem kleinen weißen Schrank, in dem sie die Ausstattung des neuen Babys aufbewahrte. »Ich kann mir einfach nicht vorstellen, daß bald ein kleines Menschlein in diesen lächerlichen Sachen stecken wird. Komisch, daß ich mich nie daran gewöhne, Kinder zu bekommen.«

»Und noch komischer, daß du dir nichts aus Kindern machst«, sagte Papa. »Man sollte doch meinen, daß du inzwischen genug Übung hast.«

»Hab' ich auch«, erwiderte Mama knapp, während sie ein hausbackenes Nachthemd am Hals zuknöpfte. »Ich mache mir natürlich etwas aus meinen eigenen, aber ich sehe sie so, wie sie sind, mit all ihren Fehlern. Oh, ich wünschte, die nächsten Tage wären vorbei. Denk daran, mir die Flasche mit dem Chloroform zu geben, sobald ich dich darum bitte, und hol auf keinen Fall den Arzt. Ärzte!« schnaubte sie. »Ihre stoische Haltung zeigt zur Genüge, daß sie nichts anderes gebären müssen als Pillen und Rechnungen.« Papa wartete, bis sie sich in Schlaf gebrummt hatte, und ging dann auf Zehenspitzen aus dem Zimmer.

Am sechsten September kam Papa bei hellem Morgenlicht naseputzend, gestikulierend, pfeifend und mit allen anderen Zeichen glücklicher Vaterschaft aus Mamas Zimmer geeilt. Sieben Uhr. Er mußte die freudige Nachricht loswerden. Der Arzt war rechtzeitig gekommen, um zu erklären, daß Mutter und Kind wohlauf seien. Das Chloroform war nur eine psychologische Hilfe gewesen, denn weil alles so schnell ging, hatte Mama nur noch genug Zeit gehabt, die Flasche zu umklammern. Papa schlich zu seinen kleinen Mädchen. Zwei schliefen noch, aber Lucy drehte sich in ihrem Bettchen um und musterte ihn. »Mesdemoiselles, Mesdemoiselles«, rief er. »Ich bin so glücklich, so glücklich! Wißt ihr, warum?«

Die Kinder setzten sich auf und spitzten die Ohren. Die morgendlichen Geräusche wurden eindeutig von einem langgezogenen Wimmern übertönt, dem zornigen Schreien eines Kindes, das sein Leben begann.

»Mama hat ein Zipperlein gekauft«, sagte Retta.

»Wie doof du bist!« rief Anne. »Es ist das Baby, das Mama beim Bon Marché bestellt hat. Ist es in einer Schachtel gekommen? Kann ich die Schachtel haben?«

Papa brach in Tränen aus, nahm sie in die Arme und rieb den Kopf an ihren kleinen Wangen. »Eure Mama hat einen Jungen bekommen, ich habe einen Sohn. Oh, ich bin so glücklich!«

Lucy fischte seine Schlüssel aus der Tasche des Morgenrocks und schlug ihn damit auf den Kopf. »Frühstück!« krähte sie und rückte die Dinge wieder in einen normalen Rahmen.

Ein Haus mit Garten

Mama verliebte sich in ihren kleinen Sohn und nannte ihn Julian, nach ihrem Vater. Er wurde als Julien Green weltberühmt. Eleanor kehrte voll origineller Ansichten über alles und jedes aus Amerika zurück, und Mama faßte auch zu ihr eine heftige Neigung. Die Kinder dazwischen bekamen das, was übrig war. Anne, die einstige große Favoritin, konnte den verlorenen Boden nie wettmachen und litt die Qualen der Liebe und Eifersucht. Mary kam mit ausgeprägten, um nicht zu sagen schwierigen Persönlichkeitsmerkmalen aus Le Havre heim, und die Wohnung in der Rue Ruhmkorff war wieder zum Bersten voll. Sieben Kinder, von denen jedes verschiedene Eigenheiten der Eltern geerbt hatte. Aber dreierlei war allen gemeinsam: laute und helle Stimmen, unbändige Redelust und gefährliche Ideen.

Julien hatte dichtes braunes Haar, wohlwollende kaffeebraune Augen und ein ruhiges Gemüt, aber er vergrößerte die Zahl derer, die gefüttert und gewaschen werden mußten. Als die engelhafte Krankenschwester ging, stand Mama vor einem Berg von Arbeit. Nicht einmal ein Zustrom neuer Mitglieder löste das Problem von Madame Lafonds täglicher Anwesenheit und die Schuhfrage. Der Gedanke an neue Sachen für alle wurde ein exotischer Traum. Unsere Eltern erschauerten, wenn sie an den nahenden Winter mit all seinen Begleiterscheinungen dachten, den Kohlenmann, den Apotheker und das Geschäft, das Jäger-Unterwäsche verkaufte.

Eleanor und Mary hatten eine ausgezeichnete Bildung genossen und schworen, daß sie alles wußten, doch als sie von ihren Reisen zurückkehrten, stellte sich heraus, daß keine ihrer Fertigkeiten einen Marktwert hatte. Sie hatten nicht einmal die Abschlußprüfung gemacht, die ihnen eine bescheidene Karriere ermöglicht hätte. Sie hatten ausgezeichnete Manieren und ein Herz aus Gold, waren aber nicht imstande, ihren Lebensunterhalt zu verdienen (weder auf anständige Weise noch sonst, sagte Mama), und brachten es fertig, ein angenehmes Äußeres mit einer großen Portion amüsanter Weltfremdheit zu verbinden.

Damals entdeckten Papa und Mama gezwungenermaßen einige vergessen geglaubte Fähigkeiten wieder. Papa schrieb für das französische Außenministerium einen Aufsatz über amerikanische Pferde, interviewte Chauncey Depew und erstellte auf Anforderung verschiedener Firmen beliebig viele Statiken. Einige dieser Dienste trugen ihm kleine Schecks ein, andere Geschenke, andere nur ein höfliches Dankeschön. Er bekam mehrmals Gehaltserhöhung, aber nichts füllte das Loch in der Kasse, das ein neuer Anzug für Charles oder das Fahrgeld für die Mädchen riß. Mama fertigte eine ganze Aussteuer seidener Unterwäsche für Tante Laura. Diese Dame liebte sie in knalligen Farben, bequemen Weiten und mit viel Spitzen. Sie bekam alles, und wir spielten monatelang mit türkisfarbenen, korallenroten und nilgrünen Resten.

Wir sitzen jetzt, an einem regnerischen Novembertag des Jahres 1901, kurz vor dem Mittagessen im Wohnzimmer der Rue Rhumkorff. Die Kinder spielen friedlich nebenan, das Baby schläft, und Madame Lafonds Schrubber ist aus der Küche zu hören, durch die gesamte Diele. Mama sitzt in einem rotschwarz gestreiften Morgenmantel, ein nasses Handtuch um den Kopf gewunden, an ihrem Sekretär. Sie schreibt, und dann und wann dringt ein undeutliches französisches Gemurmel, das nur durch ein jähes Wimmern unterbrochen wird, durch die offene Tür ihres Schlafzimmers.

Mama wühlte hektisch im nassen Handtuch. »Mein Gott! Soll eine arme Frau wie ich denn niemals Frieden finden? Wie könnt ihr euch zanken, wenn ihr so viele Wohltaten von dort oben bekommt?« Wir schauten reflexartig zur Decke hoch. »Ihr habt es warm, ihr seid nett angezogen und habt genug zu essen und zu spielen. Wenn ich mir vorstelle, daß so viele zitternde und hungrige Mädchen in Lumpen am Boden kauern. Ja. Andere Kinder in eurem Alter verkaufen auf der Straße Bleistifte und Schnürsenkel und gehen dann heim zu Ausbeutern, die sie von ihren Eltern mieten und schlagen und ihnen kalte Makkaroni und schimmeliges Brot zu essen geben. Ihr solltet der Vorsehung auf den Knien danken. Wollt ihr jetzt still sein, oder muß ich meine Haarbürste gebrauchen?«

»Was hat sie gesagt?« fragte Lucy Anne auf Französisch.

»Oh, nur etwas Englisches über Leute, die uns an alte Männer vermieten, die Bleistifte verkaufen. Sie meint es nicht so, sie hat Migräne.«

Lucys Kopf verschwand hinter den Gitterstäben, wo sie die Neuigkeiten verdaute. Retta, ein entzückendes braves Kind mit traurigen Augen, schlich ins Wohnzimmer und sah, wie Mama eine scheußliche Mixtur aus Essig und Sodawasser trank und ein Gesicht zog, während sie fortfuhr, ihre »Briefe einer Hausfrau in Frankreich« zu schreiben. Sie bekam fünf Dollar pro Brief, und die Zeitung hielt das Geld für gut angelegt, weil Mama die verlockendsten, unbeschwertesten Bilder vom häuslichen Leben in Frankreich malte und die Damen gern über ausländische Küchen lasen, wo Kupferkasserollen malerisch an den Wänden hingen und dralle Köchinnen Riesentöpfe Kalbsbrühe auf gewaltigen Herden zu deliziösen Fonds verköcheln ließen. Je weniger Zeit die Autorin für ihren Haushalt erübrigen konnte, desto ausführlicher gerieten ihre Schilderungen. Die arme Mama erzählte ungeachtet ihrer Migräne alles, was sie wußte, auch wie man ohne große Mühe endlose Diners wie die gibt, die sie aus Le Havre kannte, mit Sorbets zwischen den einzelnen Fleischgängen, um den Appetit zu erneuern. Außerdem berichtete sie, wieviel die Franzosen von ihren Dienstboten erwarteten, was sie aus ihren Fenstern alles sah und so fort. Die Briefe hatten nichts Ironisches, denn Mama, im Privatleben so sarkastisch, hatte eine sehr sanfte Feder. Sie legte letztere nach einem besonders gelungenen Absatz hin und horchte. Im Nebenzimmer war es muckmäuschenstill. »Kinder, was macht ihr?«

»Nichts, Mama«, antwortete Anne, die sich mit wachsendem Entsetzen in *Oliver Twist* vertiefte.

»Dann hört sofort damit auf«, befahl Mama, die wußte, daß Stille oft Missetaten verbarg. Sie blickte hinunter und entdeckte ihre bravste Tochter zu ihren Füßen. Retta hatte eine Falte von ihrem Kleid in einer Hand und in der anderen ein Papiermesser. »Gib sofort das Messer her. Bist du von Sinnen? Du könntest hinfallen und dir die Augen ausstechen! Geh wieder zu den anderen.«

Retta gehorchte, ging ins Schlafzimmer zurück, setzte sich hin und starrte bekümmert ins Leere. Keiner von uns hat je erfahren, unter welchem traurigen Stern das schweigsame Mädchen stand, aber sie blieb bis ans Ende ihres kurzen Lebens gütig, freundlich und still.

Als der Brief beendet und das Essen eingenommen war, fühlte Mama sich besser und beschloß, mit dem Baby an die frische Luft zu gehen. Dies war eine anstrengende Beschäftigung, weil sie keinen Kinderwagen hatte. Sie nahm den sorgsam eingepackten Julien auf den Arm, ging die Treppe hinunter und bat die anderen Kinder bissig, auf ihren Rocksaum zu treten, ihr ein Bein zu stellen und ihren kostbaren kleinen Sohn umzubringen. Die Schar wußte, was das bedeutete: Sie sollten ihr nicht zunahe kommen und augenblicklich parieren. Mama blieb auf dem Bürgersteig stehen, als der Wind um das Haus peitschte, das die Ecke der gekrümmten Straße bildete, und blickte nachdenklich zu den Reihen der Wohnungen, die ebenso trist waren wie ihre. Ihre Töchter musterten sie besorgt. Diese Erwachsene war im Begriff, eine ausländisch anzumutende Entscheidung zu treffen und ihr wahrscheinlich eine exzentrische, herrlich verrückte Tat folgen zu lassen. Aber sie liebten ihre Mutter dennoch mit all ihrer Leidenschaft, mehr als irgend jemanden sonst auf der Welt, damals und immer.

Mama dachte, daß sie an jenem Morgen vermutlich Rettas Gefühle verletzt hatte. »Faßt euch an der Hand, wenn wir über die Straße gehen. Und meine kleine Retta wird meinen Rock für mich hochhalten, weil sie genauso dunkle, tragische Augen hat wie ihr Vater.«

»Ich möchte nicht zu den Wallanlagen gehen«, sagte Anne, die beschlossen hatte, etwas zu beichten. Sie hatte seit einigen Tagen abends aus unerfindlichen Gründen gebrüllt.

»Und warum nicht, wenn ich bitten darf? Was ist mit dem schönen Rasen nicht in Ordnung? Spielt ihr dort nicht auch mit Madame Lafond?« Die kleine Prozession marschierte den Boulevard entlang und näherte sich den schwachen Befestigungen.

»Ja, Mama, aber manchmal sind noch andere da.«

»Du erwartest doch nicht, daß ihr ein Monopol darauf habt . . .« Mama war auf einmal sehr mißtrauisch. »Was für Leute?«

Anne knabberte an ihrem Pferdeschwanz, trat von einem Fuß auf den anderen und fing an zu weinen, drei ihrer entnervendsten Angewohnheiten.

»Kann ich denn keine einzige Frage stellen, ohne daß du losheulst und deine Nummer abziehst? Oh, Schatz, sag es mir bitte.« Mama spürte, daß sie sich auf etwas Ernstes gefaßt machen mußte.

Langsam kam eine garstige Geschichte ans Licht, mit so vielen Einzelheiten, daß Mama errötete und sich fragte, wie sie es Papa beibringen sollte. Ein »Monsieur« hatte sich Anne beim Spielen genähert und so eindringlich mit ihr geredet, daß keine der jüngeren Greens jemals eine Silbe von dieser Einführung in sexuelle Probleme vergessen sollte, die selbstverständlich absolut niederschmetternd war. Mama biß sich auf die Lippe und blinzelte einige Tränen fort. Gewisse Dinge, die von allen hingenommen und von manchen lustig gefunden wurden, waren tragisch, wenn sie kleinen Kindern auf eine so brutale Weise mitgeteilt wurden. Was nützte es, sie so umsichtig großzuziehen, wenn sie zufällig an einen sittenlosen Flegel gerieten, dessen häßliche Bemerkungen offenbar einen unauslöschlichen Eindruck hinterließen?

»Dieser Monsieur war einfach verrückt«, erklärte Mama. »Ich habe noch nie so ein dummes Zeug gehört. Jetzt verlasse ich mich darauf, daß die Großen die Kleinen zu Bett bringen, weil ich Besuch erwarte.« Mama wagte ihnen nicht zu sagen, daß es Emily war, denn andernfalls wären die Mädchen nicht zu bewegen gewesen, sich zurückzuziehen.

Als Emily mit Eleanor ins Zimmer kam, konnte man sich schwerlich zwei hübschere Mädchen vorstellen, beide rothaarig, mit makellosem Teint und der niedlichsten Figur. Emily sah aus wie Madame Récamier, und Eleanor hatte Ähnlichkeit mit Isolde. Die zierliche Mama, die noch feinere Züge hatte, wirkte ungeachtet ihrer absonderlichen Kleidung kaum älter als die beiden. Emily sagte wenig und lauschte freundlich auf Mamas Worte. Es waren, wie Mama selbst einräumte, zum größten Teil Dankesbekundungen, denn die Greens wurden immerfort auf die großherzigste Weise von Emily bedacht. Eine ihrer hübschesten Ideen war, so manche eleganten Zerstreuungen und Kleidungsstücke mit Eleanor zu teilen, nachdem sie diese zur Busenfreundin erkoren hatte. Für Eleanor bedeutete das unter anderem, daß sie sich jeden Morgen beim Erwachen in der Rue Ruhmkorff wie Aschenbrödel vorkam. Sie besaß jedoch einen so angenehmen Charakter, daß kein Kontrast zwischen Reichtum und Armut auf ihr sonniges und fröhliches Gemüt abfärbte. Übrigens lernte sie, obgleich von dem gefeierten Modeschöpfer Callot gekleidet, mühselig Schreibmaschine schreiben und tippte ein Manuskript für Papas alten Freund Mr. Getty ab. Aber nur eines.

An jenem Nachmittag fragte Emily, ob sie Eleanor nach London mitnehmen dürfe, und bat Mrs. Green, ihr einen Gefallen zu tun und sich ein Haus anzusehen, das sie in Passy entdeckt hatte. Ein Haus mit einem kleinen Garten, und die Miete für zwei Jahre im voraus bezahlt! Mama schlief in dieser Nacht sehr unruhig und fuhr am nächsten

Tag mit dem Bus in einen Teil von Paris, der damals als ländlich galt, weit hinter dem Arc de Triomphe, in der Nähe einer Avenue, an der Kastanien um diese Zeit ihre rosaroten Blüten entfalteten. Am Trocadéro fragte sie nach dem Weg zu der langen und abschüssigen Straße, der Rue Raynouard. Sie wurde von schmalen, einfachen Straßen geschnitten, Abflußrinnen führten zu den Kais der Seine hinunter, und terrassierte Gärten senkten sich bis an den Fluß. Sie ging an Balzacs Haus vorbei, vorbei an dem Gelände, das Samuel Bernard, einem reichen Bankier aus dem 17. Jahrhundert, gehört hatte, vorbei an Sarah Bernhardts Villa, an Benjamin Franklins Haus, an einem verschlafen wirkenden weißen Haus, in dem Maeterlinck später einmal wohnte . . . Am unteren Ende der Straße standen zwei unscheinbare Mietshäuser, und zwischen ihnen war eine kleine weiße Villa, die tatsächlich von einem winzigen, durch Sträucher von der Straße und den Nachbarn getrennten Garten umschlossen wurde. In der Mitte dieses Gartens war ein bescheidener Rasen, den die Greens später mit einer Palme schmückten, aber der Baum ging schnell ein, ehe er die exotische Aura der Familie kundtun konnte. Es gab auch einen kleinen Holzpavillon und einige kiesbestreute Wege. Der Garten bot nicht viel Privatsphäre, aber was für ein Spielplatz für die Kinder! Mama hatte sicherlich Herzklopfen, als sie das Haus besichtigte. Es war frisch gestrichen, hatte einen rosa Salon mit Holztäfelung und ein großes Wohnzimmer mit verglasten Türen auf eine Terrasse, von der drei steinerne Stufen in den Garten führten.

Drei steinerne Stufen. Ich muß an dieser Stelle berichten, daß sich das Baby schon in einem zarten Alter als umsichtig und einfallsreich erwies. Nachdem Julien diese Stufen ein- oder zweimal hinuntergefallen war, ersann er eine sichere Methode, um in den Garten zu kommen. Er befestigte ein Ende eines Bindfadens am Türgriff, das andere um seinen Hals, sprang und drosselte sich fast zu Tode. Aber noch ist die Familie nicht in dieses lustige kleine Gemäuer gezogen, das zwei Treppenhäuser, eine

Reihe dummerweise ineinandergehender Zimmer und verschiedene andere Merkwürdigkeiten aufwies. Das WC war zum Beispiel ein recht geräumiger Raum mit großen eingebauten Schränken, und sein efeugerahmtes Fenster bot einen schönen (den einzigen) Blick in grüne Gärten. Eines der Schlafzimmer hatte eine gläserne Veranda, die es ebenso abgeschlossen wirken ließ wie den Garten; ein anderes, im Erdgeschoß, hatte gar kein Fenster, und konnte nur als Abstellraum benutzt werden. Aber es war ein wundervolles Haus.

Vor dem Umzug speisten Papa und Mama bei den Farleys, und hier sollte ich einen der nobelsten Züge unseres Vaters erwähnen. Ich sagte bereits, was für ein heikler Mensch Willie Farley war, aber niemand, der diesen Beinahe-Verrückten nicht kannte, kann ermessen, wie entnervend sein wolkiges Hirn war. Papa, der die meisten Leute verstand, staunte immer wieder über »Farley, diesen armen Burschen«, wie er ihn nannte. Der Mann reizte ihn bis aufs Blut und machte ihn dann zornig auf sich selbst, weil er sich dermaßen außer Fassung bringen ließ. Farley war der Fluch von Papas Existenz, und er nahm die schrecklichen Diners nur auf sich, um Mama glücklich zu machen. Mama nahm die Einladungen nur an, um Agnes glücklich zu machen. Wie Papa einmal, wegen einer bösen Erinnerung mit den Zähnen knirschend, ironisch bemerkte: »Wie nett, zu glauben, daß einer von uns vieren glücklich war.«

Mama erteilte Papa jedesmal im Flur vor der Wohnung der Farleys Nachhilfeunterricht: »Und denk daran, daß Willie uns ebenso schwierig finden muß. Egal was er sagt oder macht, denk daran . . .« Willie riß unvermittelt die Tür auf. »Hallo, Willie, wie geht es Ihnen?«

»Ich habe jedes Wort gehört«, entgegnete Willie und beleckte seine makellosen, weißen Zähne.

»Alter Junge!« Papa streckte die Hand aus und hoffte, daß Mama etwas Tröstliches sagen würde, aber sie schwieg, weil sie niemals log. Agnes schwebte auf die Diele, eine weiche, beruhigende Gestalt in einem altlila

Teegewand. »Du böses Ding«, flüsterte Mama, als sie die Gastgeberin umarmte. »Du hast dein Korsett nicht an.«

»O doch, ich habe«, erwiderte Agnes. »Wer würde das nicht, bei Beefsteak und Nierenpastete und Brotpudding mit Früchten?« Sie führte die Gäste in ein gotisch anmutendes Eßzimmer, das ganz aus dunklem Holz und Gipsabgüssen mittelalterlicher Wasserspeier bestand. Als sie Platz genommen hatten, lächelte Agnes Papa schüchtern an und sagte: »Willie und ich haben einen neuen Bordeaux bestellt. Sie müssen Ihre Meinung darüber sagen, Edward, Sie sind ein so hervorragender Weinkenner.«

»Ich wünschte, wir hätten sie nicht eingeladen, Agnes«, bemerkte Willie und senkte den Kopf, um gierig seine Suppe zu löffeln. »Ich war in der Diele, als ich Marys schrille Stimme hörte: ›Egal was er sagt oder macht, denk daran...‹ Die Person hat natürlich mich gemeint. Irgendeine Beleidigung an meiner Schwelle!«

Agnes lachte: »Wie sonderbar empfindlich Amerikaner doch sind. Willie, wie willst du eigentlich wissen, daß sie über dich geredet haben? Außerdem wollte Mary vielleicht sagen: ›Denk daran, er ist ein Genie‹ oder ›er hat ein Herz aus Gold‹ oder auch ›er hat solche Ähnlichkeit mit Napoleon‹.«

»Oh!« rief Papa ungeheuer erleichtert. »Das ist mein Mann! Ich fordere jeden zum Duell, der ihn nicht für die größte Persönlichkeit der Neuzeit hält.«

»Sehr gut gesagt«, erklärte Willie und zeigte den Gästen sein Profil, die Seite, die seiner Ansicht nach am meisten Ähnlichkeit mit Bonaparte hatte. »Ich bin ganz Ihrer Meinung.«

Agnes schnitt die große Pastete in dicke Scheiben und tat außerdem Bacon und hartgekochte Eier auf jeden Teller. Sie zwinkerte Mama zu.

»Farley«, fuhr Papa strahlend fort. »Sie müssen unbedingt die *Dictée de Ste-Hélène* lesen. Alter Junge, es ist das interessanteste Werk, das ich mein Lebtag gelesen habe. Man sieht Napoleon Tag für Tag, man erfährt alles, was er denkt, man spürt, wie er in dem miserablen Klima jeden

Tag trauriger und kränker wird. Es ist ergreifend, furchtbar!« Er hielt sich die Serviette ans Gesicht und stöhnte.

»Wie theatralisch du bist, Edward«, bemerkte Mama. »Er mag ja ein ganz guter General gewesen sein, aber er gab Tieren Fußtritte und ließ sich nur deshalb von seiner Frau scheiden, weil er Karriere machen wollte.«

»Sie wollen diese Schlampe doch nicht etwa in Schutz nehmen?« fragte Willie. »Hören Sie, sie hatte Affären mit halb Europa!«

»Sie war gut genug, um sie zu heiraten und zur Kaiserin zu krönen. Aber sie waren ohnehin beide Parvenüs . . .«

Mama verstummte so jäh, als hätte ihr jemand ans Schienbein getreten.

»Für eine Tochter der Amerikanischen Revolution bist du ziemlich ungestüm«, sagte Agnes, die Vereine jenseits des Atlantik nicht allzu ernst nahm.

»Ich bin keine, meine Familie war loyal zu den Briten, und das hat uns eine ganze Menge Land gekostet, verdammt noch mal.«

»Sie haben es durch Sklavenhalterei wettgemacht«, sagte Willie. »*Das* muß Ihnen eine Menge Geld eingebracht haben.«

Mama lachte. »Wie dem auch sei, es ist jedenfalls zerronnen, Willie.«

»Armut ist gut für den Körper, stärkt die Seele und schult den Verstand, wenn man einen hat. Ich werde das in mein Buch aufnehmen. Ich schreibe nämlich eines, um das moderne Denken wiederzubeleben.«

»Das überrascht mich nicht«, meinte Mama vielsagend. »Wann wird es erscheinen?«

»Oh, ich werde es John Lane geben, wenn er Agnes das nächste Mal besucht«, antwortete Willie erhaben.

»Was meinst du, Edward, sollen wir den Pudding vor oder nach dem Käse essen?« fragte Agnes liebenswürdig.

»Es gibt zwei Schulen«, versicherte Papa. »Die meisten Franzosen servieren zuerst das Dessert und dann den Käse, aber beides ist vollkommen in Ordnung, meine Liebe.«

Willie murmelte etwas über Leute, die immer alles besser wissen, und es kam ein fürstlicher Pudding. Er war sehr gut, desgleichen der Camembert, der auf ihn folgte. Mama und Agnes hatten einen netten kleinen Plausch unter vier Augen, während Papa und Willie bei Kaffee und Cognac ein Reizthema anschnitten. Leider war es der Burenkrieg. Papa, der hundertprozentige Brite, unterstützte Ohm Krüger, während Willie, dessen Eltern aus Sachsen emigriert waren, für den britischen Löwen eintrat. Niemand weiß genau, was geschehen war, ehe Willie mit der Faust auf den Tisch schlug und brüllte: »Hören Sie mir zu!« Kurz danach legte Papa seine Serviette hin, ging hinüber zu Agnes und sagte mit einer förmlichen Verbeugung: »Ich muß mich jetzt leider von unserer wundervollen Gastgeberin verabschieden. Das Essen war ganz vorzüglich.«

Die arme Agnes blickte zu ihrem Mann, der an seinen Nägeln kaute und diebisch grinste. Endlich hatte er Green aus der Reserve gelockt! In der unangenehmen Situation loyaler Ehefrauen machten Mama und Agnes den Abschied so kurz wie möglich, und die Greens fanden sich vor neun Uhr auf der Straße wieder. Der Bus rumpelte und klapperte, und man konnte sich nur schreiend unterhalten. Mama nahm Papas Arm, sagte aber den ganzen Heimweg nichts. Im Bett warf Papa sich von einer Seite auf die andere, die Federn quietschten, die steifen Baumwollaken raschelten wie Packpapier. Sie sagte immer noch nichts.

Endlich sagte Papa: »Er hat mich angegriffen, wirklich, Mary. Er nannte mich einen sturen Kerl, einen verbohrten Sezessionisten, ich konnte es nicht mehr ertragen, wirklich nicht.«

»Und du hattest nichts gesagt, was ihn auf die Palme brachte? Es kam aus heiterem Himmel?«

»Ja. Ich sagte nur, er habe unrecht mit Spienkopf, und da legte er los.«

»So, du hast ihm gesagt, daß er unrecht hat. Mit welchen Worten?« fragte Mama trocken.

Anne Green als Mannequin. Sie war längere Zeit Pressesprecherin der Modekünstlerin Schiaparelli in Paris.

»Kinloch« – Detail aus dem Haus des Großvaters in Nordvirginia, in dem Vetter Turner wohnte. Eine Tochter heiratete General Robert E. Lee, den Oberkommandierenden der Armee der Südstaaten im Bürgerkrieg.

»Ich war schon ein bißchen wütend, und vielleicht sagte ich so etwas wie: ›Farley, Sie sind der voreingenommenste Kerl, der mir je begegnet ist, und vollkommen falsch informiert.‹«

»Sehr schlecht, Edward. Vergiß nicht, daß du sein Gast warst.«

»Ich weiß«, sagte Papa seufzend. »Und ich bin so müde!«

»Mein armer alter Mann.« Mama kuschelte sich noch weiter unter ihre Laken. »Es wäre einfacher gewesen, Willies Ergüsse mit einem Cognac hinunterzuschlucken. Nun mußt du sofort wieder hin und ihn um Verzeihung bitten.«

Ich habe befürchtet, daß du das sagen würdest«, antwortete Papa und zog sich in der vergeblichen Hoffnung, nichts weiter zu hören, die Wolldecke über den Kopf.

Mamas Worte erreichten sein Ohr: »Ich weiß, es ist nicht leicht, aber ein Gentleman beschimpft seine Freunde nicht. Denk daran, was Agnes alles durchmachen muß!«

»Gentleman, Gentleman«, brummte Papa, tastete nach seinen Sachen und zog sie schnell an. »Ein schönes Wort, das sie sich da ausgedacht haben. Ich wollte ohnehin nie ein Gentleman sein. Ich tue es nur wegen Agnes.«

Mama zündete die Lampe an. »Hör zu, ich lege mich so lange in dein Bett, um es für dich warmzuhalten, du Ärmster. Nimm für die Rückfahrt eine Droschke, ich zahle sie von meinem Geld. Ich meine, vom Haushaltsgeld. Schau nicht so überrascht. Es ist letzten Endes mein Geld, oder vielleicht nicht? Komm möglichst schnell wieder nach Haus und weck die Kleinen nicht.«

Voll Mitgefühl für Papa schloß Mama die Augen und schlief ein. Kurz danach kam etwas sehr Warmes, das sie entschlossen aus dem Bett schubste. »Oh, wie schön, wieder zu Haus zu sein. Ich muß gestehen, daß ich mich jetzt besser fühle. Du hattest recht, als du darauf bestandest, daß ich mich sofort entschuldige.«

»War es schlimm?« fragte Mama, sich an die Matratze klammernd.

»Nein, nur dauerte es furchtbar lange, bis sie das Klingeln hörten. Endlich machte er auf, er war im Pyjama. Ich pflanzte mich vor ihm auf, und du hättest sein erstauntes Gesicht sehen sollen! Er wiederholte nur ein paarmal: ›Oh, Mann, und deshalb sind Sie den ganzen Weg zurückgekommen ... Das hätte ich Ihnen nicht zugetraut!‹ Dann rief Agnes: ›Gib Edward einen Drink!‹ Wir tranken alle ein Gläschen. Farley war sehr großmütig und sagte ein paar nette Dinge über uns beide. Das wäre also geschafft.«

Zuletzt gelang es ihm, Mama aus dem Bett zu schieben, und während sie es sich in ihrem eigenen gemütlich machte, dachte sie: »Na ja, mein Alter mag seine Fehler haben, aber er ist ein guter Christenmensch. Ich wäre nie in einer Winternacht aus dem Haus gegangen, um mich bei diesem Irren zu entschuldigen. Vielleicht wird es mir im Himmel gutgeschrieben, daß ich Edward dazu gebracht habe.«

*

In jenen Jahren geschah so viel, daß man alles oder nichts auslassen sollte. Charles ging nach Amerika. Obwohl er sein Leben lang den Stempel seiner Eltern trug und großzügig und fröhlich blieb, verlief sein Schicksal von da an getrennt. Da die Miete vorerst gezahlt war, meinte Papa, wir sollten uns einen dienstbaren Geist leisten, und sei es nur, damit er uns vor Augen führe, wie schön das Leben sein könne.

Es sah Mama ähnlich, daß sie auf Jeanne Lepêcheur verfiel, eine der liederlichsten und liebenswertesten Personen weit und breit. Sie schlurfte in zerrissenen Pantoffeln durchs Haus, schenkte ihren Arbeitgebern ein öliges Lächeln, zerbrach ihre wenigen Besitztümer, ließ ihr Essen anbrennen und bot einer großen Zahl der männlichen Bewohner von Passy die Gastlichkeit ihres Schlafzimmers. Sie wischte den Fußboden und die Möbel mit einer fahrigen Hand, die Schnitzereien zerstörte und dem Staub

Gelegenheit gab, sich in aller Ruhe neu zu sammeln, doch Mama liebte sie mit Recht, denn sie war eine Außenseiterin mit einem noblen Charakter. Zugegeben, sie zog Eleanors Kleider an, wenn sie zum Kohlenträgerball ging, und kam mit großen schwarzen Patschhänden im Kreuz wieder. Es ist auch unstrittig, daß sie ihre Chemise nicht in den Rock steckte, wenn sie zum Markt eilte, und daß sie um drei Uhr nachmittags mit Urbain, dem Bäckerburschen, schlief und in einem Anfall von Eifersucht eines seiner prachtvollen Schnurrbartenden abschnitt. Einige dieser Tatsachen waren Mama bekannt, aber nicht das nachmittägliche Techtelmechtel. Stippvisiten bei einem Kahnfahrerfreund, der mit heißem Rum und Zitrone empfing, und Kondolenzbesuche mit einem ausgiebigen Blick auf die Leiche gehörten ebenfalls zu den Erlebnissen, für die Mama nicht viel Verständnis gehabt hätte. Aber sie war es, die uns jeden Frühling zum Jahrmarkt in Neuilly schickte.

Er fand im Mai statt, und die kleinen Greens marschierten die lange, bunt geschmückte und messingblitzende Allee entlang. Alle hatten eine Münze in der verschwitzten Hand, einen Franc, den der einsichtige Papa uns geschenkt hatte. Fliegende Schweine, Kühe, die an Messingstangen hinauf- und hinunterglitten, alle möglichen Karussells, Wurfspiele und Roulette- und Losbuden mit verlockenden Preisen ließen das Silberstück zu zwei armseligen Sous dahinschmelzen. Jeanne hatte ebensoviel Spaß wie wir, indem sie Freundschaften schloß und fremde Herren dazu veranlaßte, uns Makronen und Limonade zu spendieren. Zwei Sous pro Nase, und Mama hatte gesagt, daß wir spätestens um sechs Uhr zu Haus sein müßten. »Da hinten ist eine tolle Schaubude«, teilte Jeanne uns mit. »Da kann man sehen, wie die feinen Leute in ihren teuren Häusern leben. Aber es ist nicht billig, zwei Sous pro Person.« Wir fanden, der Anschauungsunterricht in feinem Leben sei das und noch mehr wert. Unsere letzten Münzen opfernd, gingen wir hinein, kletterten auf hohe Schemel und wurden angewiesen, durch

Gucklöcher zu spähen. Es dauerte lange Zeit, Jahre und mehr, ehe wir begriffen, was wir sahen, obgleich sich uns jede Einzelheit augenblicklich einprägte: umgestürzte Möbel, ausgeraubte Safes, zerwühlte Betten, große blutige Handabdrücke an Wänden und halbnackte Opfer, die sich in Blutlachen auf dem Teppich wanden und einen qualvollen Tod ins Auge sahen. Klaffende Wunden und abgehackte Gliedmaßen, scheußlich glotzende Augäpfel, Hände, die ausgerissene Haarsträhnen umklammerten ... Für unsere letzten beiden Sous hatten wir die neuesten und berühmtesten Mordfälle gesehen!

»Ich fand es ganz toll«, sagte Jeanne. »Ihr nicht?«

»Ja«, flüsterte Anne schreckensbleich.

»Sehr gut, meine Kleinen. Jetzt müssen wir zu Fuß nach Haus laufen, weil ich das ganze Fahrgeld ausgegeben habe.«

Als wir die Rue Raynouard erreichten, zerplatzten große Tropfen eines Gewitterregens auf dem Pflaster. Mama empfing uns an der Gartenpforte. »Habt ihr euch gut amüsiert? Ihr seht erschöpft aus, ihr habt ja richtige Ringe unter den Augen! Geht schnell hinein und trinkt eure Milch. Jeanne, der Kleine schläft bestimmt nicht mehr, er wartet sicher schon auf Sie.«

Nach dem Abendessen hatten Papa und Mama ein bißchen Zeit füreinander. Das Wissen, jemanden zu haben, der das Frühstück bereitete, das Geschirr spülte und die Kinder ins Bett brachte, machte sie so dankbar, daß sie sich entschieden friedlich verhielten und kaum noch zankten. Jener Frühling bescherte uns eine Reihe von Besuchern. Einer von ihnen, Louis Haskell, war Fortuna in Gestalt eines netten Herrn. Er suchte Papa im Büro auf und sprach mit ihm als alter Freund und als Vizepräsident der Southern Cotton Oil Company. Das Unternehmen, erläuterte Mr. Haskell, brauchte europäische Verbindungen, das heißt, Verkaufsbüros in allen großen Häfen und eine Zentralfigur, eine Spinne in diesem Handelsnetz, um Anweisungen zu geben und die Tätigkeit zu leiten. Ob Papa nicht die Spinne werden wolle? Er beherrsche so viele Sprachen und verstehe etwas von Baumwolle. Ob er diese Position übernehmen würde, bei einem Gehalt von . . .

Ich weiß die Zahl natürlich nicht, doch als Papa sie hörte, verließen ihn vorübergehend die Sinne, während er »eine gelassene, würdevolle Haltung« bewahrte. Er antwortete, Mr. Haskell könne in ein paar Stunden mit einer Antwort rechnen, eilte aus dem Büro, winkte eine Droschke her, fuhr nach Haus und achtete kaum auf die Flüche des Kutschers, der sein Roß die tückische Rue Raynouard hinunter bugsieren mußte. Er ertappte Mama bei der unfeinen Hartridge-Beschäftigung, Lieferanten in der Öffentlichkeit herunterzuputzen.

Um eine lange Geschichte kurz zu machen, wurde Papa, der nun, nach jahrelangem Wohlverhalten, ein Monatsgehalt von fünfhundert Franc bezog, von dem er eine neunköpfige Familie ernähren mußte, Europabevollmächtigter der Southern Cotton Oil Company. Er ließ ihre kontinentalen Umsätze so sehr steigen, daß sein Gehalt wieder und wieder erhöht wurde, so daß wir bald schwindelnde Gipfel des Wohlstands erklommen, die um so angenehmer waren, als niemand von uns damit gerechnet hatte. Er war nie ein reicher Mann, aber die Beträge, die ab 1902 durch seine Finger glitten, beliefen sich auf ein kleines Vermögen. Die Greens freuten sich über das Geld und gaben es so schnell aus, wie sie konnten. Um Papa Gerechtigkeit widerfahren zu lassen, sei angemerkt, daß er bei seinem Wiedereintritt in den Kreis der vergleichsweise Wohlhabenden ebenso offen und freundlich war wie damals, als er ihn verlassen mußte, obwohl nagende und freudlose Armut gewöhnlich Narben hinterläßt und den Menschen äußerlich und innerlich verhärtet.

Ehe wir über den neuen Glanz der Greens sprechen, muß ich auf Mint zurückkommen. Sie war wie gesagt Papas Stiefmutter und verließ den Rahmen dieser Erzählung, um nach dem Tod ihres Mannes ein überaus frommes Eigenleben zu führen. Die arme Mint verlor eine Tochter, ein kränkelndes Kind alternder Eltern, und baute ihr zu Gedenken ein Waisenhaus in Old Orchard. Der Tod der Tochter hinterließ eine solche Leere, daß Mint sich eine Narrheit erlaubte, die reichen Frauen vorbehalten ist, und einen Jungen adoptierte, der mit jedem einzelnen Zug signalisierte, daß er die alte Dame bis an ihr Ende belügen und betrügen würde. Er tat es dann auch prompt, denn kein Übermaß an Erziehung, Liebe oder Geduld konnte Stanley ändern.

Wie dem auch sei, kurz nachdem die Greens in die Rue Raynouard gezogen waren, segelte Mint im Interesse ihrer Frankreichsmission über den Ozean. Ihr Ziel war, in Paris zu leben und dem Land den Geist des Evangeliums zu bringen. Aus Gründen, die später zu erörtern sind, haßte Mama es, über Mints verblüffende Aktivitäten zu sprechen, und übte auch nie Kritik an der McCall-Mission, die den papistischen Franzosen neue Horizonte zeigen wollte. Ohne auf Papas Andeutungen und Einwände zu hören, nahm die unschuldige alte Mint eine Wohnung in der Rue Chalgrin, die damals den Kokotten vorbehalten war, kaufte zahllose Lebensmittelkonserven und machte sich an die Arbeit. Außerdem lieh sie sich Anne für eine Saison aus. Anne sagt, daß jeden Tag zahlreiche Briefe geschrieben und aufbauende Texte bestellt wurden. Letztere wurden in silbernen Gotiklettern auf hübschen pastellfarbenen Karton gedruckt und an alle und jede verteilt. Nach einigen Monaten wurde ein kleiner Saal am Boulevard Bonne-Nouvelle gemietet, wo man nach einem kurzen Gottesdienst heiße Schokolade und süße Semmeln an die armen alten Frauen des Viertels ausgab, die sich, angelockt vom Essen und den beruhigenden Wirkungen einer fremdartigen Messe in einem gutgeheizten Raum, allwöchentlich einfanden. Die Versammlungen mußten irgend etwas Gutes bewirkt haben, denn der Zulauf wurde größer, und Mint kam zu dem Schluß, daß sie nunmehr den Kern einer religiösen Bewegung aufgebaut hatte. Vielleicht war das so, aber als dann endlich das warme Wetter gekommen war, meinte sie, es sei an der Zeit, nach Baltimore zurückzukehren. Vor der

Abreise gab sie jedoch eine Vorstellung, die die kleinen Greens nie vergessen sollten.

Es war an einem trüben und kalten Tag im Mai, der Saal war vollbesetzt und roch nach Zwiebeln, Braunkohle und ungelüfteter Kleidung. Die betagten Armen knieten, bis sie aufgefordert wurden, auf Binsenstühlen Platz zu nehmen. Dann erhob sich eine mürrische, um das Harmonium versammelte Gruppe und sang, angeführt von Mama, ein mißtönendes »Nach dir, *Herr*, verlanget mich«. Die kleinen Greens wußten instinktiv, daß sie lächerlich aussahen, denn Mint hatte ein spezielles Kostüm für sie entworfen: einen langen, wallenden blauen Seidenrock, eine weite weiße Bluse, an der blaue Rosetten und Schleifen baumelten, Ornamente, die sich im Haar wiederholten. Wir sahen aus wie aufgeputzte Preispferde. Das Harmonium kreischte, als Eleanor mit ungeschickten Fingern auf die Tasten hackte. Mama führte den Chor mit einer tapferen falschen Stimme, und der Schlummer der Gemeinde wurde durch eine dreimalige Wiederholung der Hymne und ein Solo-Dakapo gestört. Erfrischungen und die Verteilung der wunderhübsch gedruckten Texte brachten dann Bewegung in die Menge. Die alten Damen dankten Mint gruppenweise und entschwanden in die Kälte, die Lichter wurden gelöscht, das Feuer ebenfalls, das Fest war zu Ende. Und wer weiß, wie viele Samen der Frömmigkeit, von fanatischer Hand verteilt, ihren Weg in verhärtete Herzen fanden? War jemand dankbar für die materielle und spirituelle Hilfe, die Mint gespendet hatte? Anne, Eignerin eines ewig schlechten Gewissens, wurde jedenfalls extrem fromm.

Papa fing an, durch ganz Europa zu reisen, und sah sogar die Türkei, Rußland und den Balkan. Er gründete Verkaufsbüros in allen Häfen von Liverpool bis Beirut, schulte die Vertreter, brachte ihnen bei, Baumwollsamenöl nach Geschmack zu beurteilen (und schnell wieder auszuspucken) und Wessons Kunstschmalz zu goutieren. Er besuchte auch die »Kunden« und ließ ihnen all seinen Charme zuteil werden. Für mich sind die Kunden noch heute das, was sie für die kleinen Greens waren, geheimnisvolle Wesen, die nach Lust und Laune Tausende von Fässern Öl bestellten, F.O.B. oder auch C.I.F., und manchmal ohne jeden Grund die Annahme einer ganzen Ladung verweigerten, was Papa viele Schwierigkeiten, wochenlange Schiedsspruchverfahren und mancherlei anderes Ungemach eintrug. Eine andere Sorte von Kunden bestand Papa zufolge aus »bemerkenswert angenehmen und intelligenten Burschen«, die seine Ware abnahmen und anstandslos bezahlten. Wie wir später sehen werden, verursachten die Kunden ein gewisses Maß an Reibereien im Haushalt der Greens.

Papa genoß das Vagabundendasein über alle Maßen, denn »den Leuten mein Öl aufzuschwatzen, ist viel aufregender als Preisboxen und lange nicht so vulgär«, wie er sagte. Und er liebte es, in einer fremden Stadt eine Droschke zu nehmen und herumzufahren, um Monumente, breite moderne Alleen, schöne Häfen und belebte krumme Gassen in Augenschein zu nehmen, ohne daß er sich die Füße wundlaufen mußte. Exotische Mahlzeiten und die endlose Parade faszinierender Ausländer hinterließen unauslöschliche Eindrücke und boten Stoff für viele Anekdoten. Außerdem schienen Europabevollmächtigte ein glänzendes gesellschaftliches Leben zu führen. Papa sank in unbekannten Hotels in Schlaf und fuhr morgens mit einem Angstschrei hoch, weil ihm nicht einfiel, was er dort zu schaffen hatte. Er wurde von dem schnellen Ortswechsel ganz konfus: Belgrad – Konstantinopel, Neapel – Moskau, Hamburg . . .

Wenn wir in die Vergangenheit eintauchen, ist Europa für uns noch heute eine einzige Anekdote, eine Kette kleiner Abenteuer. Andere teilen den Kontinent in Länder, spielen ein Volk gegen das andere aus, äußern Vorlieben für bestimmte Sprachen und Klimazonen. Papas Interpretation seiner Reisen bewirkte einen rosigen Film auf der Karte. Ich weiß, es ist närrisch, aber die Andenken und Erinnerungen, die Papa uns von seinen Reisen mitbrachte, verwandelten Europa und behielten eine phantastische Bedeutung. Zwar haben wir einige seiner Lieblingsorte inzwischen mit eigenen Augen gesehen, doch das Wort »Neapel« beispielsweise beschwört sofort große graubraune Lavafladen herauf (die von den sehr Kleinen für Fondant gehalten wurde), Korallenketten, eine Mosaikbrosche in Form einer Mandoline und eine Fischermütze mit einer Seidenquaste, die Julien bis auf die Schulter hing, wenn er das Ding aufsetzte, um fotografiert zu werden. Eine Sammlung silberner Teelöffel und sehr nahrhafte Weihnachtsgeschenke von den dortigen Vertretern, darunter unweigerlich große Dosen Rizinusöl, waren typisch für Bremen und Hamburg. Venedig ist die Heimat des ehrlichen Bäckerjungen, dessen wohlbekannte Geschichte uns zum Weinen brachte. Es ist eine der schönsten Städte der Welt, aber vor allem das Zuhause eines würdevollen und freundlichen Herrn namens Cucchetti, der Geschenke wie Aigretten aus feinstgesponnenem Glas schickte, die einige von uns für Zuckerwatte hielten und nach dem ersten Bissen liegenließen, weil sie von dem Knirschen eine Gänsehaut bekamen. St. Petersburg ist eine regelmäßige Stadtanlage von erhabener Pracht, wo dicke Kutscher ihre Schlitten durch schneedeckte Alleen fahren und die Menschen sich von Hors d'oeuvres und Wodka ernähren. »Schicken Sie mich nach Moskau«, pflegten wir Papas Schilderungen nachzuahmen, »jawohl, Sir, dort sitzt man in erstklassigen Restaurants in bequemen Lederarmstühlen und wirft Champagnerflaschen durch Kristallglasfenster hinaus!«

Im Lauf der Jahre wurden die Andenken, die ganz bescheiden mit einem alabasternen Schiefen Turm von Pisa und Moskauer Emailsalzfässern begonnen hatten, immer größer und schwieriger unterzubringen: orangefarbene Sofakissen aus Belgrad, ein Fes oder zwei, türkische Gebetsschnüre . . . Bei den Mahlzeiten starrten uns Rembrandts Eltern aus Delfter Tellern vorwurfsvoll an. Aus Lissabon kehrte Papa mit zwei glänzend weißen Hörnern zurück, die einst portugiesischen Kühen gehört hatten. Sie waren einen knappen Meter lang, die Sockel nicht mitgerechnet, und er stellte sie auf einen kleinen Kaminsims, von dem die lächerlichen Objekte in unregelmäßigen Abständen verschwanden. Zuletzt kapitulierte er, und »meine Hörner«, wie er sie unschuldig nannte, wurden in jene fernen Regionen verbannt, aus denen kein Souvenir zurückkehrt.

*

»Warum sind wir eigentlich nicht so wie die anderen?« fragte Retta eines Tages.

»Wegen Mama und Papa natürlich«, antwortete Anne wie aus der Pistole geschossen. »Wenn wir groß sind, denken die Leute vielleicht nicht mehr, daß wir komisch aussehen.«

Diese Unterhaltung fand wie alle wichtigen Gespräche in Mamas Schlafzimmer statt. Es war ein kalter Abend ungefähr zwei Jahre nach Papas Glücksfall. Das Baby füllte sein Gitterbettchen inzwischen restlos aus, den es war gut drei Jahre alt. Retta und Lucy lagen in Papas Bett, und Anne lief aufgeregt in Mamas Bettlaken gehüllt durch den Raum. Zuletzt machte sie einen großen Satz und lief zum Ofen. Eine Zeitung war auf die Belüftungsschlitze gelegt worden, vielleicht um die Wärme besser zu speichern. Sie riß ein Schwefelholz an, sah zu, wie eine purpurn-violette Flamme entstand, die sich grünlich verfärbte, und hielt es dann an die Zeitung. Eine Ecke fing Feuer, die Flammen züngelten über die Zeilen und leckten an alten Nachrichten, bis schwarze Überreste des *Journal* wie Fledermäuse durchs Zimmer schwebten. »Das dürfen wir nicht!« flüsterte Retta in begeistertem Entsetzen.

»Ich weiß, es ist mir egal, ich tanze jetzt wie ein Schmetterling.« Die unartige Anne zerriß ihr altes Nachthemd vom Saum bis zum Kragen und nahm die beiden Enden, um sie wie Flügel zu entfalten. So hüpfte sie durch den Raum und warf unheimliche Schatten an die Decke. Sie tanzte und sang, sprang auf einen Stuhl, um ihren bloßen Körper in einem Spiegel zu betrachten, und tollte herum, bis sie nicht mehr konnte. All das war schiere Nervosität, die auf irgendeiner geheimen Sünde beruhte. Sie warf sich aufs Bett und kicherte albern.

»Psst«, sagte Lucy. »Mary spielt mein Lied auf dem Klavier.«

»Es ist eine *sonate de Mozart*«, flüsterte Retta und spitzte die Ohren. Sie horchten und hofften, die wunderschöne Melodie würde nie aufhören und sie vielleicht sogar in Schlaf wiegen, obgleich sie einander noch so vieles zu sagen hatten. Endlich hob Anne ihr heißes Gesicht. »Vielleicht singt Eleanor gleich.«

»Sie ist ausgegangen«, sagte Lucy. »Sie geht immer aus. Ich hasse es, mit ihr in einem Zimmer zu schlafen. Sie weckt mich, wenn sie zurückkommt, und wirft mit ihren Hausschuhen nach mir, wenn ich Gespenster sehe.«

»Du siehst doch nicht jede Nacht welche?« Anne und Retta hatten eine panische Angst vor Erscheinungen, aber jetzt, wo sie alle zusammen in Mamas warmem Zimmer waren, bedeuteten Gespenster nur Gesprächsstoff.

»Natürlich nicht, ihr Doofen.« Lucy konnte hitzig sein, und ihre Erfahrungen mit der Welt des Übernatürlichen glich ihre Unkenntnis der menschlichen Sphäre aus. »Sie kommen nur manchmal. Wenn sie die ganze Zeit da wären, wäre es keine Überraschung mehr, und ich hätte keine Angst.«

»Ich habe heute ein neues Gedicht gelernt«, verkündete Retta, der das Thema nicht gefiel.

»Sag es auf«, baten die beiden anderen.

»Das heißt, ich habe die Worte gelernt, und ich werde bald wissen, was sie bedeuten. Es fängt an: *Un roi d'Espagne, ou bien de France . . .!*« Sie hörten zu, konnten sich aber keinen Vers darauf machen, weil Retta es ohne Punkt und Komma herunterleierte.

Lucy sagte eifersüchtig: »Ich weiß die Namen von allen Mädchen in meiner Klasse auswendig.« Sie rezitierte sie und versuchte, die Liste wie ein Gedicht klingen zu lassen.

»Pah«, machte Anne. »Ich lerne meine Lektionen ganz

allein mit Mademoiselle. Und nachmittags darf ich mit Mama ausgehen.«

»Ja, aber du hast keine Zeit auszugehen. Mama läßt dich immer alles auf amerikanisch und englisch lernen. Wenn du im Garten spielst, ruft sie: ›Hallo, Miss, kannst du dein . . .‹« Lucy fehlte das Englische, aber die Nachahmung von Mamas Stimme war perfekt.

»Ich wünschte, es wäre Sommer«, sagte Retta. »Dann kommen die Amerikaner.«

Sie setzten sich alle im Bett auf. »Wieviel haben wir schon zusammen?« fragte Lucy begierig.

Anne war Schatzmeisterin. »Drei Franc fünfundvierzig, wir brauchen nur noch zehn Franc. Ich habe unsere Ausrüstung im Bon Marché gesehen, acht Schläger, und ich will bei den Blauen sein und anfangen, weil ich das meiste Geld eingezahlt habe.«

»Mama sagt, wir sollten die Besucher nicht wegen ihres Geldes mögen und erwarten, daß sie uns Trinkgeld geben«, warf Lucy ein.

»Wir mögen sie sowieso nicht, ob sie uns Trinkgeld geben oder nicht, aber vermutlich haben wir die Kricketausrüstung bis zum Sommer, und . . .« Anne holte tief Luft. »Und dann können wir den ganzen Tag im Bois spielen. Ja, ich werde jedesmal den blauen Schläger nehmen.«

»Nein, ich möchte auch mal bei Blau sein. Wir wechseln uns ab«, rief Lucy.

»Kann ich nicht auch mal ›blau‹ sein?« fragte Retta schüchtern.

»Nein, nein!« rief Anne, alle Vorsicht vergessend. »Ich hab' nachgedacht, ich bin die Größte, ich werde jedesmal mit Blau anfangen, ich . . .«

»Nicht zu glauben!« Mama stellte ihre Lampe ab, ehe sie drei rote Gesichter musterte. »Zehn Uhr, und ihr schlaft immer noch nicht! Ich bekomme euretwegen graue Haare und werde früh ins Grab sinken, ganz abgesehen davon, daß Ihr euren Bruder aufweckt. Hmm.« Sie spähte auf uns hinunter. »Was möchtet ihr morgen lieber an

Stelle des Frühstücks, Lebertran oder Rizinusöl?« Mama hob Lucy hoch und ging mit ihr zur Tür. Retta schlief mit Mary in einem Zimmer, und Anne hatte eine Abstellkammer zwischen den beiden Räumen. Mama deckte uns gut zu, denn die Nacht war kalt, und wollte wieder zu Papa nach unten gehen, als Anne, die nicht gern mit einem schlechten Gewissen allein war, darauf bestand, ein paar Sünden zu beichten: Sie hatte eine Fünf-Sou-Münze stibitzt und unter dem Teppich im Salon versteckt, sie hatte eine Handvoll Babynahrung gegessen und ihr Nachthemd zerrissen. Mama schüttelte den Kopf. »Bete darum, daß der liebe Gott dir vergeben möge, mein Liebes, du wandelst auf dem Pfad der Verderbnis, und das schon in so jungen Jahren. Du bist genau wie mein Onkel Edmund, er hat ein böses Ende genommen . . . Jetzt hör auf zu plärren, sonst hole ich deinen Vater. Natürlich hab' ich dich lieb. Muß ich das nicht?«

Mama ließ uns allein in einem Dunkel, das wir mit raschelnden, tastenden Dämonen und auch mit flatternden Engeln füllten. Die Verbindungstüren standen offen, wir vergruben den Kopf unter der Wolldecke, vergaßen alle Rivalitäten um blaue Kricketschläger, riefen ein zärtliches Gutenacht und schliefen ein. Unser Schlaf war damals viel besser als der unserer Eltern. Man bettete den Kopf auf das Kissen, zog das Flanellnachthemd ein wenig hoch, damit sich die Füße nicht verhedderten (falls Lucys Gespenster sich mit anderen bösen Wesen verbündeten und wir schnell laufen mußten), und ehe etwas Schreckliches passieren konnte, sanken wir, Anne, Retta und Lucy, samt Bett und allem hinab in eine Region, wo all die Leute versammelt waren, die wir tagsüber getroffen hatten, und wo sonderbare Dinge geschahen, beinahe so interessant wie echte Abenteuer. Dann, schon nach ein paar Minuten, tauchte das Bett wieder empor, und es war Morgen, und Mama war da, und gewöhnlich hatte sie das Rizinusöl vergessen und schlug etwas höchst Angenehmes vor, einen Einkaufsbummel, ein Geschenk, ein neues Kleid.

Wie glücklich wir immer waren, wie geborgen, solange unsere Eltern lebten. Sie gaben uns alles, was sie hatten, und verweigerten uns nichts. Wünsche wurden auf der Stelle erfüllt, nichts galt als unangemessen oder unmöglich oder falsch. Vielleicht war jene Zeit deshalb so unbeschwert; ich glaube, die Liebe, die Papa und Mama für uns fühlten, räumte uns alle Steine aus dem Weg.

Das Teilzahlungssystem
oder
Wer arm ist, zahlt mehr

Es hatte einige Zeit gedauert, bis die Greens komplett eingerichtet waren und erwogen, Eleanor und Mary, die sich für musikalisch hielten, ein Klavier auf Teilzahlung zu kaufen. Da Kleider und Unterwäsche allmählich in Fetzen gingen, hatte Mama gemeint, der beste Ausweg sei, gleich ein paar Schnittmuster, einen oder zwei Ballen Stoff und eine Nähmaschine auf Raten zu kaufen, um tolle Klamotten für alle zu nähen. Sie kaufte so vieles nach diesem verlockenden System, daß das Haushaltsgeld gerade für die monatlichen Raten zu reichen schien und sie »mein Geld« im voraus leihen mußte, und sie zahlte es nie zurück.

An einem schönen Julimorgen, es muß 1906 gewesen sein, wachte Mama auf, ohne daß ihr etwas besonders Gutes oder Böses schwante. Die Kinder waren zur Schule gegangen, und sie waren, dachte sie, während sie ihr schönes Gesicht mit Kernseife wusch, verglichen mit den lärmenden Älteren aus Amerika ein großer Fortschritt. Diese kleinen Franzosen waren zwar unartig, aber sie waren keine so durchtriebenen Quälgeister wie die erste Meute. Eleanor und Mary hatten immer noch die unmöglichsten Einfälle und Pläne, aber die Kleinen schnatterten Französisch und gaben nie eine Antwort. Und sie gingen zur Schule. Sogar Julien nahm mit seinen Schwestern an einem kleinen *cours* teil.

Mama zog sich rechtzeitig an, um mit Papa zu reden, der gerade zu Ende frühstückte. »Versuch' bitte, früh nach Haus zu kommen, Edward, ich muß dir vor dem Lunch eine Menge sagen. Aber ich kann dir schon jetzt sagen, daß ich mich gestern abend kein bißchen amüsiert habe. Diese Kunden sind schrecklich und tun noch dazu furchtbar fein. Warum können sie sich nicht ein bißchen gehen lassen und ganz normale Menschen sein?«

Papa lächelte. »Wenn *du* in Sofia lebtest, wärst du auch fein, schon als Selbstverteidigung. Kann ich etwas für dich tun? Was ist das für ein Haufen Papiere?«

»Du sollst sie unterschreiben, aber nicht lesen, sie sind langweilig.« Mama stampfte auf, als Papa seinen Federkiel säuberlich spitzte. »Beeil' dich, Edward, ich werde wütend, wenn ich mir vorstelle, daß ich deine Unterschrift brauche, um das Allernotwendigste für deine Kinder kaufen zu können. Zählt es in Frankreich denn gar nichts, daß ich eine ehrbare Frau bin? Oh, dabei fällt mir ein, ich möchte dich warnen, daß ich Mrs. Morton diese Woche besuchen werde.«

Papa setzte seinen Zylinder auf und schlenderte, eine Melodie mit Variationen summend, in den Garten. »Warn' nicht mich, sag' es Morton.«

Mama rief ihm nach: »Deine kahlen Stellen sind morgens gut zu sehen. Ich freue mich darüber. Ich hasse dich, Edward Green, du bist gefühllos.«

»Vielen Dank, meine Liebe«, antwortete Papa verbindlich. »An dir kann ich dagegen kein Zeichen von Alter feststellen. Ich wünschte aber, ich könnte es, denn nach deinem Champagnerkonsum gestern abend verdienst du eines oder zwei. Ich war entsetzt über dein Fassungsvermögen.«

Mama erreichte ihn an der Pforte. »Ich mußte soviel trinken, mein Französisch wird dann besser. Außerdem wollte ich vergessen, daß ich mit Leuten zusammensaß, die wie Mestizen aussahen, und mir dieses ordinäre Varieté anschauen mußte. All diese halbnackten Frauen, die nicht einmal hübsch waren. Ich will mit dir nicht darüber sprechen.«

»Vielleicht hast du recht«, räumte Papa ein. »Ich sag' dir was, wir werden Farley fragen, was er von Varietés hält, das ist ein gutes und sicheres Thema.« Er stieg den ersten Abschnitt des Hügels hinauf, drehte sich um und wartete darauf, daß Mama ihm zuwinkte. Als sie es tat,

Julien und Anne Green 1932, fotografiert von dem berühmten Fotografen von Hoyningen-Huene.

Die Schriftstellerin Anne Green im Jahre 1938, das Bild einer schönen und erfolgreichen Frau.

Julien und seine Schwester Anne während der Ferien 1934 beim Bad in der Loire.

drückte er zur Freude des Kohlenmanns und einiger Faulenzer in einem kleinen Café seinen Zylinder an die Brust und machte einen tiefen Diener.

»Madame«, sagte ein dünnes Stimmchen. Mama fuhr zusammen. Sie sorgte sich bereits um Papa, ob er vor dem Mittagessen überfahren werden würde oder ob man ihn in einem Schiedsverfahren nach Hamburg schicken würde, ob er auf der Straße in Ohnmacht fallen oder – aber das war hoffentlich unwahrscheinlich – ein Doppelleben anfangen würde. Neben ihr lehnte der kleinste Schlachterjunge von Passy an seinem Fahrrad, in einem sauberen blauweiß karierten Kittel, wie es Brauch war. Er blickte ernst: »Ich bin Ihr neuer Junge, Madame. Möchten Sie etwas bestellen?«

»Ja, bitte«, sagte Mama höflich. »Bring mir ein Rinderfilet, und wenn es über drei Pfund wiegt und du den Markknochen vergißt, gehe ich zu einem anderen Fleischer.«

Der Junge nahm einen Notizblock aus seiner Mütze, befeuchtete seinen Bleistift und schrieb.

»Wie alt bist du?« fragte Mama, mehr um etwas zu sagen. »Du wirkst so jung.«

Der Junge richtete sich auf. »Dreizehn, ich bin mit der Schule fertig, ich bin fast ein Mann.«

Mamas Augen wurden feucht. »Arbeite nicht zuviel, mein Kleiner, du bist noch im Wachsen. Aber wenn du das Filet nicht rechtzeitig vor dem Mittagessen bringst, kannst du etwas erleben.« Mama mied die Küche, weil sie glaubte, Lina, das Dienstmädchen, sei dort. Sie hatte gestern lange über Lina nachgedacht. Als sie dann feststellte, daß die Person das Eßzimmer bei geschlossenen Fenstern wie wild fegte, beschloß Mama, ihren Trotz auf der Stelle zu brechen. Lina war sehr rot, ihre Nasenflügel bebten, und ihr Mund war verkniffen. Sie schüttelte den Federwisch in Mamas Richtung aus, die eines der hohen Fenster öffnete, erklärte, was sie zum Mittagessen wünschte und auf eine Antwort wartete. Da keine kam, fragte sie unvermittelt: »Wie fühlt man sich eigentlich, wenn man seine Arbeit so schlecht und widerwillig wie möglich tut? Und wenn man mit einer Herrin unter einem Dach wohnt, die recht nett ist, aber die man haßt?«

Lina schnaubte nur und bewegte den Besen schnell und drohend zu Mamas Füßen hin. »Ich kann mürrische Gesichter um mich herum nicht ertragen«, fuhr Mama in ihrem haarsträubenden Kauderwelsch fort. »Und ich dulde keine Aufsässigkeit. Entweder Sie antworten mir höflich und mit einem Lächeln und benehmen sich wie ein Christenmensch, oder Sie suchen sich eine neue Stelle.«

Mama fürchtete sich vor einem Dienstbotenwechsel, den wir waren reichlich viele für ein Hausmädchen. Jeanne und ihre Herrin hatten sich unter Tränen getrennt, nachdem der Arzt die Greens hinsichtlich einiger intimer Krankheiten jener köstlichen Person gewarnt hatte. Sie wurde ersetzt durch Lina Ranoux, ein mißgelauntes Bauernmädchen, das hart arbeitete und aus schierer Unwissenheit nichts zuwege brachte. Jetzt sah Mama, wie Linas Hände zu den Schürzenbändern flogen und sie zu lösen versuchten. Während sie fahrig damit hantierte, hob sie den Blick und begegnete dem von Mama. Sie sahen einander eine Weile an, und die freundlichen grauen Augen versuchten die zornigen braunen zu erreichen, ohne daß wenig hilfreiche Worte nötig wurden. Lina ließ die Hände sinken. Sie murmelte: »Ich hasse Sie gar nicht, Madame.«

»Das freut mich. Vielleicht geben Sie sich ein wenig Mühe und benehmen sich, als wenn Sie mich ganz gern hätten.«

»Ja, Madame. Ich werde auf einmal wütend und weiß nicht mehr, was ich tue, das ist nun mal mein Charakter«, sagte Lina stolz, als sei es nicht ohne ein gewisses Verdienst, mürrisch zu sein. »Aber ich bin ehrlich, niemand kann das Gegenteil behaupten.«

»Wie teuer wir andere für unsere Tugend zahlen lassen«, dachte Mama. Laut sagte sie: »Wenn Sie Ihre Wut nächstes Mal auslassen, dann bitte an sich selbst. Schonen Sie meine Möbel und meine Familie. Und heute abend können Sie mit Ihrem Freund ausgehen, wir essen kalt.«

Lina schnaubte beinahe liebenswürdig. »Ich werde meinen Bruder besuchen, ich habe keinen Verehrer.«

Mama setzte sich hin, um ihrer Mutter zu schreiben. Sie lächelte, die arme Mama, während sie Seite um Seite mit ihren sonderbaren, nach links tendierenden schnörkeligen Buchstaben füllte. Sie konnte nicht ahnen, daß Lina hinausfliegen, zurückkommen, wieder gehen und abermals zurückkommen würde, und das jahrelang; daß diese tugendhafte Person viele Liebhaber verbrauchen würde, daß sie selbst, Mama, einen Stadtgardisten mit Helm und weißen Handschuhen anflehen würde Lina zu heiraten, daß er sich weigern würde, ihr diesen Gefallen zu tun . . . Und auch Lina vermutete nichts von all dem und ließ sich nicht träumen, daß sie lernen würde, Reis richtig zu kochen, daß Mama ihr Tag für Tag etwas über den Se-zes-si-ons-krieg erzählen würde, einen Konflikt, der in einem sagenhaften Land stattgefunden hatte, das ihre ausländische Herrin mit einer schwungvollen Handbewegung als *Là-bas-là* bezeichnete.

Während Lina arbeitete, ging Mama in Eleanors Zimmer hinauf. »Schatz, die Papiere sind gekommen, und jetzt sind wir soweit . . . Aber was beim Himmel . . . Ich traue meinen Augen nicht!« Die Rollos waren heruntergezogen, ein Tablett stand unberührt da, in dem sonst so ordentlichen Raum lagen Kleidungsstücke herum, und Eleanor lag apathisch im Bett. Mama ließ die Julisonne herein und sah ihre Vermutung bestätigt: Ihre Tochter weinte. Diese Greens sind so sentimental, sie heulen wie dumme kleine Tiere wegen jeder Liebesaffäre, dachte Mama. »Tochter«, fragte sie zärtlich, »ich nehme an, er liebt dich nicht mehr?«

Ein lautes Heulen kommentierte ihre Frage, und dann kam, von der Decke gedämpft, die Antwort: »Oh, Mama, er hat es nie getan.«

»Tss, tss, wie gefühllos«, erwiderte Mama abwesend.

Eleanor reckte empört den Kopf hervor. »Es scheint dir nicht viel auszumachen.«

»O doch, aber ich pflegte deine Affären viel zu ernst zu

nehmen, bis mir dann klar wurde, daß du unheilbar bist, mein Schatz. Und was diesen gewöhnlichen, schrecklichen jungen Mann betrifft, diesen Herrn John Powers, so habe ich ihn noch nie gemocht und mit meiner Meinung nicht hinter dem Berg gehalten. Du hättest dich auf meinen Instinkt verlassen sollen.«

»Powers!« Eleanor setzte sich auf. »Aber den mag ich jetzt sehr gern, er ist ein sehr charmanter junger Mann. Übrigens habe ich entdeckt, daß er in Emily verliebt ist.«

»Weshalb weinst du dann? Nein, sag es mir nicht, obgleich ich nicht begreifen kann, warum ein so hübsches Mädchen wie du alles tut, um unglücklich zu sein. Wo sich so viele Männer in dich verlieben. Du bist töricht, Liebes.«

Eleanor wischte sich die Augen trocken und lächelte. »Ich weiß, Mama. Hm, ich frage ja nicht gern, aber diesmal sind es meine Strümpfe, und . . .«

Mama fing an, das Zimmer aufzuräumen, legte ein wunderschönes Tüllabendkleid über einen Stuhl, strich ein häßliches Baumwollhemd und nicht weniger häßliche Schlüpfer glatt. »Hier stimmt etwas nicht«, dachte sie, »und es ist meine Schuld. Meine Tochter sollte nicht mit zwei Franc in einer goldenen Abendtasche und schwarzen Baumwollstrümpfen an diesen herrlichen Beinen mit reichen jungen Nichtstuern ausgehen. Aber ich möchte, daß sie alle Freuden genießt und auf alle Feste geht, und sie scheint immer nur unerwidert zu lieben. Ich weiß nicht, was ich für das arme Mädchen tun soll. Sie ist so intelligent und so hübsch und so närrisch. Und ihre arme Schwester Mary – nun ja, ich sollte mich vielleicht an den Gedanken gewöhnen, daß alles, was man für seine Kinder tut, letzten Endes falsch ist.« Aber sie wandte sich sehr freundlich an Eleanor: »Erzähl es bitte nicht den anderen, sonst werden sie mir Günstlingswirtschaft vorwerfen, aber ich werde dir im Petit Saint-Thomas so viel kaufen, wie ich kann. Ich habe dort auch ein Teilzahlungskonto eröffnet, was eine Menge Geld kostet, aber nur reiche Leute können es sich leisten, etwas zu sparen, indem sie bar zahlen. Tu bitte nicht so, als hättest du noch nie etwas von Ratenzahlung gehört.«

»Es ist schlecht, die Armen mehr für etwas zahlen zu lassen«, erklärte die unglückliche Verliebte aufgekratzt. »Ich bin deshalb Sozialistin geworden, genau wie du, Mama.«

»Wie ich!« rief Mama. »Ich bin nichts dergleichen. Vielleicht hast *du* verrückte Vorstellungen von der gleichmäßigen Verteilung des Reichtums, aber du solltest wissen, daß die Reichen ein paar Wochen später, ich meine nach dem Teilen, abermals den Löwenanteil hätten und die Armen nichts! Ich kann dir nicht erklären, wie es funktioniert, ich bin keine Intellektuelle, aber vielleicht könntest du mich morgen zu diesem unsozialen Geschäft begleiten? Ich werden dir so viel geben, wie ich kann, ohne die anderen zu sehr zu benachteiligen.« Ein wenig beschämt, diese Tochter derart zu bevorzugen, fügte sie hinzu: »Ich kann es nicht ertragen, daß du traurig bist, Schatz.«

Eleanor sprang aus dem Bett. »Es geht mir schon viel besser. Ich wünschte, wir könnten schon heute einkaufen, aber ich habe eine Verabredung mit Agnes.«

Mama fühlte einen doppelten Stich der Eifersucht. Eleanor schien Agnes' Gesellschaft der ihren neuerdings vorzuziehen. Und Agnes schien sie, Mama, in letzter Zeit zu vernachlässigen. Wie um Mamas nachdenkliches Schweigen zu erklären, bemerkte Eleanor, während sie in ihrer Wanne plätscherte: »Ich würde viel lieber mit dir in die Stadt gehen, Mama. Und ihr Neffe ist von der Goldküste zurückgekommen. Sie liebt ihn, er ist ein oberflächlicher, liebenswürdiger Engländer mit einem Pferdegebiß, der keine fünf Minuten Konversation machen kann. Ich habe ihn natürlich noch nicht kennengelernt, aber ich war eine ganze Saison in London und kenne den Typ genau . . .«

»Ach, wirklich? Dann muß ich dir sagen, daß ich diesen jungen Mann kenne. Er heißt Kennie, aber das weißt du sicher, und ist äußerst charmant und intelligent. Er lacht über alle meine Scherze, und ich muß gestehen, daß er mir ungemein sympathisch ist. Sei bitte zum Lunch fertig, denn die Kinder müssen pünktlich essen. Und, Eleanor ... Bitte diese Woche keine tragischen Romanzen mehr, oder ich erzähle es deinem Vater.«

Eleanor lächelte und bürstete ihr langes rotes Haar. »Schon gut, Mama, und ich mache die Wanne selbst leer und räume auch mein Zimmer auf.«

Die kleinen Mädchen spielten im Garten ein Miniatur-Kricket aus Haarnadeln und Korken, und Mama ging zu Julien und herzte ihn, bis er rot anlief und nach Atem rang. Sich selbst überlassen, saß er in einer Ecke des Eßzimmers, ohne Lina heimzusuchen oder ein einziges Mal zu fragen, was es zum Essen gab. Papa kam herein, tätschelte seinen Sohn, sagte: »Hallo, mein Junge« und lächelte Mama zu, die herüberkam, um mit den beiden Platz zu nehmen.

»Wie friedlich es ist«, sagte Papa. »Sammeln wir unsere Kräfte für die Berufstätige. Hast du schon mal ein Mädchen gekannt, das soviel redet?«

»Sie ist tapfer und sehr aufgeweckt, Edward. Sie hat ein schwere Arbeit angenommen, das arme Ding. Viele Leute« – Mama blickte zur Decke hinauf – »hätten nicht soviel Mumm.«

»Wenn du mit ›viele Leute‹ Eleanor meinst, kann ich nur eines sagen. Sie ist so verdammt reizend und süß, daß man nicht mehr von ihr erwartet. Niemand hat Mary aufgefordert, sich eine Stelle zu suchen. Sekretärin bei Willie Farley! Fleh' sie um Gottes willen an zu kündigen, behalt' sie zu Haus, steck' ihr Geld zu und kauf' ihr schöne Sachen, sie macht mich verrückt ... Ah, da kommt sie.«

Die warme Julibrise wiegte die großen Bäume, die über die Pforte wachten, der Mittag senkte sich auf die Villa Raynouard, alle waren bei Tisch. Die tägliche Waffenruhe hatte begonnen, nur nicht bei den Atalayas. Maria, Carmen, Luz, Jesus, Felipe und diverse andere Sprößlinge eines spanischen Malers verzehrten ihr Mahl unter Messergeklapper, heiseren Verwünschungen, Flüchen oder

Schreien, je nach Geschlecht. Wir hatten schon vor langer Zeit herausgefunden, daß die Atalayas ein sehr inniges Familienleben führten und sich niemals zankten, aber sie waren gelinde gesagt sehr temperamentvoll.

Jetzt wurden die Beschimpfungen und das kehlige Lachen von dem zornigen Klappern hoher Absätze auf dem Asphalttrottoir untermalt. Mary näherte sich wie ein Gewitter.

»Warum sie sich bloß immer so abhetzt«, sagte Mama.

»Sie nimmt Anlauf, damit sie loslegen kann, wenn sie hier ist«, antwortete Papa.

Die Pforte wurde heftig zugeschlagen, und der efeubewachsene Durchgang hörte erst eine ganze Zeit später auf zu beben. Papa zwinkerte Mama schnell noch einmal zu. Julien rutschte unaufgefordert vom Stuhl und lief hinaus, um sich vor dem Essen die Hände zu waschen. Mary kam mit einem blassen, angespannten Gesicht und wild entschlossener Miene durch die Küche herein. Sie schien ihre Eltern gar nicht zu sehen, während sie durch das Zimmer lief und Handschuhe, Hut, Tasche, Jacke in die Gegend warf und Stühle traf oder verfehlte. Sie hatte einen sonderbaren Monolog begonnen: »Ich habe Mama gesagt, daß ich es keinen Augenblick länger aushalte. Was würde dieser Mensch ohne mich anfangen, bei diesem heillosen Durcheinander in seinen Büchern und Papieren? Die Frechheit, *mich* auf einen Botengang zu schicken! Ich bin nur gegangen, um Agnes einen Gefallen zu tun, und es war in einer unmöglichen Straße, und im Hauseingang stand ein widerlicher, lüsterner alter Mann. Er bat mich hereinzukommen, aber Mama hat immer gesagt, daß man auf keinen Fall tun soll, worum alte Männer einen bitten, und deshalb sagte ich: ›Nein, ich warte lieber hier.‹ Das tat ich dann, und er brauchte eine Ewigkeit, um diesen Brief zu schreiben, und dabei muß ich mir die Erkältung geholt haben« – sie hustete so laut wie möglich – »und ich muß jeden Tag im Morgengrauen aus dem Bett, um diesen Bus zu erwischen, und dann muß ich den ganzen Tag arbeiten, es ruiniert meinen Teint. Auch wenn ich ein Gehalt kriege – muß ich mir das ganze Leben verderben und so erschöpft nach Haus kommen, daß ich nicht mehr essen kann?«

»*Madame est servie!*« verkündete Lina, die mit dem Roastbeef hereinkam. Der Anblick riß Mary aus ihren Betrachtungen, und als sie ihre Eltern endlich bemerkte, zuckte sie mit der Nase wie ein nervöses Pony, schenkte beiden ein freundliches Lächeln, sagte gelassen: »So, da wären wir« und setzte sich hin. Mit verschränkten Armen starrte sie wie träumend auf das Essen, dann auf ihre Angehörigen. Eleanor kam herein, wunderschön, gepflegt und strahlend; wir Kleinen nahmen links und rechts von unseren Eltern Platz und aßen schweigend unsere Teller leer. Dann und wann schauten wir zu Mama, doch Papa wurde aufmerksamer beobachtet, denn er sagte oft etwas Lustiges oder wandte sich sogar an uns Parias, die Redeverbot hatten. Häufig faltete er seine Serviette zu merkwürdigen Gebilden oder verwandelte Früchte in kleine Kunstwerke, so daß eine geschälte Pflaume verlockend exotisch schmeckte und Pfirsichschnitze in Wein zu einem denkwürdigen Dessert wurden. Und was Papa nicht alles auf seinen Reisen erlebte! Während wir heute die Geschichte von dem türkischen Ganoven hörten (»Mein Gott, er war ein Gentleman, er sah sehr gut aus, und wie er reden konnte . . .«), spürten wir dunkel, daß Papa, vielleicht aufgrund seiner grenzenlosen Freundlichkeit, die Gabe hatte, unter den richtigen und falschen Abenteuern zu wählen. Er suchte sich natürlich die aus, die ein gutes Ende nahmen.

Das Mittagessen war beendet, der Tisch abgeräumt, aber wir blieben noch ein wenig sitzen, weil Papa seinen Kaffee gern im Eßzimmer nahm, eine bequeme, altmodische Gewohnheit, die wir sehr schätzten, weil es für jeden von uns einen *canard* gab, ein in Kaffee getunktes Stück Zucker.

»Oh, wie froh ich bin, wie froh«, seufzte der sensible Papa. »Dieses wunderbare Wetter, keine Reise bis zum nächsten Monat, keine nennenswerten Sorgen und alle

meine lieben Kinder um mich versammelt.« Er tätschelte Mamas Schulter und sein Blick fiel auf Julien, der eine dicke Patschhand auf sein Knie gelegt hatte und in sein braungebranntes Gesicht hochschaute. »Kannst du jetzt lesen, mein Kleiner?« fragte Papa auf Französisch.
»*Non, papa.*«
»Was treibst du dann in der Schule?«
»Edward, verletze nicht die Gefühle der Kinder«, flüsterte Mama. »Er sitzt bei den kleinen Mädchen und arbeitet mit Buntstiften an seinem Malbuch. Vielleicht lernt er ein paar Fabeln, zieh ihn also bitte nicht auf, er ist ein so braves Kind.«
Papa lächelte und sagte unaufmerksam: »Ich habe nur so aus Neugier gefragt. Hört zu, Kinder, als ich letztes Mal nach Hamburg reiste, nahm ich den Zug und fuhr den ganzen Tag. Ich aß im Speisewagen, das heißt, ich versuchte es, weil der Wagen voll besetzt war und die Kellner keine Lust hatten, mich zu bedienen. Ich sah zu, wie die anderen Lachs mit *sauce verte* aßen, und eine große Träne tropfte aus meinem rechten Auge auf meinen leeren Teller. Und was geschah dann?« Papa zog eine Zeitung aus der Tasche. »Ein Bursche, der gegenüber von mir saß, bemerkte meinen Kummer und tat folgendes.« Papa bohrte mit dem Kopf eine großes Loch in die Zeitung, hielt seine Hände wie Pfoten und bellte ein- oder zweimal, was uns restlos faszinierte. »Oh, du meine Güte! Ihr hättet sehen sollen, wie die Kellner sich gegenseitig auf die Füße traten, um uns möglichst schnell zu bedienen und die anderen Gäste zu hindern, vor den beiden Verrückten die Flucht zu ergreifen.«
Das Abenteuer des bellenden Hundes mußte dreimal erzählt werden, ehe die schlichteren Gemüter seine Schönheit erfaßt hatten, und Papa ging ohne Mittagsschlaf in sein Büro zurück. Die Post nach Amerika war heute nachmittag fällig. Mary wurde angefleht, wieder zu den Farleys zu fahren, nur noch dieses eine Mal, und Willie zu sagen, daß sie die Stelle endgültig aufgebe. Eleanor entschwand lächelnd und so schick angezogen,

daß Mama einen Verdacht gegen ihre liebenswürdige Tochter faßte und nicht zögerte, einen Blick in ihren Terminkalender zu werfen, den sie aufgeschlagen auf dem Kaminsims entdeckte. Sie las ohne jede Überraschung: »Drei Uhr: Gesangstunde, halb fünf: Agnes, halb sechs: Tee mit dem guten alten Simon beim Rumpelmayer.« Mama schüttelte den Kopf ob der Durchtriebenheit ihrer hübschesten Tochter und wünschte, jemand würde sie von diesem entzückenden Ärgernis erlösen. Würde sie nie mit Papa allein sein? Die Kinder fraßen sich in ihr Leben wie Ameisen und ließen keinerlei Raum für Muße und Illusionen.

»Seid ihr fertig?« schrie sie unvermittelt die Treppe hoch.

»Ja, Mama.« Vier Kinder hoppelten herunter wie Kaninchen.

»Ihr seid doch nicht nervös, meine Kleinen? Habt ihr eure Kostüme? Ich verspreche, daß ich euch nicht angukken werde, aber wenn ihr nicht mitsingt, werde ich es merken und etwas dagegen tun. Ich möchte, daß ihr diesen armen jungen Damen Ehre macht. Versteht ihr?« Die Kinder, die bereits an Lampenfieber litten, antworteten nicht. Sie gingen an einer alten, baufälligen Mauer vorbei die steile Straße hoch. Mama keuchte ein wenig und fragte: »Welche kleine Tochter hilft mir, meine Päckchen zu tragen? Wir müssen als erstes zur Post.«

»Ich, Mama«, krähte Julien, ehe seine Schwestern antworten konnten. Mama umarmte ihn und vertraute ihm ein sehr kleines Päckchen an.

»Meine Päckchen.« Niemand kann sich erinnern, daß Mama einmal nicht damit beladen war. Eine dicke Rolle Zeitungen für Charles, Briefe nach Haus, ein Buch für einen Invaliden, einen Schuhkarton mit kleinen Überraschungen für einen Mittellosen, Geschenke für auserwählte Mitglieder der Familie und im Lauf des Nachmittags jede Menge Gelegenheitskäufe. Mama ging mit den Armen voller Einkäufe durchs Leben, eine Göttin der Fülle mit einer Leidenschaft für Okkasionen. Als die Galéries Lafayettes ein großes Warenhaus wurden, war Mama schnell eine der eifrigsten Kundinnen, solange das Haushaltsgeld reichte. Sagen wir, bis zum Fünfzehnten des Monats. Sie durchkämmte das Konsumparadies, das mehr für gewisse alleinstehende Damen als für eine Mutter von sieben Kindern geschaffen war.

Jetzt gehen wir aber zur Rue Singer, einer kleinen Straße, wo das Institut Ste-Cécile sein jährliches Abschlußfest für Schülerinnen und Eltern gab. Mama fürchtete sich vor der Aufführung, denn ihre Rolle bestand darin, mit französischen Damen zu reden, die sie nicht verstand, und zuzusehen, wie ihre Kinder sich auf der Bühne zum Narren machten. Die kleinen Greens fürchteten sich ebenfalls vor dem Ereignis und hatten mehrere Nächte hintereinander geträumt, daß sie ihren Text vergessen und keinen einzigen Preis bekommen hätten. Beides war unbegründet, denn im Institut der heiligen Cäcilie war jede Aufführung ein Erfolg, und die Greens gingen schon deshalb nie leer aus, weil jeder Schülerin, ob gut oder schlecht, wenigstens zwei Preise zuerkannt wurden.

Sie erreichten das Tor. Der Name der Schule zierte es in einem Halbkreis güldener Lettern. Beide Flügel waren weit geöffnet, und aus den Pavillons links und rechts hasteten kleine und größere Mädchen und liefen in verschiedenen Stadien der Angst und Verkleidung hin und her. Da Mama und Anne nur Zuschauer waren, wurden sie gebeten, Platz zu nehmen, doch sie schlenderten noch ein wenig herum, ehe sie zu den schwitzenden Handelsvertretern, alternden Lehrern und ehemaligen Schülerinnen stießen, einem Publikum, das begierig darauf wartete, selbst jeder mißlungenen Bemühung zu applaudieren. Mama setzte sich auf einen Binsenstuhl und bewunderte die Art, wie der Garten zu einem kleinen Plateau anstieg. Auf diesem Hügelchen war die Bühne, und darunter, unmittelbar vor den Zuschauern, ragte eine künstliche, äußerst romantische Felslandschaft auf, in der eine geheimnisvolle Grotte klaffte.

Glocken läuteten, und Schülerinnen, darunter die drei

Greens, begannen mit einer Darbietung voller Bauernlieder und ländlicher Tänze. Mama fand, daß ihre Kinder auf den ersten Blick zu erkennen waren, aber wie durch einen eigenartigen Schleier, und leicht abgewandten Gesichts applaudierte sie der hölzernen Brüstung, die die Mitwirkenden daran hinderte, in die Grotte oder auf die ganz vorn Sitzenden zu fallen.

Die Zuschauer klatschten wie wild, rutschten auf unbequemen Stühlen hin und her und lauschten perlenden Tonleitern und durchdringenden Akkorden, als Madeleine Depoulle oder eine der Schwestern Marminia der schwierigen Klaviersonate irgendeines großen Komponisten den Garaus machte. Die genannten älteren Schülerinnen lockerten die Pause auf, während die Bühne für die Preisverleihung abgeräumt wurde und die Bauernmädchen ihre Festkleider anzogen. Es war sehr warm, und Mama begann zu fürchten, daß ihr die Attacken auf die elfenbeinernen Tasten den Rest geben würden. Dann sang ein dickes Mädchen ein rührseliges Lied, das alle Anwesenden bis auf Mama dahinschmelzen ließ. Anschließend hielten die beiden Lehrerinnen, zwei Schwestern, die ihre Schule ohne fremde Hilfe zu einer angenehmen gegenwärtigen Tatsache und einer schönen künftigen Erinnerung machten, sehr kurze scheue Reden und verteilten die Preise. Hübsche, in rotes Leinen gebundene Bücher mit goldgeprägten Titeln, Abenteuerromane und moralische Erzählungen, die jungen Menschen oft die trügerische Gewißheit geben, daß unerschütterliche Tugend sich auf Dauer auszahlt. So ging wieder ein Schuljahr zu Ende, und alle gingen für den Sommer auseinander. Die beiden Lehrerinnen bewiesen bei der Preisverleihung ein erhebliches Maß an Takt, denn auch die Dummköpfe wurden bedacht. Lucy, die in keinem Fach etwas wußte, bekam einen Preis für gutes Betragen, und Julien, der zu jung zum Lernen war, wurde für »großen Eifer« belohnt.

»Wohin fährst du in den Ferien?« wurde Retta von ihrer Freundin Marie-Antoinette Vallin gefragt.

Die Greens ließen gemeinsam den Kopf hängen. Es demütigte sie, jedesmal antworten zu müssen, daß sie in der Stadt blieben.

»Wir fahren nach Vichy«, fuhr Marie-Antoinette wichtigtuerisch fort. »Meine Schwester Fanny hat ein Hautleiden und eine schlimme Leber, und sie ist erst dreizehn!«

Mama rettete uns, als sie unsere Betrübnis sah. Wir wurden beglückwünscht, mit ein paar Sou-Stücken bedacht und nach der Warnung, uns nicht überfahren zu lassen und im Leichenschauhaus zu landen, nach Haus geschickt. Mama eilte mit Anne zum Tee bei Mrs. Morton. Papa und Mama hatten seit langem Streit über die häuslichen Angelegenheiten der Mortons. Papa schwor, daß sein Sekretär Morton ein Geschlagener sei. Mama behauptete steif und fest, Mrs. Morton sei das Opfer übler Nachrede. Anne kann sich gut an den Nachmittag erinnern, denn Mrs. Morton, eine weißgesichtige Engländerin mit großen blauen Augen und fahrigen Bewegungen, begrüßte Mama so nervös, daß es selbst dem phlegmatischen Kind auffiel. Aber sie wurde an ein Fenster gesetzt, »um die vielen kleinen Vögelein in der schönen Linde zu beobachten, mein Kleines, und iß bitte alle diese Kokosplätzchen auf«, und gehorchte, bis die kurze Brücke zwischen Sättigung und daraus resultierender Kümmernis überquert war. Dann lauschte sie der Unterhaltung. Mrs. Morton hielt Mama einen ganz munteren und damenhaften Vortrag, um sich dann unvermittelt vorzubeugen und mit einer sehr ruhigen und drohenden Stimme zu sagen: »Mrs. Green, es ist vieles abzuwägen, ehe man mich verurteilt. Männer wie . . .« Mama erwiderte sehr leise: ». . . Murmel, Murmel, psst, bitte, nicht vor der Kleinen, ja, Sie können sich auf mich verlassen.«

Mama war auf dem Heimweg sehr still und vergaß, auf Anne zu schimpfen, als sie beim Einsteigen in den Bus über sie stolperte. Sie warf Eleanor keine Arglist vor, achtete nicht auf Marys Klagelieder, bewunderte kurz einige schwarze Bücherregale, die Papa gekauft hatte, und stellte sich an die Gartenpforte, um auf besagten

Herrn zu warten. Es war halb acht, Papa verspätete sich absichtlich, um nicht hören zu müssen, was sie von dem abgrundschlechten Morton hielt, der nur deshalb behauptete, seine Frau nähme Drogen, um die arme Frau um so mehr plagen zu können. Männer hielten immer zusammen, wie Schafe, die sich vor einem Unwetter aneinander drängen. Männer wagten es nie, moralischen Problemen ins Auge zu sehen. Alle, außer ihrem Vater. Mama trat auf die Straße hinaus, die leuchtendrote Sonne ging unter, eine Droschke kroch auf sie zu, und von ihrem mottenzerfressenen Sitz aus zahlte Papa den Kutscher und kam mit jener feierlichen Miene näher, die vieles bedeuten konnte: »Ich muß morgen zu einem Schiedsverfahren nach Aarhus« oder »Der Arzt glaubt, mein Herzklopfen kommt daher, daß ich in Konstantinopel siebenundzwanzig Tassen Kaffee am Tag getrunken habe« oder »Schlechte Nachrichten, Mary, dein guter alter Freund Overton ist . . . gegangen.« Mama schlug sofort beide Hände vors Gesicht und schrie: »Mein Gott, Edward, was ist passiert?« Papa stöhnte: »Mutter ist tot.«

Mama hatte Mint recht gern, aber die Tatsache, daß ihr der Tod der alten Dame etwas einbringen könnte, ließ sie wünschen, mehr Trauer zu empfinden. »Armes altes Mädchen«, flüsterte sie. »Ich hoffe, das Ende war nicht zu schmerzhaft.«

»Ich bekam ein Telegramm, in dem stand, daß sie operiert werden sollte, und dann ein zweites mit der Nachricht, daß alles vorbei sei. Ich bin sehr traurig, sie war eine gute Frau und hat es gut gemeint. Hör bitte auf, mich in den Arm zu zwicken, Mary, es tut weh!«

»Ich kann deinen scheinheiligen Ton nicht ertragen. Auch wenn sie tot ist, brauchst du nicht so herablassend zu sein. Wenn du nach meinem Tod jemals sagst, ich sei eine gute Frau gewesen und habe es gut gemeint, werde ich zurückkommen und dich verhexen. Du solltest dich schämen, eine wehrlose alte Frau zu beleidigen, die noch nicht einmal im Grab liegt.«

»Bitte, Mary, nicht vor den Kindern«, flehte Papa, als

sie zornrot ins Eßzimmer trat. Die Kinder wurden ins Bett geschickt und gingen nur widerstrebend, denn sie waren zu müde und aufgekratzt, um folgsam zu sein. Julien lächelte geheimnisvoll über etwas, das er nicht verriet, und verschwand als erster. Lucy folgte. Retta, die aufgefordert worden war, Papa vorher die Hausschuhe zu bringen, brach ihr übliches freundliches Schweigen, um zu fragen: »Bin ich vielleicht dein Dienstmädchen? Bist du hier die Herrschaft?«

Ihr Sketch löste wohlwollendes Lächeln aus, und dann wandte Mama sich an Anne. »Nun, Miss, und worauf wartest du noch?«

»Mittwochs darf ich immer länger aufbleiben, Mama.«

»Wenn du nicht augenblicklich ins Bett gehst, wirst du wochenlang aufbleiben müssen, weil du vor lauter blauen Flecken nicht weißt, wie du dich hinlegen sollst«, sagte Mama, nun richtig böse.

Anne brach in Tränen aus und wandte sich zu Papa, ihrem natürlichen Verbündeten. »Gehorche deiner Mutter, oder du bekommst eine Tracht Prügel!« brüllte Papa. Wenn der Himmel eingestürzt wäre und sie unter Wolken begraben hätte, wäre Anne nicht so verblüfft gewesen. Papa, eine Zuflucht im Sturm, der Mann, der bei abgebrochenen Fingernägeln und aufgeschrammten Schienbeinen Trost spendete, der große Vermittler und Verwöhner, drohte ihr Schläge an. Vernichtet, mit tränenumflorten Augen, wandte sie sich ab.

»Wie kann man nur«, sagte Mama schneidend, »wie kann man nur ein Kind enttäuschen, das sich seit Wochen darauf gefreut hat, mit einem zu Abend zu essen, Edward Green. Aber du bist ja mehr auf Reisen als zu Haus und hast vielleicht vergessen, daß du Kinder hast. Komm, Anne, setz dich neben mich. Wenn du sie schon nicht liebst, könntest du wenigstens Rücksicht auf ihre Gefühle nehmen.«

»Du kannst meinen Platz haben, Tochter, ich habe keinen Hunger mehr. Ich bin außer mir.« Papa warf seine Serviette hin und zog sich ins Wohnzimmer zurück.

Das Mahl begann natürlich in Schweigen. Der Zorn, den Mama fühlte, weil sie nicht mehr Kummer über Mints Tod empfand, legte sich. Sie warf herausfordernde Blicke auf ihre Töchter.

»Du solltest Papa nicht so behandeln«, sagte Mary vorwurfsvoll. »Eines Tages wird er dir nicht mehr verzeihen.«

»Papa ist furchtbar nett«, stammelte Anne und schluckte einen oder zwei Schluchzer hinunter.

»Und er mag Hammelcurry und hat Lina gezeigt, wie man es kocht. Und er ist so stolz darauf, daß er die getrockneten indischen Fische bei Hédiard gefunden hat«, warf Eleanor ein.

»Ihr habt euch also gegen mich verbündet, meine Damen«, brummte Mama. »Ihr solltet besser warten, bis ihr selbst einen Mann habt, ehe ihr mir Ratschläge gebt, wie ich meinen behandeln soll. Ich habe auch keinen Hunger mehr.« Sie sprang auf und setzte sich in eine Ecke, um zu beobachten, wie der Garten im letzten Licht des Tages aufleuchtete.

»Sie haben lange genug geschmollt«, flüsterte Eleanor ihren Schwestern zu. »Ich hole Papa, bevor der Reis kalt wird.« Sie ging auf Zehenspitzen nach nebenan, wo Papa vor sich hin döste. Er schlug traurige braune Augen auf. »Ich werde mich nicht entschuldigen. Ich habe nichts Falsches getan, wirklich nicht. Ich habe eine reine Weste.«

»Darum geht es doch nicht, du närrischer alter Mann. Mama ist böse, weil du zu spät gekommen bist, und dann sorgt sie sich immer schrecklich. Sie liebt dich so sehr . . . Komm schnell zurück, als ob nichts geschehen wäre, und mach einen kleinen Scherz.«

»Ich kann nicht«, sagte Papa. »Nicht heute abend. Mutter ist gestorben.«

Eleanor erschrak. »Die arme alte Mint, wie traurig.«

»Du darfst sie jetzt nicht mehr Mint nennen, Liebes. Wie konnte ich es euch sagen, wo Mama sich in einen Hurrikan verwandelte, kaum daß ich im Haus war?«

»Mach' dir nichts daraus, entschuldige dich, du machst

das so wunderbar. Tu es, Papa, ein Essen ohne dich ist so freudlos wie ein grauer Tag.«

»Meinst du?« Papa war geschmeichelt, und außerdem hatte er großen Hunger. Er ging ins Eßzimmer und räusperte sich. »Liebling, entschuldige, wenn ich etwas getan habe, das dich beleidigt hat. Ich wollte es nicht. Ich wäre glücklich, wenn du mir verzeihst.«

Alle einschließlich Mama fanden, daß es eine ausreichende Entschuldigung war. Sie schnaubte leicht und ging zu ihrem Platz am Tisch zurück. »Meinetwegen, ich werde dir noch dieses eine Mal verzeihen.« Sie duldete seine Umarmung.

Der Auftritt war schnell vergessen, und sie nahmen friedlich ihr Essen ein, obgleich es noch ein kleines Scharmützel gab, als Papa zu lachen wagte, weil ein Reispudding auf das Hammelcurry folgte. Anne lenkte ihn mit der Mitteilung ab, daß sie beim Deutschkursus die Drittbeste sei. Papa gratulierte ihr herzlich: »Fabelhaft, ich bin stolz auf dich. Und wie viele machen den Kursus?«

»Vier, Papa.« Er unterdrückte ein Lächeln, denn dieser kleine Pechvogel drohte erneut in Tränen auszubrechen.

»Du könntest einen Heiligen zur Verzweiflung bringen«, bemerkte Mama. »Oder zwei Heilige. Lauf um das Gartenhaus, bis du dich beruhigt hast, Anne.«

Anne gehorchte, plauderte ein wenig mit Luz Atalaya und kam gerade rechtzeitig zurück, um Mamas Tirade gegen Morton zu hören: »Ich würde auch Drogen nehmen, wenn ich mit einem solchen Ungeheuer zusammenlebte. Seine arme Frau hat jedenfalls tausend Eide geschworen, daß sie ihr ganzes Leben nie eine Prise genommen oder geschnupft hat – ich kann mir diese Ausdrücke nicht merken. Ich werde nie diesen unschuldigen Ausdruck in den Augen der Ärmsten vergessen, Edward. Ich habe ihr versprochen, von nun an Gladys zu ihr zu sagen.«

Papa schlug *Dienst auf hoher See* von Konteradmiral Semmes auf. »Ja? Hm, Morton hat mir heute erzählt, daß er die kompletten Utensilien – ich weiß auch nicht, wie der

Kram heißt – letzten Winter unter ihrer Matratze gefunden hat. Der gute alte Junge hob all seine Ersparnisse ab und ließ deine Gladys heilen und war der glücklichste Mensch! Als er gestern vom Büro nach Haus kam, wollte er aufmachen und konnte nicht, weil etwas vor der Tür lag. Und was glaubst du, was dieses Etwas war? Deine Freundin Gladys, sternhagelvoll. Wirklich, der arme Kerl war ganz fertig.«

»Sie ist nur eine eingeschüchterte und unterdrückte Frau, aber sie hat vielleicht ihre eigene Version von der Geschichte. Du lebst ja nicht mit Morton zusammen.« Mama schüttelte den Kopf.

»Vielleicht findet sie ihn langweilig. Es würde mich nicht wundern«, warf Eleanor so zynisch ein, als hätte sie zuviel Wilde gelesen.

»Vielleicht nimmt Mr. Farley auch Drogen«, theoretisierte Mary. »Er ist so sonderbar. Was meinst du, Mama?«

»Was ist das, Drogen?« fragte Anne, unfähig, ihre rasende Neugier zu bändigen.

Papa knallte sein Buch zu und stand auf. »Gehen wir nach draußen, Mary. Die frische Luft wird uns helfen, unsere fünf Sinne beisammen zu halten.«

In der Tat«, stimmte Mama zu. »Es ist einfach zu lästig, mit all diesen Fragezeichen zu leben. Gehen wir.«

Sie gingen, wahrscheinlich deshalb, weil sie in Ruhe über Kirschen in Cognac und private Angelegenheiten diskutieren wollten. Eleanor und Mary setzten sich an das neue Klavier, um Duos zu spielen, ehe sie mit Büchern seriöser Autoren wie Coventry Patmore und Ruskin zu Bett gingen.

Am nächsten Tag wurde Mary von Mama gebeten, alle Bemühungen, ihren Lebensunterhalt selbst zu verdienen, mit sofortiger Wirkung einzustellen. Papa würde ihr eine kleine Apanage aussetzen, und sie könnte nach England gehen und ihre Freunde besuchen. Ob sie das täte? Mary akzeptierte unter der Bedingung, daß Mama ihr helfen würde, die erforderlichen Kleidungsstücke zu besorgen. Ja, sehr gern, und noch am gleichen Abend wurde ein riesiger Reisekoffer aus Korbweide abgegeben und in Marys Zimmer gezwängt. Das muntere Mädchen füllte ihn tagelang, bis zur Abreise: mit Eleanores schicken Sachen, allen Familienandenken, die sie für geeignete Mitbringsel hielt, und einer Ausstattung von Kleidern und Accessoires, die das britische Klima ihrer Ansicht nach erforderte. Dünne, fließende Gewänder, die sie ihrer Mutter abschwatzte und abluchste. Dann rückte sie Papa auf den Pelz und setzte ihm so lange zu, bis er ihr dreimal mehr Geld aus seiner abgewetzten Brieftasche gegeben hatte, als er sich leisten konnte. Doch obwohl sie ihre Eltern tyrannisierte und aufsässig war, liebte sie Papa und Mama mindestens ebenso sehr wie ihre friedfertigen Schwestern. Sie brannte vor Freundlichkeit und Großmut, aber sie lag Papa so ununterbrochen in den Ohren, daß er nervös zusammenzuckte, sobald sie ins Zimmer trat. Sie kam immer zu spät zum Essen, sie war unordentlich, sie brauchte fortwährend Geld. Sie war zerstreut, lustig, amüsant und herrisch, aber ihre zupackende Art und Treue glichen entnervende Fehler aus.

Ehe ein schwitzender Kutscher ihren Reisekoffer auf die Droschke stemmen konnte, wurde das knarrende Monstrum durchsucht, und alle bemühten sich, verlorene Habseligkeiten zu bergen. Mary schaffte es, einen großen Teil zu behalten, überquerte den Kanal und blieb so lange in England, daß ihre Familie anfing, sie zu vermissen, und lautstark nach ihrer Rückkehr verlangte.

Aber wir sind erst soweit, daß der Koffer angekommen ist, und Mary verabschiedet sich von Willie Farley. Eleanor, die im Bett liegt und sich die Fingernägel poliert, hat Mama soeben von Agnes' Neffen berichtet. Sie hält nicht viel von dem Herrn; außerdem sagt er, Mama sei eine Traumfrau, und er kommt zum Tee, ehe er zur Goldküste zurückgeht, um inmitten eigenartiger Gestalten und Bräuche von Konserven zu leben. Eleanor teilt mit, daß sie einen Spaziergang im Bois machen will, und Mama hat den Kopf so voll von wichtigen Dingen, daß sie gar nicht daran denkt, sich nach den neuesten Herzensverwicklungen ihrer Tochter zu erkundigen. Nach dem Mittagessen sprachen Papa und Mama über grundlegende Fragen und stimmten zu ihrer beiderseitigen Überraschung völlig überein. Den Kleinsten stand es frei, ihre Sommerferien unverzüglich in Angriff zu nehmen, was sie auch taten.

Als Lina das Geschirr gespült hatte, zog sie sich in ihr Zimmer zurück und kam langsam und majestätisch, ganz in Schwarz, wieder heraus. Sie hatte ein Metallkette um den Hals, an der ihr berühmter *silberner Fisch mit Rubinaugen* hing, jede Silbe mit Nachdruck gesprochen, und wir waren so beeindruckt, daß er uns immer vorkam wie ein bedeutsamer ausländischer Orden. Lina zwängte ihre gewaltigen Plattfüße in spitze Stiefel, die unser Hausmädchen – und uns – zum Paradies des Ranelagh brachten. Dieser kleine Park, wo Hunderte von Kindern jedes Leben aus dem Gras und den Sträuchern angrenzender Privatgärten trampelten, war das Vorzimmer des Bois de Boulogne. Marmorstatuen glänzten unter den Bäumen, der Himmel war tiefblau, mit weißen Wolken getüpfelt, Gärtner sprengten die Rhododendronbüsche, und jeder einzelne Tropfen war eine Prismenwelt mit allen Farben des Universums. Wir betrachteten die Wasserstrahlen, die aus den Schläuchen flogen, und wußten kaum, daß wir sie sahen und diese Sommertage und ihren Schauplatz nie vergessen würden.

Wir wußten jedoch, daß in Linas Börse ein silberner Franc lag, ein Geschenk von Mama, und mußten einige Minuten dafür opfern, ihn dem törichten Bauernmädchen zu entreißen. Sie war sich natürlich im klaren, daß die zwanzig Sou uns gehörten, aber ihr instinktiver Geiz hinderte sie daran, das Geld herauszugeben, obwohl wir bereits vor dem *Guignol* standen, jenem schönsten aller Puppenspiele. Die seit Jahrhunderten mehr oder weniger unveränderte Aufführung war ein Meisterwerk der Grausamkeit, in dem das Böse triumphierte, die Gerechtigkeit verhöhnt wurde und alle Mitwirkenden brutale Schläge auf den Kopf bekamen. Es war ein Spiel für Kinder und entsprach ihrer natürlichen Unmoral.

Ehe wir unsere Plätze einnahmen, kauften wir Erfrischungen, weil wir unser kleines Picknick von Brot und Butter schon unterwegs aufgegessen hatten. Ganz in der Nähe stand ein Junge mit einer großen bunten Trommel voller Waffeln, die *plaisirs* – »Freuden« – hießen. Der Trommeldeckel war ein Glücksrad, das man, nachdem man seinen Obolus entrichtet hatte, einmal drehen durfte, um dann so viele Waffeln einzuheimsen, wie die Ziffer besagte, unter der ein Zeiger aus Fischbein stehengeblieben war. Einige Unglückliche bekamen nur zwei, während andere bis zu zwölf gewannen. Lucy ging kein Risiko ein und kaufte sich für ihr Geld ein Stück Lebkuchen, den eine alte Dame aus einem mit blitzsauberer Baumwolle ausgeschlagenen Korb anbot. Lucy aß zuerst den Mandelrand, während sie der Vorstellung atemlos folgte, und war rechtzeitig fertig, um am Ende mit zwei klebrigen Händen begeistert zu klatschen.

Nach verschiedenen anderen kleinen Attraktionen bemerkte Lina: »Nur noch zehn Minuten. *Ich* verschwende meine Zeit nicht mit Firlefanz, *ich nicht.*« Wir erinnerten uns, daß wir noch ein Ziel hatten, und rannten zwischen den Bäumen hindurch zu dem Karussell, das von einem mürrischen alten Mann betrieben wurde. Seine Pferde waren klein, mit Schwänzen aus wenigen rauhen Haaren, und in den Nüstern sah man das Pappmaché-Fleisch. Aber auf einem großen Schild stand Makronen, und als die großen Spielernaturen, die wir waren, spürten wir ganz deutlich, daß wir heute ein Dutzend davon gewinnen würden, samt dem Papier, auf dem sie klebten. Es war ganz einfach, man zahlte zwei Sou, bewaffnete sich mit einer kleinen Eisenstange und kletterte auf eines der Rösser. Das Karussell drehte sich langsam, dann schneller, und dann fuhr man unter einem Brett hindurch, an dem Metallringe hingen. Man machte vor Nervosität die Augen zu, stieß mit seiner Lanze und schaute nach, ob einer der Ringe daran hängengeblieben war. Nein, aber vielleicht bei der nächsten Runde, die Sonne hat so schrecklich geblendet. Nein, aber wenn die Pferde langsamer werden, erwische ich vielleicht mehrere Ringe auf einmal. Wir saßen ab, das Ringstechen war vorbei, niemand hatte einen einzigen heruntergeholt, die Fahrt hatte keinen Spaß gemacht, uns war ein bißchen übel, und wir kamen uns übersättigt vor.

Da wir Mamas muntere und helle Stimme aus dem Salon hörten, tranken wir unsere Milch ausnahmsweise, ohne uns lautstark über irgend etwas in die Haare zu geraten, und zogen uns dann ins Bett zurück. Julien schlief schnell ein, denn er hatte ebenfalls einen großen Tag hinter sich. Er war nach dem Mittagessen in seinen besten Anzug gesteckt worden, ein schlichtes, aber ungewöhnliches Ensemble: braune Reithosen mit Perlmuttknöpfen und eine kaffeebraune Bluse mit einer roten Taftkrawatte, gehalten von Mamas schönster Brosche. Eleanor trug ein Kleid von Callot, und Mama sah mit ihrem altrosa und weiß gestreiften Leinenkostüm und einer winzigen schwarzen, wenigstens zehn Jahre alten Toque ganz hinreißend aus.

Die drei kamen großartig miteinander aus, da jeder die beiden anderen anbetete. Fest entschlossen, sich einen schönen Nachmittag zu machen, spazierten sie zum Pont de Grenelle und stiegen in ein unglaubliches Gefährt, einen gelben Bus auf Schienen, der von einem kleinen Pferd gezogen wurde. An dem Bus stand *Auteuil – Saint Sulpice*, und es gab andere Verkehrsmittel, um das Kaufhaus Petit Saint-Thomas zu erreichen, doch Julien hatte voll Angst, sein Vorschlag würde nicht befolgt werden, mit bebender Stimme in stockendem Englisch gefleht: »Bitte mit der Pferdebahn, Mama, da ist es so schön warm.« So nahmen die drei an jenem Julitag auf den wärmsten roten Samtpolstern Platz, während die Hufe des Pferdes, das verdrossen den Kopf senkte, so daß seine braune Mähne die rötlichen Augen bedeckte, über das Pflaster klapperten. Mama und Eleanor genossen die Fahrt nicht sehr, aber Julien, der wie die meisten Personen seines Alters nicht wußte, wohin es ging, und sich auch nichts daraus machte, auf seinem Sitz auf und ab hüpfte (und eine Menge Staub aus dem Zweiten Kaiserreich aufwirbelte, wie Mama bemerkte), bis sie in der Rue de Sèvres ausstiegen.

Das Petit Saint-Thomas war ein riesiges, stilles, schmuddeliges Geschäft, ein Einkaufsmausoleum, ein düsteres Labyrinth von Waren, die möglichst unvorteilhaft zur Schau gestellt waren. Sie wurden bewacht von Statuen, die erst zum Leben erwachten, wenn man sie ansprach, und sich dann flugs in sehr hochmütige Ladenschwengel verwandelten. Die schmale Rue du Bac spendete ein grünliches Licht, und in den Tiefen des Geschäfts, die Mamas Ziel waren, zischten Gasflammen aus Asbeststutzen. Stapel von weißer Wäsche schienen in der Gewißheit, scharfen Scheren auf immer zu entrinnen, einen Dauerschlaf zu halten. Mit gedämpfter Stimme bat Mama einen schnurrbärtigen Herrn im Frack, sie zu den Baumwoll- und Leinensachen zu weisen. Julien, der ihre Hand umklammert hielt, wähnte sich in einem wunderbaren Traum, genau wie sie. Mama malte sich bereits aus, daß sie neue Bettlaken und Dutzende, nein, Hunderte von Unterhemden, Schlüpfern und Unterröcken erstand, endlich genug, um sechs weibliche Wesen zu gewanden. Aber die Preisschilder ließen sie entsetzt aufkreischen. Die Laken waren teurer als in anderen Geschäften. Sie rieb das Leinen an ihrer Wange, befühlte es wieder und wieder.

»Vorzügliche Qualität«, sagte der Verkäufer.

Da Mama so arm gewesen war, begriff sie, daß günstige Preise den Reichen vorbehalten sind, die bar zahlen können, doch anders als gewöhnliche Minderbemittelte protestierte sie: »Es ist ungerecht, uns mehr zahlen zu lassen, nur weil wir es uns nicht leisten können, sofort zu bezahlen.«

»Die Teilzahlung«, murmelte der Mann. »Wir liefern sofort und müssen auf das Geld warten.«

»Mama!« rief Eleanor. »Sieh mal! Ich habe genau die Unterwäsche gefunden, die ich haben möchte.«

Mama kaufte nur wenige Laken und erkundigte sich,

wieviel noch von ihren tausend Franc übrig sei, ehe sie ihren mütterlichen Gefühlen nachgab. Einige Minuten später bemerkte sie: »Es ist eine Schande, daß ich dich so verwöhne, Eleanor. Ich werde dir zwei vollständige Garnituren und drei Nachthemden kaufen, und wenn deine Schwester Wind davon bekommt, kannst du was erleben. Hmm. Nein. Um mich dafür zu bestrafen, daß ich so gemein zu Mary bin, bekommst du nur zwei Nachthemden und eine Garnitur. Und versuch nicht, mich zu bearbeiten, oder du bekommst keine Strümpfe.«

»Aber was ist mit dir?« fragte Eleanor, die zu rücksichtsvoll war, um Mary noch einen Schlüpfer abspenstig zu machen.

»Ich brauche nichts. Ich habe vergessen, wie Leinen sich anfühlt, außerdem mache ich mir nichts daraus. Ich muß nur noch ein bißchen schwere Baumwolle für die Kleinen kaufen. Sie sind zu jung, um Ansprüche zu stellen, und haben ohnehin nicht genug Grips, um sich zu beschweren.« Als sie das Geschäft verlassen hatten und Julien ungeachtet der Hitze unermüdlich hin und her hopste und sprang, schlug Mama vor: »Es ist noch ziemlich früh, und wir könnten kurz in den Bon Marché schauen. Wie wäre das? Nach dieser düsteren Höhle, wo die Armen ausgebeutet werden, brauche ich dringend eine fröhlichere Umgebung.«

»Die fröhlichere Umgebung« war voll von Kundinnen von der Rive gauche, recht langsamen, sehr alten, schwarzgekleideten Frauen, die sich wie Fliegen um Tresen mit Gelegenheitskäufen sammelten. Die Hitze war wie in Savannah, erklärte Mama, drückend und schwül. Sie dachte daran, daß Juliens Gesicht auf Bauchhöhe der meisten anderen sein mußte, und führte ihn schnell vorbei an den Wollsachen, den künstlichen Blumen und den Knöpfen zu den Fahrstühlen am hinteren Ende des Kaufhauses. Julien schwebte gern in die Höhe, und der erste Stock kam ihnen herrlich kühl und ruhig vor. Das Trio schlurft durch eines der am üppigsten ausgestatteten Herrenzimmer von ganz Frankreich und erreichte einen riesigen Schlafsaal, wo Betten mit verlockenden rosa und blauen Daunendecken verziert waren.

»Mama«, sagte Eleanor plötzlich, »du mußt doch einen Grund haben, uns hierhin mitzunehmen. Was ist es?«

Mama blickte ein wenig verlegen und sehr sehnsüchtig. »Ich möchte nur ein bißchen schauen. Weißt du, wenn unser Schiff da ist, möchte ich deinem Vater einen Anzugkoffer mit silbernen Beschlägen kaufen, Schatz.«

Auf dem Heimweg weihte Mama ihre Tochter in den *Plan* ein: »Schatz, dein Vater und ich finden, daß wir es unseren Kindern schuldig sind. Wir können das Geld bekommen, wenn wir unser Erbe beleihen. Was rede ich da? Es geht um Mints Vermächtnis, sie hat mir gesagt, sie würde den Verwandten deines Großvaters, zu denen auch wir gehören, sein Geld hinterlassen. Da du so furchtbar viele Onkel und Tanten hast, wird es nicht viel sein, aber wir werden es uns sicher leisten können, für den Sommer ein Häuschen auf dem Land zu mieten. Ich möchte nicht, daß meine Kinder aussehen wie zu groß geratene weiße Rüben. Fahr' jetzt bitte mit Julien nach Haus und verlier' ihn nicht unterwegs. Ich muß zu Agnes.«

Agnes wartete schon, und Mama fragte ihre Freundin törichterweise, ob sie nicht ein kleines Haus auf dem Land wisse, das für einige Wochen zu vermieten sei. Agnes rief freudig: »Meine Liebe, das nenne ich Glück! Ganz in unserer Nähe, in Giverny, ist ein kleines Bauernhaus frei. Wir beide werden den ganzen Sommer zusammen sein können!«

Den ganzen Sommer mit Willie . . . Mama zitterte bei der Aussicht. Das kleine Dorf Giverny war Malern teuer, und der berühmteste von diesen Künstlern war Claude Monet. Es war ein herrliches Fleckchen Erde.

Der kluge Père Suzé vermietete sein bescheidenes Haus an die Greens und zog mit seiner Familie in den Stall, von wo sie jeden Schritt der zahlenden Besatzer überwachen konnten. Das war nicht weiter schwer, denn das Haus, die Scheune und die Stallungen bildeten drei Seiten eines rechteckigen Platzes. Der Platz war der Hof, meines Wissens der einzige Hof, der wie eine Obstwiese mit Pflaumenbäumen und Apfelbäumen bepflanzt war und keinen Misthaufen aufwies. Dieser Hof mit Obstbäumen, hohem Gras und Wiesenblumen senkte sich sanft zu der Straße hin, auf der Papa frühmorgens zum Bahnhof marschierte. Abends kam er wieder zurück, ein ruhmreicher, von seiner Kinderschar begleiteter Krieger, dessen hohe Gestalt von der untergehenden Sonne gerahmt wurde. Die Kleinen waren alle sehr froh, aber niemand war so lustig wie Papa.

Ich weiß nicht, was wir den ganzen Tag taten. Mama sagte, daß wir im Morgengrauen aufgestanden seien, um harte Reineclauden zu betasten und saure Mostäpfel zu probieren, die ungefähr so verlockend gewesen seien wie unreife Persimonen. Und daß Père Suzé anschließend die Früchte an jedem einzelnen Baum zählte und die fehlenden auf seine Schadensrechnung setzte. Ich glaube, wir gingen oft angeln und machten kleine Picknicks. Ich erinnere mich an den dichten Schatten tief eingeschnittener Feldwege, an große Wiesen, auf denen braune Rinder widerkäuten, an üppige Brombeerhecken und kleine Bäche, wo Kühe auf hin und her schießende Elritzen zu starren schienen und schlammfeuchte Steine unversehens umkippten und die Unerfahrenen ins Wasser beförderten.

Mama war oft mit Agnes zusammen, und Papa benahm sich so gut, daß er in jenem ganzen Sommer nur einmal zu dem Haus der Farleys pilgern mußte, um sich bei Willie für einige hitzige Äußerungen über die Japaner zu entschuldigen. Willie favorisierte »diese schlauen kleinen Leute« und zog Papas geliebte Russen in den Schmutz. Bei einer Auseinandersetzung wurde Farley so ausfallend, daß Papa sich bläulich verfärbte, als sei er einem Schlaganfall nahe, mit der Faust auf den Tisch schlug und »Verdammt!« brüllte. Gutmütig, wie er war, floß er dann vor Entschuldigungen über.

In Giverny gab es noch andere Amerikaner, die den

Sommer auf dem Land verbrachten, und unsere Eltern spazierten zu ihnen, um sie zu besuchen, wenn wir im Bett lagen. Und Retta mietete in Giverny ein Fahrrad, das Agnes ungeachtet taktvoller Warnungen unbedingt ausprobieren wollte. Vor den Augen eines entsetzten Publikums von kleinen Greens, dellten sich die Räder unter der Last ein, wurden fast viereckig und ließen unsere beleibte Freundin zwischen den Überresten landen. Damals fanden wir es gar nicht lustig.

Mama mochte das Land ganz gern, betrachtete die Natur aber wie die meisten Hartridges als einen dekorativen Hintergrund für zwanglose Gesellschaften, mehr nicht. Sie freute sich also, wenn sie in die Stadt fahren konnte, um Freunde aus Amerika zu sehen. Dabei hatte sie auch ein lang ersehntes Wiedersehen mit ihrer alten Busenfreundin Nellie, die seit Jahren mit »Onkel Wayne« verheiratet war, einem ziemlich eingebildeten Senator, der seine Hosenbeine in die Socken steckte, ehe er einen Golfschläger in die Hand nahm. Tante Nellie hatte Mama eine Menge über ihre Sprößlinge zu berichten; sie waren Wunderkinder, die alles wußten und wahre Muster an bürgerlichen Tugenden waren. Die jungen Misses Parker engagierten sich für Indien, befürworteten das Montessori-System und waren die Zierde Washingtons, wie Mama den Erzählungen der Frau entnahm, die nur noch ein Gespenst aus alten Zeiten war; sie versuchte erfolglos, sich an all das zu erinnern, was sie einmal miteinander verbunden hatte.

Ohne die Kinder, allein mit Papa, fand Mama das Leben höchst angenehm, zumal sie gerade die großen stillen Avenuen zu den Champs-Elysées hinunterfuhr, um in einem der hübschen, auf weiten Rasenflächen verteilten Restaurants unter grünen Bäumen zu speisen. Am Eingang von Ledoyen stand Mr. Shotter mit seinen Töchtern. Neben ihnen erblickte man einen gutaussehenden Fremden mit grauen Augen, grauem Haar und grauem Schnurrbart, bleichem Gesicht und blitzend weißen Zähnen, der ungefähr so nervös war wie kurz vor einem Anfall von Veitstanz. Die Greens und die Shotters begrüßten sich freudig. Menschen, in denen unser Blut fließt, sind uns im Ausland immer lieb und teuer. Der gutaussehende Mann sagte: »Wie geht es dir, Mary?«

»Oh, du bist es wirklich, Willie!« Mamas Stimme versagte, und sie warf sich an seine Hemdbrust. »Oh, Willie, Willie, nach all den langen Jahren!« Während sie sprach, wurden sich alle einer langen und öden Zeitspanne bewußt, einer unerträglich bohrenden Sehnsucht. Alle bis auf Willie, der verlegen seine Krawatte zurechtzupfte, Mama ein Küßchen auf die Wange gab und fortschaute. Tränen traten in ihre Augen, aber sie riß sich tapfer zusammen: »Was für eine Närrin ich bin, mich so gehen zu lassen und kostbare Minuten zu vergeuden!«

»Mrs. Green«, sagte Mr. Shotter schleppend, »darf ich Sie bitten, der Tafel als die einzige anwesende . . . ähem, Ehefrau und Mutter vorzusitzen?«

Ehefrau und Mutter. In Mamas Tagen in Savannah hatte man diese Redewendung nicht gebraucht. Sie kam sich sofort vor wie eine altrömische Matrone, eine Person mit unbeugsamen Prinzipien und einer zementenen Lokkenfrisur. Sie behielt diesen Eindruck jedoch für sich, als sie, geblendet von der eleganten Umgebung, an dem reservierten Tisch Platz nahm. Es war ein warmer Abend mit einem sternklaren Himmel, genau das richtige Wetter. Lampions grenzten den Garten ab. Girlanden von Papierorchideen, in denen elektrische Glühbirnen versteckt waren, zogen sich von einem Baum zum anderen. Auf den Tischen standen silberne Lampen mit roten Schirmen. Ihr Licht war so dosiert, daß es die bronzegrünen Kastanien geheimnisvoll-romantisch erscheinen ließ und den Gesichtern der Gäste einen warmen Schimmer verlieh, der ihnen, jedenfalls anfangs, sehr zum Vorteil gereichte. Die jungen Misses Shotter legten ihre langen Handschuhe in ihre Champagnergläser, um zu zeigen . . . Aber muß man es erklären? Ihr Vater hatte nicht die Absicht, sich dieser Enthaltsamkeit anzuschließen, ebensowenig wie Papa, der das Essen und die Weine bestellte.

Mama verwandte alle ihre müßigen Augenblicke darauf, Papas Benehmen zu beobachten. Er benahm sich unmöglich und redete bald so viel und so schnell, wie man es nach dem Genuß diverser Gläser Champagner zu tun pflegt. Sie selbst trank wenig, gerade genug, um sich glauben zu machen, die von komplizierten Saucen bedeckten Gerichte und der majestätische Weinkellner, der ihr dezent Jahreszahlen ins Ohr flüsterte, zeigten an, daß ein himmlisches Fest stattfand. Und daß sie es aus einer gewissen Entfernung erlebte. Sie aß und trank, ohne an die unerträgliche Migräne zu denken, die sie für ihre Unbedachtsamkeit strafen würde. Sie benutzte den Papierfächer neben ihrem Teller, sie versuchte sich vorzustellen, daß diese schöne Szene ein Traum war und daß Papa sich nicht lächerlich machte. Er tat es natürlich, aber sie merkte sehr wohl, daß er nur deshalb so dick auftrug, weil er sie von der schrecklichen Enttäuschung ablenken wollte, die Willies Empfang ihr bereitet hatte.

Willie saß neben Mama und stellte ernste Fragen nach ihren Kindern und dem Leben in Frankreich. Er hatte gallisches Blut in den Adern, aber an diesem Abend floß es recht getragen dahin. Entmutigt, da er das herzliche Verhältnis von früher verleugnet hatte, antwortete sie, dieses eine Mal geschlagen, einsilbig und geistlos. Papas Benehmen wurde noch schlimmer, er machte billige Wortspiele, trällerte Arien und erzählte unverzeihlich lange Geschichten über seine Reisen. Letzteres war außerhalb des häuslichen Kreises nicht zu entschuldigen, und er wußte es. Ohne an das zu denken, was folgen mußte, redete er weiter, verlor den Faden, rettete sich in wuchernde Anekdoten. Die jungen Misses Shotter schienen seine Konversation amüsant zu finden. Mr. Shotter lief vor Sattheit und Hitze purpurrot an, tat aber alles, um Papa in Schwung zu halten. Willie und Mama blieben kühl und mißbilligend.

»Mary«, sagte Willie zuletzt, »könnten wir morgen mittag nicht zusammen essen? Nein, ich kann leider nicht zu euch aufs Land kommen, ich bin ein sehr beschäftigter Mann.«

Mama zögerte. Sie konnte die Rückfahrt verschieben. Aber warum? Um der Beerdigung einer langen Freundschaft beizuwohnen, um mit einem lieben Kameraden zu essen, der sich inzwischen in einen sehr beschäftigten Mann verwandelt hatte? Nein, es war besser, die geheiligten Erinnerungen an frühere Zeiten nicht gänzlich zu trüben. Sie antwortete: »Nein, Willie, ich kann die Kinder nicht so lange allein lassen, ich muß morgen früh nach Giverny zurück. Aber du kommst doch wieder?«

»Ja«, sagte er. »Sicher.«

Sie sahen sich nie wieder. Mama gab uns gegenüber lange Zeit vor, daß sie denselben alten hinreißenden Willie wiedergetroffen hätte. Als wir ihn dann später in Amerika kennenlernten, erkannten wir die Wahrheit. Die Jahre hatten ihn geändert, und der Überschwang der Jugend, den Mama als ewig betrachtet hatte, war erstorben und hatte einen nervösen Anwalt mit einem freundlichen Herzen und einer Abneigung gegen auffallendes Benehmen zurückgelassen.

Aber das Fest war beinahe zu Ende. Die Kellner schlichen in der Hoffnung, eine von Papas Gesten würde »Die Rechnung, bitte« bedeuten, panthergleich um den Tisch. Ein Mann brachte sie schließlich unaufgefordert.

»Alle guten Dinge nehmen ein Ende, bester Shotter«, bemerkte Papa und langte hastig nach dem langen Papierstreifen. »Nein, ich möchte nicht zahlen, ich möchte nur sehen, ob alles seine Richtigkeit hat. Jawohl . . . Man amüsiert sich, alles ist rosenrot, das Essen ist köstlich, man bekommt eine Leberkolik. Das ist Rechnung Nummer eins. Man liebt seine Freunde und zeigt es, sehr gut, aber auf dem Heimweg stellt man fest, daß die Ehefrau nichts verstanden hat, Rechnung Nummer zwei. Man glaubt, man sei unterhaltsam gewesen, geistreich, ein fideler Bursche, während alle anderen denken, wenn man ihnen nicht so schrecklich auf den Wecker gefallen wäre, hätten ihnen die *filets de sole dieppoise* vielleicht besser geschmeckt, und das ist die dritte Rechnung, die man zahlen muß, so wahr ich Edward Green heiße.«

»Oh, hören Sie auf, Green.« Mr. Shotter war den Tränen nahe. »So schlimm war es nicht, und ich habe nur eine Rechnung bezahlt und fühle mich ausgezeichnet.«

Papa drückte ihm lange die Hand. »Das kommt daher, daß Sie der beste Mensch von der Welt sind, ein großer Sportsmann, ein . . .«

»Gute Nacht, Mr. Shotter«, sagte Mama, »Entschuldigen Sie bitte, aber ich glaube, ich muß diesen Schwätzer jetzt nach Haus bringen.«

Mr. Shotter sagte schnell etwas Liebenswürdiges, ehe seine Töchter ihn fortzogen.

Mama nahm Papa am Arm und sagte eindringlich: »Es ist nach Mitternacht, und wir haben eine lange und schöne Fahrt unter einem dicken gelben Mond vor uns. Die schönste Stadt der Welt wird bald schlafen gehen, genau wie wir, hoffe ich. Vorher möchte ich dir aber sagen, daß du mir trotz deines Benehmens lieber bist als die anderen Gäste beim Fest und daß ich vor allem nicht bereue, dich geheiratet zu haben. Gib mir jeden Tag einen fröhlichen Narren und keinen wichtigtuerischen, du verstehst, was ich meine. Wenn du aber noch einmal die Geschichte von dem kroatischen Kaufmann erzählst, werde ich aufstehen und *Hiawatha* von Longfellow rezitieren. Ich kenne jede Zeile auswendig, weil ich es deinen armen Kindern vorgelesen habe.«

1907 – Das Jahr von Eleanor

»Mein Gott«, murmelte Mama, »schon wieder Juli!« Ein anderes Jahr war vergangen. Sie rollte sich auf dem Rosenholzsofa zusammen, wie man es tut, wenn man allein und rundum glücklich ist. Für Mama war Glück nicht die Abwesenheit von Kummer, sondern eine vorübergehende Trennung von ihrer Familie. Sie schaute sich nach nichts Bestimmtem um, fuhr zornig hoch, als sie Linas Staubwedel in einer Ecke liegen sah, und sank wieder zurück; eine gute Hausfrau hätte an Ort und Stelle eine Szene gemacht, dachte sie. Aber lohnte es sich, eine Redeschlacht und möglicherweise Unverschämtheiten heraufzubeschwören?

Mama betrachtete das Wohnzimmer, und es gefiel ihr. Oh, man könnte eine Menge daran tun, aber diese neue Wohnung in der Rue de Passy war verglichen mit dem Haus in der Rue Raynouard ein großer Fortschritt. Letzteres hatte doch viele Nachteile gehabt. Es war zum Beispiel feucht gewesen, und Mama war sicher, daß Mary sich ihr Leiden geholt hatte, weil sie in einem eiskalten Zimmer geschlafen hatte. Oder war es der Aufenthalt in England? Nein, es war keines von beidem, sondern Marys Abneigung gegen Flanellunterwäsche, ihr unbezähmbarer Hang zu dünnen Kleidchen und ihr Mangel an gesundem Menschenverstand.

Ihre Gedanken schweiften zu Mary, die nach jenem schmerzlichen Ereignis im vergangenen November die glücklichsten Jahre ihres Lebens in Italien verbrachte. Hier muß ich Dr. Brégi ins Spiel bringen, unseren Hausarzt, einen freundlichen und würdevollen alten Herrn mit blauen Augen und einem schönen weißen Bart, der eine Zierde seines Standes war. Er war ein merkwürdiger Arzt.

Er verschrieb nie etwas anderes als Kräutertee, zog einen Spezialisten hinzu, sobald er im Zweifel war, schickte lachhaft niedrige Rechnungen und heilte alle Krankheiten der Greens, solange wir zurückdenken können. Daß er unsere Gesundheit schützte, war eine Glanzleistung, denn alle seine Fragen nach heiklen Punkten waren in ein so elegantes Französisch gekleidet, daß niemand von uns je verstand, was er meinte, und wir deshalb auf gut Glück ja oder nein antworteten.

Doch um auf Mama zurückzukommen, die auf dem Sofa liegt und ihr Universum betrachtet. Mary hatte geschnieft, gehustet und rasselnd geatmet und den Ihren mehrere Winter hintereinander schwere Erkältungen beschert, ehe sie dazu überredet werden konnte, Brégi aufzusuchen. Als sie es in der Erwartung tat, daß er ihr Kamillentee verschreiben würde, kehrte sie entsetzt nach Haus zurück. Es konnte nicht sein, daß sie ein Loch in der Lunge hatte, daß dieses vollkommene Gewebe beschädigt war. Mama war mit Mary zu einem Spezialisten gegangen, und dieser machte nach wenigen Minuten die gelangweilte Miene, die mit einem großen Honorar einhergeht, und sagte: »Nicht weiter ernst, wenn man rechtzeitig etwas unternimmt. Sie müssen an die Riviera oder nach Italien. Viel rohes Rinderfilet essen, Portwein trinken, keine Sorgen machen, diese Mittel einnehmen« – sie waren auf zwei Seiten verzeichnet – »und sich amüsieren.«

Dieses eine Mal war der ärztliche Rat wie ein Blitz aus heiterem Himmel. Italien bedeutete Neapel, denn Agnes' Freundin, Mrs. Carew-Gibson, die den Winter dort verbrachte, versprach, sich um Mary zu kümmern. Mrs. Gibson erwies sich schnell als ein denkbar guter Schutzengel.

Mama brachte Mary selbst nach Neapel hinunter, denn jene Stadt genoß einen so schlechten Ruf, daß selbst die Greens davon gehört hatten, und ein so weltfremdes Mädchen mußte sozusagen eigenhändig abgeliefert werden. Mama blühte auf, wenn sie an den Besuch in der südlichen Stadt zurückdachte, deren Himmel so sternenhell war wie der über Savannah. Sie waren an jenem milden Heiligabend ausgegangen, um die Sehenswürdigkeiten anzuschauen, nicht die Monumente, sondern das Leben auf den Straßen. Von ihren guten Engeln beschützt, hatten Mutter und Tochter die sichere, belebte Chiaia verlassen und Seitengassen aufgesucht, die sich bald zu Rinnsteinen zwischen schmutzigen Häusern verengten. Dort klatschten bloße Füße zum Klang von Mandolinen auf das Kopfsteinpflaster, während zerlumpte Kinder tanzten. Es wurde auch gestritten, drohende Finger schnippten unter gerümpften Nasen, man sah Flirts und Tête-à-têtes, alles in dem schwachen Lichtschein, der aus ärmlichen kleinen Läden drang. Mama drückte verzaubert ihre Nase an die Fenster. Sie erblickte magere, knochige Hähnchen, ganz wie daheim, an Bindfäden aufgereihte Pfefferschoten, Fässer mit Tomatensauce und silbrigen Anchovis, andere, schwieriger zu identifizierende Dinge wie Delikatessen aus Schokolade und Pferdeblut. Und jeder Laden zeigte eine Krippe zur Feier der Geburt Christi, gewöhnlich ein ehrwürdiger Schatz von der Hand barocker Holzschnitzer. Die Jungfrau und der heilige Joseph knieten vor einem Bündel Heu mit dem Jesuskind, und dahinter begann eine karge Felslandschaft. Die Ochsen und Esel lagen, wo sie gerade konnten, denn die leuchtenden Engel, die Drei Könige und ihr Gefolge von Kamelen und Pferden drängten sich mit Geschenken beladen herbei. Mama meinte mit Recht, daß diese Krippen die letzten rührenden Refugien der Volkskunst seien, aber dann starrte sie schon auf große Pastafladen, die, mit Tomaten rot oder mit Spinat grün eingefärbt, über Stuhllehnen hingen. Sie stolperte über die Kundinnen einer *pettinatrice*, die auf Schemeln im Rinnstein saßen. Selbst die ärmste Neapolitanerin ließ sich von einer solchen *pettinatrice* frisieren, einer Dame, die um die geringste aller Summen lange schwarze Locken flocht, zu einem komplizierten Muster legte und das Kunstwerk eine Woche später ohne Aufpreis abbaute, um mit einem

Kamm hindurchzufahren. Verschiedene Personen schliefen auf dem Bürgersteig, während andere sich aus Fenstern beugten und mittels eines Fingeralphabets Konversation machten. Briefe und Nahrungsmittel wurden in Körben zu oberen Stockwerken befördert, und Scharen von Kindern baten auf die anmutigste Weise um ein kleines Entgelt für ihre Saltos, ihre Tränen und ihr allgemeines Los. Mama verteilte alle Münzen aus ihrer Handtasche und sah lächelnd zu, wie die Kinder die Beute ihren ernsten Müttern brachten, um das Spiel dann von neuem zu beginnen. Die Straßenszenen wurden begleitet von Gerüchen: ein Duft von Blumen, der in einem Konzert brutzelnder Saucen unterging, dann und wann ein Hauch von heißem Olivenöl, Gerüche von Kräutern und Zwiebeln, der Duft frischgebackenen Brots und aus Kellerlokalen der abgestandene Atem roten Weins, der dunkel aus der Flasche fließt und nach Tinte schmeckt.

Mama gefielen diese unbeschwerten Menschen. »Sie sind wie unsere Schwarzen.« Marys Abenteuer in Italien würden ein dickes Buch füllen, doch weil ihre Mutter sehr wenige von ihnen zu hören bekam, haben sie hier keinen Platz.

Mama reckte sich auf dem Sofa und seufzte. Dank Mints Vermächtnis konnte Mary fürs erste in Italien leben. Papa hatte wieder einmal Gehaltserhöhung bekommen. Mama schaute sich im Zimmer um. Die weiße Tapete mit den Seidenstreifen war sehr hübsch, aber es war ein Jammer, daß männliche Gäste, die auf der chartreusegrünen Chaiselongue saßen, die Wand mit ihren schrecklichen Köpfen einfetteten. Wozu gab es Kissen? Zugegeben, unsere waren hart, und Papa und Mama nahmen die besten für das Rosenholzsofa, das im schönsten Licht rechtwinklig zum Kamin stand. Das Sofa wurde langsam schäbig, eines Tages müßte es wieder mit rotem Samt bezogen werden. Ja, aber zuerst mußten sie das Klavier bezahlen. Eifrige Amateure hatten es schon fast zu Tode gehämmert. Im Moment war es übersät mit der neuesten leichten Musik aus fremden Ländern, *Ein Walzertraum* und ähnlichen Stücken, die die Kinder in ihrem Schuldeutsch mitsangen. Eleanor behielt ihre Stimme der klassischen Musik vor. Mama fand ihr hohes, affektiertes Trillern insgeheim recht entnervend, aber sie begleitete die Künstlerin gern, denn Singen hinderte Eleanor daran, einen neuen Grund für Liebeskummer zu suchen.

Mama blinzelte und schaute sich noch einmal um. Wie sonderbar, ein Wohnzimmer mit blaßrosa Rundbogentüren zu haben! Die Rückwand des Kamins war mit einem Adler verziert, der die Federn zu sträuben schien, wenn die Flammen an ihm leckten. Die beiden schwarzen Bücherregale waren recht hübsch, aber zu voll von den besten Autoren in der billigen Tauchnitz-Edition. Irgendwann würde sie noch ein paar Regale kaufen. Irgendwann, sann Mama und schloß die Augen, das sagten die Kinder immer. Drei von ihnen waren nun erwachsen, die Kleinen folgten eifrig ihrem Beispiel, irgendwann werden sich andere Leute um ihr Wohlergehen sorgen und wie durch ein Wunder Kleidung und Zerstreuung für sie finden. Irgendwann würde sie von ihnen befreit sein und nur noch für Papa leben. Aber sie liebte uns unbändig.

Sie griff unter ein Kissen und fand ihr Buch. Eine ihrer verblüffendsten Eigenheiten bestand darin, nur die allerhöchste Literatur gelten zu lassen und gleichzeitig eine niedrige Vorliebe für Marie Corelli, Miss Braddon und, noch schlimmer, Mrs. Henry Wood zu hegen. Sie klappte *East Lynne* auf. An diesem himmlischen Nachmittag würden die Kinder sehr lange im Bois Kricket spielen. Die Rosen auf dem Kaminsims dufteten süß, und durch das halb geöffnete Fenster drangen die Geräusche der Straße, Schritte, Hupen und das asthmatische Keuchen von Automobilen, alles zu einem einzigen Klangteppich gewoben. Mama lächelte wieder, langte nach ihrer Tasche, in der sie das Haushaltsgeld aufbewahrte, und schob sie unter ihr Kopfkissen. Lina war ehrlich, aber wenn den Mädchen gegen Monatsende das Taschengeld ausging, brachten sie es fertig, sich unaufgefordert zu bedienen ...

»Ich hasse es, dich zu wecken«, klagte eine nur zu bekannte Stimme, »aber wenn du mir nicht hilfst, weiß ich nicht, was ich machen soll.«

Es war Eleanor, und sie trug ein langes grünes, mit Hohlsaumarbeit verziertes Satinkleid. Ihr dichtes rotes Haar war durch eine Unzahl von Schildpattnadeln mit zwei Flügeln verbunden. An ihrem Hals hing eine Kette mit einem goldenen Medaillon. »Tut mir schrecklich leid«, erklärte Mama mit der gefühllosesten Stimme von der Welt. »Dein Vater und ich haben dich gewarnt. Wir haben dich sogar angefleht, uns nicht zu blamieren. Nein, du wußtest es wieder mal besser, der arme, unglückliche Mann ist der einzige, den man bedauern muß.«

»Das glaube ich auch«, sagte Eleanor gefällig. »Er hat mir schon wieder einen Brief geschrieben, da, lies.« Sie reichte Mama einen Bogen.

Mama legte ihren Roman beiseite. »Ich möchte die Briefe dieses netten Mannes nicht mehr lesen. Weißt du nicht, daß sie heilig sind? Ist dir denn nichts heilig?«

Eleanor litt sichtlich unter der Hitze und der Last eines schlechten Gewissens, aber ein kleines Lächeln umspielte ihre blassen Lippen. »Ich weiß, daß solche Dinge heilig sind, aber weil du antworten mußt, solltest du lesen, was er geschrieben hat. Mach es freundlich, Mama, aber nicht zärtlich, ich kann Unaufrichtigkeit nicht leiden.«

Mama las einen wunderschön formulierten und ernsten Liebesbrief. Er rührte an ihr Herz, und sie schämte sich über ihre Tochter, obgleich ein Blick auf das niedergeschlagene Gesicht ihre Strenge milderte. »Eleanor, ich werde dem bedauernswerten Mann noch dieses eine Mal schreiben. Um meinetwillen, weil du dich wie eine Dienstmagd ausdrückst, und um seinetwillen, weil dein Brief der einer schnippischen Dienstmagd wäre.« Sie setzte sich an ihren Sekretär und entwarf mit leichter Hand einen Brief für ihre Tochter. »Kann ich nicht ein bißchen Liebe hineinlegen?«

»Nein, Mama, auf keinen Fall. Ich liebe ihn nicht, es wäre nicht ehrlich.«

»Warum hast du es dann zu diesem Alptraum kommen lassen? Warum hast du dein Jawort gegeben?«

»Aber ich mochte ihn sehr, bis er sich in mich verliebt hat. Ich mochte seine Konversation, seinen Geschmack, er war ein charmanter Begleiter, ich bin gern mit ihm ausgegangen, und Agnes hat ihm geholfen, sie und der Teufel, es ist ihre Schuld. Es passierte, als wir drei, ich meine Agnes, Bennett und ich, zusammen auf dem Land waren. Ich mußte meilenweit mit ihm durch den Wald von Fontainebleau marschieren, und als ich todmüde war, machte er mir einen Heiratsantrag. Er benutzte alle Argumente, die es geben kann, und drohte sogar, sich umzubringen. Du weißt doch, wie leichtgläubig ich bin. War es vielleicht fair, mich müde zu machen und dann zu bedrängen? Also sagte ich ja, und kaum hatte ich es gesagt, lief er mit mir zurück und telegraphierte allen seinen Freunden in England, daß wir verlobt seien.«

»Oh, Eleanor, hättest du euch beiden nicht vieles erspart, wenn du ihm gleich gesagt hättest, du hättest dich geirrt? Jede Minute macht es schlimmer.«

»Agnes hat mich bearbeitet. Sie hat gesagt, er sei eine so gute Partie, ich würde euch nicht mehr auf der Tasche liegen und könnte in Paris leben, in eurer Nähe. Meine Bühnenpläne seien ein Spleen, ich sei nicht für das Bohèmeleben geschaffen. Und wenn du wüßtest . . .« Eleanor suchte nach Worten für etwas Bestimmtes.

Mama stand auf. »Ich will nichts mehr hören. Hier ist der Brief, und ich flehe dich an, sofort Schluß zu machen, wenn du unglücklich bist. Papa wird natürlich außer sich sein, immerhin hat er dem armen getäuschten Bennett erlaubt, hierherzukommen und offiziell um deine Hand anzuhalten. Mit Cut, Zylinder, weißen Handschuhen und allem!«

»Ich versuche einfach, mich noch etwas an ihn zu gewöhnen, Mama. Ihm wird das Herz brechen, wenn ich ihm ausgerechnet jetzt den Laufpaß gebe, wo er gerade eine Wohnung sucht.«

»Wie du willst. Woher hast du das Medaillon, Schatz?«

Eleanor betastete es nervös. »Oh, es ist schon alt, Mama. Ich gehe jetzt ein bißchen mit Julien spazieren, ich komme bald zurück.« Sie gab Mama einen Kuß und eilte hinaus. Jetzt, wo es keine Rolle mehr spielt, darf ich berichten, daß sich in dem Medaillon winzige Fetzen eines Liebesbriefes von einem gewissen Signore Guardabassi, einem Patensohn des Papstes, befanden und daß Mamas unschuldiger Sohn als Anstandswauwau für eine Unterredung mit jenem hitzigen Italiener geborgt wurde. Von Eleanor, offiziell verlobt mit Enoch Arnold Bennett, einem anerkannten Literaten, der Tochter ebenso geachteter Personen!

Mama wußte nicht mehr, was sie denken sollten. Hochzeitsgeschenke wurden gebracht, und es kamen Telegramme, Briefe, Schecks; die Familie daheim reagierte uneingeschränkt positiv, achtzehn Photos der düster dreinblickenden Eleanor waren für Bennett aufgenommen worden. Papa lehnte es ab, mit irgend jemandem über die Hochzeit seiner Tochter zu reden, und seine Weigerung schloß sogar Mama ein. Niemand hatte das Mädchen dazu getrieben, sich zu verloben. Warum hatte sie ihm ihr Jawort gegeben? Sie liebte Bennett nicht? Warum dann das Ganze, zum Kuckuck? Papa verschanzte sich jeden Abend hinter seiner Zeitung, aber wer wußte, ob ihm sein mit Wasser verdünnter Whisky schmeckte? Er sorgte und schämte sich.

Mama war niemals imstande, das Geheimnis des Falls Arnold Bennett – Eleanor Green zu lösen. Als Mutter hatte sie Mitleid mit der unglücklichen Eleanor, doch als vernünftige Frau verstand sie nicht, warum das Mädchen eine solche Situation heraufbeschworen hatte. Wie konnte solch ein fesches, unabhängiges Mädchen den Antrag eines Mannes annehmen, den es nicht liebte? Und zulassen, daß Bennett eine Wohnung suchte, definitive Pläne machte, ihr Geschenke kaufte, um dann, wenn ihr künftiger Ehemann (der ausgezeichnet Konversation machte) zu Besuch kommen wollte, vor Verzweiflung zu heulen? Es war unbegreiflich für unsere Eltern, ebenso sonderbar wie die Tatsache, daß Bennett sich damit abfand, seine Verlobte nie allein zu sehen, hinhaltende, von Mama entworfene Briefe zu bekommen und in überreichem Maße die Gesellschaft der kleinen Greens zu genießen.

Papa und Mama mochten Bennett sehr, obgleich ihnen die Situation so peinlich war, daß sie nicht wußten, was sie tun sollten, außer ihn liebenswürdig zu empfangen. Wir Kinder haben ihn als einen schüchternen Herrn mit freundlichen braunen Augen in Erinnerung, der ein wenig stotterte oder vielmehr so lange innehielt, ehe er bestimmte Worte herausbrachte, daß eine unerträgliche Spannung entstand. Nur Julien empfand sie nicht; er saß auf den Knien seines künftigen Schwagers und ahmte die Sprachstörung des Ärmsten unbefangen nach. Ich habe den Eindruck, daß die Verlobung eine Ewigkeit währte, obgleich sie nach einigen Monaten vorbei war. Anne profitierte sehr von ihr. Zum Dank, daß sie Eleanors Anstandsdame gespielt hatte, schenkte diese ihr eine Halskette mit Amethysten, die einmal der Königin Alexandra gehört hatte, und Bennett überreichte ihr in seiner Großzügigkeit eine Perlenkette mit einer bemalten Schnecke als Anhänger.

Wir waren zu beschäftigt, um groß auf diese Romanze zu achten, die ich heute so tragisch finde. Anne beispielsweise war alt genug, um allein mit dem Bus zu fahren und die gewinnende Agnes zu besuchen. Sie beglückte diese liebenswerte Frau häufig mit ihren Besuchen und erhielt von ihr den amüsantesten Unterricht in englischer Literatur. Agnes behandelte Kinder genau, wie sie einen intelligenten Erwachsenen behandelt hätte. Und welche zwölfjährige Dame konnte nicht geschmeichelt sein, wenn sie nach ihrer Meinung über die Japaner gefragt wurde? Oder wenn sie sagen sollte, was sie von der apostolischen Nachfolge halte und ob Bier und vergorener Apfelmost ihrer Ansicht nach zu Rheumatismus führten? Anne, deren Verstand nicht der schnellste war, fürchtete und liebte diese Gespräche. Wenn sie nach Haus fuhr, glühte sie vor Begeisterung und wußte auf einmal all die klugen Antworten, die ihr nicht rechtzeitig eingefallen waren, um Agnes in Erstaunen zu setzen.

Mama, die von einer Spazierfahrt mit den Farleys in deren neuem Automobil zurückgekehrt war, fand Papa pfeifend auf dem Sofa. »Alles in Butter!« rief er und winkte ihr aufgekratzt mit seinem rechten Bein zu.

»Oh, Edward, wie ich mich freue!« Mama setzte sich neben ihn. »Dann hast du keine Venenentzündung?«

»Nein, das heißt, dieser neue Arzt kann keine Spur davon entdecken. Er ist ein richtiger Gentleman, jawohl. Er hat mich gründlich untersucht, und dann hat er gesagt: ›Monsieur, reden wir wie erfahrene und vernünftige Männer. Ein gutes Essen im Kreis von guten Freunden und eine geringe Menge Alkohol können niemandem schaden. Kaffee? Gewiß, und Tee ist auch völlig in Ordnung. Überanstrengen Sie sich nicht, und benutzen Sie jeden Anlaß zur Fröhlichkeit. Keine Diät, keine Medikamente, nur bleiben sie auf dem Teppich . . .‹ Ich hätte den guten Mann umarmen können. Wenn ich an deinen sauertöpfischen Spezialisten denke, und was ich unter seinen Händen gelitten habe. Ich wette, ich hätte ohne alle diese Schmerzen geheilt werden können.«

Mama zog hörbar die Luft durch die Nase ein. »Und was nahm dieser teuflische Arzt dafür, daß er dich auf den Weg zum Selbstmord geschickt hat?«

»Zwanzig Franc, und ich glaube an ihn, jawohl, Sir.«

»Ziemlich teuer. Du hast ihm natürlich erzählt, daß du die ganze Nacht mit den Vertretern in Montmartre zechst und mich allein in diesem verhexten Zimmer schlafen läßt?« Mama freute sich über die Nachricht, daß das Bein gesund war, denn Papa hatte mehrere Anfälle von Phlebitis gehabt, die »jeden Anlaß zur Fröhlichkeit« verhinderten.

Papa meinte, daß es an der Zeit sei, Mama von den Vertretern und ihrem skandalösen Treiben in Paris abzubringen. »Weißt du Mary, ihr Frauen amüsiert mich mit euren Gespenstern und all diesem Mumpitz. Ihr macht euch gegenseitig mit diesem Quatsch verrückt. Du mußt doch zugeben, daß du in der Rue Ruhmkorff ebenso vernünftig warst wie jetzt. Hm . . . Dr. Green verschreibt eine Luftveränderung. Der nette alte Cauchois hat mich heute nachmittag im Büro besucht und uns für den Sommer sein Haus in Le Vésinet angeboten. Seine Frau möchte, daß du es für sie in Ordnung hältst, während sie an die See fahren. Freust du dich?«

»Ja, sehr, zumal deine Schwester Annie nächste Woche mit ihrer Tochter herüberkommt, um Europa zu sehen. Da das Haus der Cauchois' so groß ist, können sie bei uns wohnen. Ist das nicht nett?«

Papa sprang hoch. »Ich werde dem Rat des Arztes folgen und mir auf diese umwerfende Nachricht hin ein Glas genehmigen. Ich bring' dir eines mit.«

Als Eleanor mit roten Augen und bemerkenswert still zum Abendessen zurückkam, bemühten sie sich nach Kräften, sie aufzuheitern. Doch wer kann einem eigensinnigen jungen Herzen seine Sorgen abnehmen?

Der Sommer war herrlich und dauerte in meiner Erinnerung eine lange, sehr lange Zeit. Vielleicht ist es Einbildung, aber mir scheint, daß die Jahreszeiten damals den Erwartungen entsprachen und nicht so unberechenbar waren wie heute: Der Juli war herrlich warm mit tiefblauem Himmel und Sternschnuppen, und die Erwachsenen saßen die halbe Nacht draußen in der lauen Luft; im August wurden die müden Blätter dunkler, die Tage waren bereits kürzer, und im September wehte es manchmal, die Wolken zogen schnell über den Himmel, es gab eine Fülle von Obst und Blumen, manche Tage waren sonnig und mild, und abends wurde das erste Feuer im Kamin gemacht. Im September berauschte uns das Wetter so sehr, daß wir vor Freude kreischend durch den Garten der Cauchois' tollten. Wie betrunkene Schwalben, sagte Mama.

Aber ich erzähle noch vom Juli. Das Haus der Cauchois' war hübsch und stand in einem größeren Garten, der einmal dem Wald abgerungen worden war, denn am

Rand ragten noch dicht nebeneinander stehende, riesige Bäume auf. Es gab einen verwilderten Rasen, interessante Pflaumenbäume und einen Hof mit einer kleinen Scheune, wo Julien allen Hähnen, die so gedankenlos waren, ihm den Rücken zu kehren, die Schwanzfedern ausriß. Die Glocke am Gartentor läutete oft, und da es ein recht hohes Lamellentor war, wußten wir erst dann, was der Zug aus Paris an Besuchern gebracht hatte, wenn es zu spät zum Protestieren war. Es konnte Emilys Mutter sein, die so manches Doppelkinn besaß, an dem man zupfen konnte, oder der nette Mr. Schley, einer der wenigen Südstaatler, die meines Wissens Vermögen geerbt hatten, nicht etwa, weil sie verdienstvoll oder fürsorglich gewesen waren, sondern einzig und allein aufgrund ihres Charmes. Miss Leila tauchte wieder auf und auch die mäkelnde Miss Georgia; Papas Schwester Tante Annie mit ihrer Tochter Minnie und deren Anbetern; der würdevolle Mr. Morton, der Mrs. Morton im biblischen Sinn das letzte Geleit gegeben hatte; verschiedene muntere Freunde von Papa und sehr oft der unglückliche Arnold Bennett.

»Warum löst er die Verlobung nicht?« fragte Mama sich, wenn sie ihn unter hohen Ebereschen in einer Ecke des Gartens an einem runden grünen Tisch sah, an dem vor allem Südstaatler saßen, deren fröhliche und aufgeregte Stimmen viele Meter weit zu hören waren. Manchmal schien er ein wenig glücklicher zu sein als sonst; vielleicht war Eleanor in ihrer Vorfreude auf eine bevorstehende Reise etwas netter zu ihm. Mama wollte, daß alle glücklich waren, weil sie selbst eine unendliche Zufriedenheit spürte.

Tante Annie war ihre Lieblingsschwägerin, und sie betrachtete ihren Besuch bei uns als eines der schönsten Ereignisse ihrer europäischen Existenz. Mama tauchte so gern in eine amerikanische Atmosphäre, nicht so sehr wegen der vergangenen Zeiten, sondern um sich wieder als untrennbarer Teil eines Landes zu fühlen. Sie kam sich vor wie eine Insel, umbrandet von vierzig Millionen gleichgültigen Franzosen, die niemals vom Sezessionskrieg gehört hatten oder, wenn sie zufällig doch davon gehört hatten, falsch informiert waren. Und wenn sie versuchte, sie zu ihrem eigenen Standpunkt zu dem Thema zu bekehren, gab sie den Kampf jedesmal schnell auf, weil sie einfach vor Langeweile gähnten. Wenn sie sich als Südstaatlerin bezeichnete, dachten diese Ausländer, sie meine Südamerika, und das war ein schlechter Anfang, so daß Mama die Franzosen nie in ihr Universum einbezog und nie in deren Universum aufgenommen wurde. Deshalb war Mama keineswegs eine Emigrantin, denn sie hatte ihr Land immer bei sich und klammerte sich leidenschaftlich an ihre eigenen Leute. Eines der sonderbarsten Spielzeuge, mit dem wir Kinder spielten, war eine halbe Kanonenkugel der Konföderierten, die viele Umzüge überstand; wir liebten sie, rollten sie herum, rieben ihre geriffelte Eisenoberfläche an unseren Gesichtern, benutzten das hohle Innere als Behälter. Wie sie ihren Weg mit uns über den Ozean fand, wissen wir nicht.

Als der Sommer 1907 kam, war die Kanonenkugel verschwunden. Eleanor verließ bald den Schauplatz von Vésinet, weil eine Nahaufnahme dieser Verlobung selbst einer geliebten Schwägerin schwer zu erklären war. Bennett ging auch, um mit einer Gruppe von Freunden eine Rundreise mit dem Automobil zu machen. Es war herrlich ohne die Verlobten. Wir fuhren zu den Märkten in der Umgebung und lasen die Bücher der Cauchois', während unsere Eltern ihren Verwandten die Stadt zeigten. Sie taten das, was Papa für richtig und angebracht hielt. Das heißt, sie gingen in die Opéra *(Faust)*, in die Opéra-Comique *(Carmen)* und in das Théâtre du Palais-Royal, jenen niederen Olymp, wo alle vier Akte aus Schlafzimmerszenen und Ehebrüchen bestanden. Soweit ich mich erinnere, sagte Tante Annie: »Meiner Treu, diese Schauspieler sind so gut, daß man einfach *weiß*, was sie sagen!« Papa hoffte manchmal das Gegenteil und lud die Gesellschaft anschließend zum Souper in Montmartre ein. Nach diesen anstrengenden, mit dem Besichtigen von Sehenswürdigkeiten verbundenen Gelagen fuhren die Mackalls weiter nach Italien, und die Familie konzentrierte sich wieder auf das Landleben und lud sonntags möglichst viele Leute zu einem aus vielen Gängen bestehenden Mittagessen ein.

Als gerade die Reineclauden reif wurden und Mama erwog, sie als Überraschung für die Cauchois' in Marmelade zu verwandeln, bekam sie eine mit Bleistift gekritzelte Mitteilung von Eleanor in Paris. Paris, wo sie eigentlich den Staub normannischer Straßen aufwirbeln sollte! Mama steckte ihre Toque fest und begab sich schnurstracks zu unserer Wohnung in der Rue de Passy. Sie läutete mehrere Male, ehe kraftlose, schlurfende Schritte hörbar wurden und ein Wesen öffnete, das früher einmal ein entzückendes Mädchen gewesen war, in dem sich Vitalität und der Stolz der Jugend zu einem ausgelassenen und lebensfrohen Geschöpf verbanden. Das Ding an der Tür war ungepflegt, sehr blaß und starrte Mama trübe aus tiefliegenden und rotgeweinten Augen an.

Die Erscheinung bekam ein Bad und ein Frühstück, ehe sie eine Erklärung abgab. Wie sich herausstellte, hatten Bennett und seine Freunde auf der Straße nach Deauville Eleanor und ihre Kameraden getroffen. Das Schicksal erzwang eine Krise, indem es Eleanor schlagartig vor Augen führte, daß ihr gegenwärtiges Unglück gemessen an dem künftigen Unglück als Ehefrau noch gar nichts war, und sie trennte sich von ihrer Gruppe, fuhr nach Paris, ließ sich von der Concierge den Wohnungsschlüssel geben und legte sich in ihr abgedunkeltes Zimmer, um zu sterben. Bis der Hunger sie aus dem Bett trieb, um Mama zu schreiben. Die Klausur hatte drei Tage gedauert, als Mama ihre Tochter an den Schultern schüttelte und darauf bestand, daß sie die Verlobung löste.

Abermals griff das Schicksal ein und verhinderte, daß Eleanor alles verpatzte. Agnes lud die Verlobten ein, einige Tage bei ihr in Cany auf dem Land zu verbringen. Bennett schrieb, er werde Eleanor an einem bestimmten Tag am Bahnhof erwarten, um zusammen mit ihr nach Cany zu fahren. Eleanor litt jetzt sehr und wußte, daß sie im Begriff war, einen großen Schmerz zuzufügen und jenes äußerst empfindliche Ding, seinen Stolz, zu verletzten. Es war damals keine Kleinigkeit, eine offizielle Verlobung zu lösen, und obgleich Bennett die Genugtuung haben würde, der unschuldige Teil zu sein, war nicht daran zu rütteln, daß ein törichtes junges Ding ein edles Herz, einen klugen Verstand und einen Smaragdring ablehnte, die alle einem neununddreißigjährigen Gentleman mit einem gewissen literarischen Ruf gehörten.

Von Mama ermahnt und auf die Segnungen eines guten Gewissens hingewiesen, fuhr Eleanor zum Bahnhof, und ihr Herz drohte vor panischer Angst auszusetzen, als sie Bennett erblickte. Wie gemein, ihn in dem Glauben zu lassen, sie würden einige glückliche Ferientage auf dem Land verbringen, sie hatte ihn nie so sehr gemocht wie heute und war sich nie schuldiger vorgekommen . . . Es würden noch peinliche zehn Minuten verstreichen, bis der Zug fuhr. Eleanor wußte, daß sie nicht in der Lage sein würde, oberflächliche Konversation zu machen. Sie bat Bennett höflich, auf ihr Gepäck achtzugeben, während sie sich ein Buch kaufte. Sie ging mit ihrer kleinen silbernen Tasche in der Hand zu einem Kiosk, und wie sie später sagte, vergaß sie beim Betrachten der Neuerscheinungen einen Augenblick lang alles, Romanzen, Kleider, Gesellschaften, Singen, das Grauen, das ihr bevorstand, und war nichts als eine Leseratte, die ein Buch aussuchte.

Sie kaufte unseres Wissens das neueste Werk des gottlosen und zynischen Anatole France, ging langsam zu ihrem Verlobten zurück und sah, daß er den Inhalt ihrer Reisetasche untersuchte, die zufällig einige äußerst persönliche Briefe enthielt. Dies war für sie der erste Hinweis auf Bennetts verborgenste Reaktion, denn er hatte niemals schriftlich oder mündlich durchblicken lassen, daß er Eleanors Verhalten merkwürdig fände. Er war eifersüchtig, mit gutem Grund, wie man konzedieren muß.

Voll Unbehagen benutzte Eleanor die Gelegenheit, um in Wallung zu geraten; ohne daran zu denken, daß ihre

Eskapaden schwer zu rechtfertigen waren, warf sie Bennett unverzeihliche Schnüffelei vor. Entrüstet stieg sie in den Zug, nahm gegenüber von Bennett Platz und löste die Verlobung, als sie aus dem Bahnhof rollten.

Ich schweige über Bennetts Empörung, Papas Ärger und Mamas lautstarke Erleichterung. Eleanor blieb bei Agnes, »eine Schande in den Augen der Welt und ihrer Eltern«, wie Bennett in seinem Zorn sagte. Doch im Oktober verließ sie, strahlend schön und guter Dinge wie ehedem, ihren Unterschlupf und traf irgendwo den rosagesichtigen Kennie wieder. Sie verliebte sich in den jungen Mann und heiratete ihn. Aber das war erst im nächsten Jahr, 1908.

Im Oktober 1907 wurde Papas Gehalt abermals erhöht, doch Mrs. Hartridge starb, und das ging Mama sehr zu Herzen. Das Band zu ihrer Mutter war zwar dünn, aber beständig, und »ein Brief von Mutter« bedeutete mehr als feine, schöne Buchstaben, die flüchtig auf satiniertes Papier geworfen waren und schnell überflogen wurden, weil alte Damen dazu neigen, weitschweifig zu sein und sich zu wiederholen. Es war eine Verbindung zu Mamas früherem Ich, zu ihrem Vater, es war der dumpfe Schmerz des *Nimmermehr*. Papa war fort, als das Telegramm kam. Der schwarz gekleidete Mr. Morton überbrachte uns die Nachricht. Als Mama verstand, setzte sie eine Maske vollkommener Gleichgültigkeit auf, begleitete Mr. Morton zur Wohnungstür, ging in ihr Schlafzimmer und schloß sich ein.

Mamas Zimmer! Wie sehr wünschte ich, es beschreiben und seine Atmosphäre vermitteln zu können! Die Einrichtung war nicht viel besser geworden und zählte nicht. Das Fenster ging nach Osten auf einen Garten, in dem die Amseln süßer sangen, als sie seitdem jemals gesungen haben. In dem Ankleidezimmer rechts, wo die Kleider so schlaff an ihren Bügeln hingen, spukte es. Dort forderte Julien den Teufel auf zu erscheinen, rief ihn dreimal und rannte mit gesträubten Haaren hinaus, weil er ein schwaches Rascheln in Mamas Kleidungsstücken zu hören meinte. Die Nähmaschine am Fenster hatte einen Deckel, den Julien für gewisse Riten auserwählte: Dort zelebrierte er beispielsweise Brandopfer, mit einem Handtuch um den Kopf, seinen mageren Körper in Mamas Morgenrock gehüllt. In einer Ecke stand die runde Wanne, in der wir badeten. Wir hatten zwar ein Badezimmer, aber Mama fürchtete sich vor dem Gasboiler. Das Medizinschränkchen über Juliens Bett wäre kaum der Rede wert, enthielt aber unter anderem eine Flasche mit Äther, deren Korken in wenigen Wochen eine schwammartige Konsistenz annahm und in diesem Zustand eine Delikatesse war. Man mußte dann nur einen anderen Korken suchen und für eine neue Drogenorgie reifen lassen. Alle Pillen mit einem süßen Überzug wurden abgelutscht und für die Erwachsenen zurückgetan, und ein sehr starkes, aus einer exotischen indischen Früchtemischung gewonnenes Abführmittel spielte den Gefräßigen so manchen Streich.

Nichts von all dem kann freilich die Atmosphäre von Mamas Zimmer vermitteln, in dem alle angenehmen oder ernsten Ereignisse vorherbestimmt wurden. Wir horchten in den Zimmern nebenan, wenn Papa und Mama dort in ihrem großen Bett bis weit in die Nacht über die Dinge sprachen, die ihnen am Herzen lagen, meist über uns selbst. Dort stahlen wir uns vor der Schule hinein, um Bitten vorzubringen, die sofort abgelehnt und dann unweigerlich erfüllt wurden. Dort hatten die älteren Kinder lange Unterredungen mit Mama und beichteten so viel, wie sie vertreten konnten, ohne sie in Angst und Schrecken zu versetzen. Dort erweiterten sie ihren Horizont und klärten sie darüber auf, wie es in der modernen Welt, dieser verrohten, lustigen, amüsanten, respektlosen und sündhaften Welt zuging. Mama hielt sich die Ohren zu und rief: »Mein Gott! Ich würde nicht einmal eurem Vater solche Dinge erzählen!« Und sobald sie ihn informiert hatte, sagte er auf seine unschuldige Art: »Du meine Güte, wie können die Mädchen bloß so unerhörte Sachen erfinden?« Dorthin zog sie sich aber auch zurück, wenn sie Sorgen und Kummer hatte. Obschon sie eine so religiöse

Frau war, sah sie bei einer Sitzung mehr Unglück und Elend über ihrer Familie aufziehen, als Satan in einem ganzen Jahr ersinnen konnte. Aber die Zukunft schien hell vor ihr zu liegen, ihre Finanzen gediehen, sie brauchte nicht mehr so viel zu arbeiten – sie hatte jetzt zwei Dienstboten –, und die Kinder entwickelten sich mehr oder weniger zufriedenstellend. Papa war unbeschwert wie immer, er sorgte sich nie und nahm die Tage, wie sie kamen.

In Mamas Zimmer wurde Charlotte zum Tee empfangen und erzählte ihrer ehemaligen Herrin den neuesten Klatsch über Ma Tante, die entgegen unser aller Hoffnung nicht an Völlerei sterben wollte und ihre bedauernswerte Erbin statt dessen so viel arbeiten ließ, daß sie aussah wie ein Strich in der Landschaft. Charlotte kam gewöhnlich einen Tag nach Mademoiselle Goudeau, der Schneiderin. Diese nahm das Zimmer einmal in der Woche vom frühen Morgen bis zum Anbruch der Nacht in Besitz, um Tuchballen in absonderliche Kleidungsstücke zu verwandeln. Sie hatte früher in Gouda gelebt und die Damen des niederländischen Hofes angezogen, die offenbar keine Notiz von den Diktaten der Mode genommen hatten. Wenn Mlle. Goudeau ging, war der Fußboden von Resten in allen Farben des Regenbogens bedeckt, denn Mama zog uns gern farbig an, und wir erregten entsprechendes Aufsehen. An Goudeaus Tag hastete Julien von der Schule nach Haus, weil er eine romantische Affäre mit der Schneiderin hatte, die mehrere Jahre währte. Sie liebte ihn und ließ ihn das Rad der Maschine drehen, während sie nähte, und er erzählte ihr von seiner Welt, einem winzigen Universum im Azur einer grenzenlosen Phantasie. *In achtzig Tagen um die Welt* und *Michael Strogoff*, aufregende und gehaltvolle Stücke, lieferten weiteren Gesprächsstoff, doch Mlle. Goudeau tauchte bei aller Liebenswürdigkeit nie aus ihrer eigenen inneren Welt auf, um irgend etwas zu absorbieren. Vielleicht war das der Grund, daß unsere Kleidung so bizarr blieb.

Mehr und mehr Leute erschienen in der Wohnung,

aber die interessantesten Beiträge stammten von Papa und Mary. Papa sammelte muntere Herren ausländischer Herkunft, die sehr gesellig waren, nur daß man sie unmöglich verstehen konnte, während Mary, nachdem sie von ihrer Saison in England zurückgekehrt war, eine Zeitlang zwischen ihren alten britischen Bekannten und sehr hochgeborenen Italienern schwankte. Dazu kam das Sammelsurium, das Mama stetig anhäufte, einige Freunde von Eleanor – die in jedem Sinn des Wortes schnellebig waren –, und unsere Mahlzeiten wurden zu Schmelztiegeln oder Türmen zu Babel, und wir fanden es wunderbar.

Übrigens ging alles sehr gut, bis Mary auf die grausige Idee kam, Fremde auf einen ganzen Monat zu uns einzuladen und ihnen Paris zu zeigen. Selbst Papa wehrte sich schwach gegen diese Dauergäste. In diesen Zeiten gab es in der Wohnung, wo schon normalerweise jede Privatsphäre schnell gestört wurde, überhaupt keinen Frieden mehr. Wenn Mary jedoch zu dem Schluß kam, daß eine ihrer Freundinnen einen Tapetenwechsel brauchte, konnte nichts auf der Welt deren Erscheinen in der Rue de Passy 93 verhindern, was selbst die resolute Mama wußte. Marys Nächstenliebe war bekannt, ihre Loyalität zu Freunden herzbewegend. Sie hypnotisierte Mama mit ihren schwarzen Augen, griff mit beiden Händen in die Haushaltskasse, besichtigte mit ihren Freundinnen die Sehenswürdigkeiten, führte sie ins Theater und in die Tempel leiblicher und anderer Genüsse. Von seiner beredten Tochter fasziniert, gab Papa ihr wie in einem Traum zweihundertfünfzig Franc, damit sie eine angeblich echte antike bretonische Anrichte kaufen konnte. Der erste Wassertropfen zeigte, daß das Möbel aus allerjüngstem Holz bestand, aber andere Familien besaßen antike Anrichten, und Mary hatte einen Hang zum Konventionellen. Die Greens mochten diese Fremden manchmal, und wie Mama bemerkte, reifte Nähe schnell zu Vertrautlieit, aber ich möchte trotzdem nicht von jenen Zeiten schreiben, in denen Mary liebe und (uns) unbekannte

Freundinnen einlud und selbst eine Reise antrat, ehe sie dann erschienen.

1907 endete jedoch sehr erfreulich. Mrs. Picken aus Plymouth verabschiedete sich »nach einem so angenehmen Aufenthalt«, bei dem Papa einen seiner verdientesten Anfälle von Venenentzündung gehabt hatte. Mary machte sich an die heikle Aufgabe, Mama eine neue Aussteuer zu entlocken, ehe sie nach Italien reiste. Eleanor wollte ebenfalls eine Aussteuer, weil sie ja heiraten würde, aber Mary bekam dank ihrer eisernen Entschlossenheit und ihres unaufhörlichen Bohrens die bessere. Sie wurde liebevoll am Bahnhof verabschiedet, ehe man entdeckte, daß sie einundzwanzig Paar lange weiße Handschuhe von Eleanor entwendet und alle linken in ihrem Schrank vergessen hatte. Ob sie die rechten zurückschickte? Natürlich nicht.

1908 – Kleine Freuden

Eleanors Einstellung zu den Hochzeitsgeschenken ließ sehr zu wünschen übrig. Sie gab die Schecks und die Wertsachen, die sie nach ihrer Verlobung mit Bennett bekommen hatte, erst nach unrühmlichen Szenen mit Mama zurück. Nach ihrem zweiten Verlöbnis bekam sie kaum noch etwas und bedauerte heftig, daß Mama auf der Rückgabe der ersten Garnitur bestanden hatte. Da Kennie dann für längere Zeit nach Ostafrika geschickt wurde, zog sie nach Mombasa und heiratete dort am 29. Februar. Vorher bestellte sie jedoch einen Tropenkoffer, der einen Meter hoch war. Hat man schon einmal einen Koffer von dieser Größe gesehen? Er konnte nicht nach oben befördert werden, so daß er unten im Marmorfoyer wartete, bis er auf ein vertretbares Übermaß verkleinert worden war. Sie verpackte darin eine sehr schicke Aussteuer, verbrachte sechs Monate in Nairobi und erschien dann wieder in Paris, wo alle hocherfreut waren, sie wieder bei sich zu wissen. Niemand konnte ihr etwas übelnehmen, weder ihre Unberechenbarkeit noch ihre kleinen Schulden oder die Unbefangenheit, mit der sie die Mahnschreiben herumzeigte. Abgesehen von den entnervenden Romanzen, die sie nach ihrer Heirat zum Glück aufgab, war sie Papas Lieblingskind und nahm alle Entbehrungen und Opfer so eifrig auf sich, wie sie Beefsteaks und Nierenpasteten in sich hineinschlang, bis man ihr im vorletzten Atemzug Brandy einflößte.

So hatten sich die amerikanischen Kinder Anfang 1908 zerstreut, und die französischen besuchten strenge Lycées. Trotz ihrer Entschlossenheit, möglichst wenig zu lernen, konnten sie nicht verhindern, daß ihnen dort von halb neun Uhr morgens bis halb sechs Uhr nachmittags ein solides Wissen eingetrichtert wurde. Da sie um sechs zu Bett gingen, waren ihre Tage kein Honigschlecken; sie hatten allen Grund, den freien Donnerstag und den Sonntag herbeizusehnen.

Mama hatte keine Zeit, sich einsam zu fühlen, obgleich Papa so oft auf Reisen war. Sie war eine Frau, die alles gab: das Haushaltsgeld, taktvollen Rat, energischen Trost. Sie hatte eine Fähigkeit, Schwierigkeiten zu beseitigen, und sie war für alle da, die ihres Weges kamen. So klammerten sich die Verzagten, die Schwachen, die Schmarotzer, die zeitweilig vom Pech Verfolgten an sie wie Napfschnecken an einen Felsen. Sie fand Pflegeeltern für die unehelichen Kinder der Hausmädchen, rettete alte Gouvernanten vor dem Hungertod in Dachkammern, versöhnte Paare, die sich scheiden lassen wollten, heilte Melancholie und verschaffte schlechten Menschen törichte Beschäftigungen, von denen ich später schreiben werde. Sie »borgte« das Haushaltsgeld für Monate im voraus, benutzte unser Schulgeld für wohltätige Zwecke und beschämte uns, indem sie die Lycée-Gebühren in der Minute bezahlte, in der wir ernsthaft Gefahr liefen, zu ihr zurückgeschickt zu werden, weil wir die französische Regierung übervorteilten.

In dieser Zeit stöhnte Papa immer häufiger und nicht unbedingt vor Behagen. »Schon wieder zweihundert Franc? Meine Güte, Mary, ich habe keinen Dukatenesel. Wo bleibt das alles? Du gibst nicht einmal etwas für die Kollekte. Ich kann's nicht, verdammt noch mal.«

»Fluche nicht, Edward. Du bist nicht mehr in Virginia.«

»Das weiß ich.« Papa raufte sich die Haare. »Ich wollte, ich wäre noch dort.«

»Dazu ist es zu spät. Und du gebrauchst gewisse Worte vor den Kindern. Wie kannst du erwarten, daß sie einen Funken Achtung vor dir haben?«

»Ich erwarte gar nichts, zumal du mich in ihrer Gegenwart zurechtweist. Wenn man dich hört, glaubt man, ich redete wie ein Farmerbursche. Du hast meine Gefühle verletzt. Leute aus den Nordstaaten haben nichts gegen meine Ausdrucksweise einzuwenden, vielleicht haben sie Achtung vor mir. Einer hat neulich gesagt: ›Hören Sie, Green, ich weiß genau, woher Sie kommen.‹ Und er machte ein sehr wohlwollendes Gesicht.«

Einige Stunden später fand Mama sich als Erbin wieder. Zum erstenmal in ihrem Leben konnte sie mit Recht von »meinem Geld« sprechen. Onkel Andrew war gestorben und hatte ihr mehrere tausend Dollar hinterlassen, ein vollkommen unerwarteter Segen und damals ein kleines Vermögen. Nach der ersten Freude wurde Mama bewußt, daß Onkel Andrew bei allen oberflächlichen Fehlern ein gutes Herz gehabt haben mußte. Sie trauerte um ihn, und Papa tat das gleiche, weil es immer weh tut, wenn die Familie dahinschmilzt.

Mama krempelte sich im übertragenen Sinn des Wortes die Ärmel hoch und ging an die Arbeit, um ihr Geld in handfesten Freuden anzulegen. Gemessen an ihren Vorfahren war sie allerdings ein Wunder an Umsicht und Mäßigung. Sie ließ sich das Vermächtnis einfach in Banknoten auszahlen und gab jeden Penny davon aus, so schnell sie konnte. Ein sehr vernünftiger Ansatz, denn man besitzt nur das, was man schenkt, und sie tat es mehrere Monate lang. Hoch und niedrig, fern und nah, alle profitierten von Mamas Großzügigkeit. Sie verschönerte die Wohnung, willigte ein, die Kinder zum erstenmal in ihrem Leben normal kleiden zu lassen, mietete ein kleines Haus auf dem Land, möblierte es und überschüttete Papa mit Geschenken. Er bekam einen silberbeschlagenen Anzugkoffer, der so groß, so schön und so schwer war, daß er neben dem Zug stehen mußte, bis Herkules persönlich vorbeikam. Sie ließ eine extra breite und geräumige Kommode für Papas Hemden fertigen, die wir heute als Küchenschrank benutzen. Für sich selbst kaufte Mama zwei dunkle Schneiderkostüme und einige Rüschenblusen, um ihren Kleidungsstil dann nie wieder zu ändern: ein schlichter Glockenrock, eine gut sitzende Jacke und eine Toque, alles Dinge, in denen man nie lächerlich aussah.

Ich glaube, »Mamas Geld« bereitete mehr Freude als irgendein Erbe auf der Welt. Es entschärfte alle Widerwärtigkeiten, und die kleinen Greens bekamen viele Hemden mit echten Spitzen und Monogramm. Monogramme, wie die schicksten Mädchen im Lycée!

Mamas Suche nach einem Haus, das Papa jeden Sommerabend bequem erreichen konnte, war kurz und erfolgreich. Sie fand einen Ort, der damals zu den hübschesten in der näheren Umgebung von Paris gehörte. Andrésy war klein und wurde durch einen Bummelzug mit der Hauptstadt verbunden. Die Seine hatte die Oise gerade verlassen und strömte breit und majestätisch an Andrésy vorbei, das sich in bewaldeten Hängen zur ihr hin senkte. Eine breite Straße säumte den Fluß auf der einen Seite, große Gärten und die Terrassen von Landhäusern auf der anderen, während die gewöhnlichen Bewohner an einer wunderschön gestutzten Laubenpromenade oder rings um eine alte Kirche lebten. Unser Haus, ein damals hundert Jahre altes rosarotes Gemäuer voller Eigentümlichkeiten, die bei aller Kuriosität praktisch waren, stand am Fluß. Die Küche und das große Wohnzimmer waren im Erdgeschoß, und in den Geschossen darüber waren genug Zimmer für uns, darunter eines mit einem tiefen Alkoven. Der Alkoven hatte Türen, falls man es vorzog, in rabenschwarzer und luftloser Dunkelheit zu schlafen.

Der Garten war eher eine sehr große Terrasse mit einem bleiverglasten Pavillon an einer Seite, vielen Sträuchern und einem Rasenfleck, in dessen Mitte ein uralter Aprikosenbaum stand. Wir verbrachten viele glückliche Sommer in Andrésy, wo man nichts anderes tun konnte, als spazieren zu gehen, Ausfahrten zu machen und Besucher zu empfangen. Die Zeit steht still, und ich sehe noch, wie die kleinen Greens über die Mauer spähten, um zu beobachten, wie Monsieur Laigle, der zweieinhalb Zentner schwere Krämer, mit Mamas Bestellung in einem Notizblock unter seiner Mütze seinen Karren zu besteigen versuchte. Einmal, zweimal verfehlt er, vor Verlegenheit schwitzend, das Trittbrett. Endlich stemmt er sich hoch, und der Karren knarrt und senkt sich unter seiner Last, während er sich nach vorn beugt, die Peitsche über seiner Mähre spielen läßt und davonfährt. Der Haushalt bereitete in Andrésy viel weniger Mühe als in der Stadt: Alle Lieferanten des Ortes kamen vorbei, um Bestellungen aufzunehmen, und die Dienstmädchen hatten ländliche Anbeter und ließen uns nie im Stich. Französische Dienstboten hassen nichts so sehr wie einen Aufenthalt auf dem Land. Papa, opulenter denn je, bestellte roten und weißen Bordeaux im Überfluß. Es stimmt, im Winter darauf trat die Seine über die Ufer und drang in unseren Keller, doch so unglaublich es klingen mag, in jenen glücklichen Tagen meinte man, die Qualität des Weins werde durch eine solche Behandlung verbessert. Im Garten gab es ein kleines Beet mit Minze, und wenn Papa keinen Bourbon da hatte, machte er seine Juleps mit Cognac und überredete den Fleischer, ihm Eis zu bringen.

All die trägen Morgende und gleißenden Nachmittage stieg von der Insel im Fluß ein leichter Dunst auf, und große Kähne glitten hinter einem emsigen Schleppkahn die Seine hinunter. An bestimmten Tagen war die Unterhaltung im Garten eine Strapaze, sagte Mama. Kaum hatte sie den Mund geöffnet, um etwas Bedeutsames zu sagen, ertönte vom Schleppkahn ein gellender Pfiff, dem von den Lastkähnen verschiedenerlei melancholisches Tuten folgte, um den Schleusenwärter in Carrières von der Ankunft der Flottille zu unterrichten.

In jenem Sommer ruhten im Pavillon oft zwei verhätschelte Müßiggänger: Eleanor, die soeben begonnen hatte, in anderen Umständen zu sein, und sich – noch – auf ihr Baby freute, und Anne, die ihre Schwester bewunderte und ihre schlimmsten Angewohnheiten nachahmte. Beispielsweise die, lauthals nach Ei in Rum und Milch zu verlangen. Ein sonderbares Getränk für einen heißen Tag, und noch sonderbarer war, daß Mama es dem Paar brachte, ohne darauf hinzuweisen, wie sehr ihre Leber diese Zumutung verübeln würde. Die Mädchen betrachteten die Kähne und verzierten ganze Bettdecken mit Lochstickerei und Filetspitzen. In einer Ecke des Gartens saß der neueste Zuwachs der Familie: Sarah Elliott, die von Savannah herüberkam, um Tante Mary zu besuchen, und wenigstens zehn Jahre bei uns blieb. Sie war eine Waise mit hellen Augen, kastanienfarbenen Haaren, einem goldenen Herzen und der Greenschen Entschlossenheit, nichts zu lernen und sich zu amüsieren. Aber sie hatte nicht mit Mamas Leidenschaft gerechnet, den Horizont der Jugend zu erweitern und daher konnte sie nicht immer nur mit ihrem Kater Tommie in der Gegend herumlungern. Ihr gegenüber hockte eine stämmige Tochter von Andrésy und weihte sie mit schläfriger Stimme in die Geheimnisse des Französischen ein.

Auch die längsten Vormittage endeten damit, daß das Essen aufgetragen wurde und daß die größeren Mädchen mit ihren Fahrrädern zurückkamen. Diese waren mit dem Taschengeld für die nächsten vier Jahre, Geschenken und Angriffen auf Papas Brieftasche bezahlt worden. Julien, der Mama den ganzen Morgen nicht von der Seite gewichen war, wusch ohne rechte Überzeugung seine schmutzigen, molligen Hände. Mary erwachte hüstelnd und abwesend aus irgendeinem Traum und kam aus ihrem Schlafzimmer herunter. Der Tisch stand an dem breiten, geöffneten Fenster, so daß alle einen schönen Blick auf den vertrauten Fluß hatten. Wahrscheinlich gab es Kalbsleber, Bacon und Reis zum Mittagessen. Der heiße Reis dampfte in der Schüssel, genau wie in Savannah, erklärte Mama. Mary hüstelte, hüllte eine Stola um ihre magere Person und sagte, sie habe noch nie so sehr gefroren, denn das italienische Klima hatte ihre Abneigung gegen das Wetter in Frankreich geweckt. Ihre Behauptung verhallte oder löste eine hitzige Diskussion aus, je nach der herrschenden Stimmung. Lucy haßte Fleisch und brachte es fertig, das meiste von ihrer Portion unter den Tisch zu werfen und den Rest unter ihrem säuberlich zusammengelegten Besteck zu verbergen. Eleanor, die ihren Eltern so sehr ähnelte, lachte und scherzte. Sarah äußerte so alberne Ansichten, daß sie Glück hatte, wenn sie von ihrer

Tante nur ein »Mein Gott, Sarah, ich kann nicht glauben, daß ein Kind mit einem Tropfen von meinem Blut in den Adern so dumm sein kann« zu hören bekam. Sarah lächelte gutmütig und rückte zusammen mit den jüngeren Zeitgenossen einem ausgezeichneten, schweren Pudding zu Leibe.

Sarah und Retta waren damals Busenfreundinnen, die alles teilten, auch ein Zimmer, aber gegen Ende jenes Sommers passierte irgend etwas. Niemand wird je erfahren, was es war, aber es muß etwas sehr Ernstes gewesen sein, denn selbst Mama, die es furchtbar fand, daß die kleinen Mädchen plötzlich nicht mehr miteinander sprachen, wagte nicht um eine Erklärung zu bitten. Sarah und Retta redeten nie wieder miteinander, obgleich sie weiterhin unter einem Dach lebten.

Im Augenblick gibt es jedoch noch keine Fehde. Nach dem Mittagessen wechselte die Familie zu den bequemen, chintzbezogenen Sitzmöbeln am anderen Ende des großen Zimmers, um den Kaffee zu nehmen. An diesem warmen Tag beschloß Sarah, neben Eleanor auf dem Sofa zu sitzen und fand sich nach einer gewaltigen Vertreibung damit ab, mit Lucy auf dem Fußboden Karten zu spielen.

Später, geraume Zeit später stieg Mama mit den meisten Kindern – nur Eleanor und Mary blieben zu Haus – in die Mietdroschke des Ortes, um Papa abzuholen. Sie fuhren eine kurze steile Anhöhe hinauf, und die Kleinen, die in ihren bunten Baumwollkleidern neben und hinter ihr auf und ab hüpften, wirkten von ferne wie Schmetterlinge. Die Fahrt dauerte ungefähr eine Viertelstunde und Mama nahm auf einer Bank vor dem Bahnhof Platz und sah bald eine lange weiße Rauchwolke, die von einem asthmatischen Schnaufen begleitet wurde: Der Zug hatte Maurecourt soeben verlassen. Er fuhr im Eiltempo in den Bahnhof ein und kam wie üblich erst hinter dem Perron zum Stehen.

Papa und Kennie winkten ihr wie immer zu. Papa war mit Päckchen beladen und hatte sich die Taschen mit Zeitungen und Zeitschriften vollgestopft. Kennie, dieser unbeschwerte und elegante Brite, hatte nur seinen Spazierstock in einer schmalen Hand. Er war Grubeningenieur gewesen, als er Eleanor geheiratet hatte, doch tückische tropische Fieber zwangen ihn, den Dienst Seiner Majestät zu quittieren, und er arbeitete nun in der Pariser Niederlassung der Southern Cotton Oil Company. Papa und Mama freuten sich, Eleanor in ihrer Nähe zu haben und waren vernarrt in ihren Schwiegersohn. Die meisten Kinder schwärmten von Kennie, der sich so erlesen kleidete. Als die Herren durch die Sperre kamen und Mama begrüßten, schrie sie auf und sauste auf einen gutaussehenden, blassen jungen Mann zu: »Oh Max! Wie nett, daß Sie herunterkommen. Wie ich mich freue!«

Max Schmitz, der Sohn von Papas altem Freund Paul, lächelte und stand im späten Sonnenlicht barhäuptig dar. Mama, die eine immer noch erwiderte Schwäche für junge Männer hatte, bewunderte Max wegen seines guten Aussehens und seiner Vitalität. »Guten Abend, Mrs. Green«, sagte er herzlich, »Sie sagten, ich könnte jederzeit kommen, und da bin ich.«

»Selbstverständlich, Sie sind immer willkommen. Geben Sie Ihre Tasche einem von den Kindern. Sie werden mit einem oder zwei von ihnen schlafen müssen, es sei denn, Sie ziehen den Pavillon vor. Es macht Ihnen doch nichts aus? Oh . . . oh!«

Der letzte Ausruf ertönte, als ein seriöser, ernster junger Herr in einem schwarzen Anzug und braunen Baumwollhandschuhen herbeieilte, um ihr die Hand zu küssen. Mama wehrte sich gegen diese kontinentale Unsitte, aber er ließ nicht locker und brachte eine artige Begrüßung zustande. Beim Himmel, es war Mario Serra, einer von Marys neapolitanischen Freunden, ein netter Bursche, aber leider nicht zu verstehen. Seine wenigen Brocken Französisch waren falsch. Wie häßlich von Mary, daß sie Mama nicht gewarnt hatte. Trotzdem begrüßten ihn alle Greens, und nachdem Max und Kennie mit ihm bekannt gemacht worden waren, flüsterte Papa Mama zu: »Keine Angst, ich habe einen Schinken mitgebracht.«

Als die Prozession sich dem Haus näherte, hörte Mary die fröhlichen Stimmen, schaute aus dem Fenster, erkannte ihren vergessenen Gast und steckte den Kopf in ein Waschbecken mit kaltem Wasser. Sie wusch sich lieber die Haare, als zu der Gesellschaft hinunterzugehen. Selbst Papas Flehen war vergebens, sie blieb oben und ging mit den kleineren Kindern ins Bett, während es draußen noch hell war und im Wohnzimmer ein Fest begann. Als man sich auf Französisch geeinigt hatte, das nur von Mama mit gelegentlichen englischen Eruptionen unterbrochen wurde, ging alles vorzüglich. Alle amüsierten sich. Unsere Eltern blieben nach dem Essen noch einige Minuten bei uns sitzen und stahlen sich dann aus dem Haus. Am tiefblauen Himmel stieg der Mond empor, während sie die Straße am Fluß entlangschritten und ihre Schuhe mit dem weißlichen Staub füllten. Die grasige Insel mit den hohen Pappeln lag wie hinter einem Wetterschleier verborgen. Sternschnuppen zogen ihre Bahn, irgendwo hatte ein liebeskranker Hund einen schlechten Traum, winselte und kläffte, und das Echo hallte lange wider. Das helle Quaken der Baumlaubfrösche und leise Platschen des Wassers an einem Fischerboot waren liebe, vertraute Geräusche. Papa und Mama gingen eine lange Weile Arm in Arm dahin, die Straße, der sie folgten, war hell und friedlich, die Nacht duftete nach Linden und Rosen. Papa drückte Mamas Hand. »Ist das nicht schön?«

Eine schläfrige Zikade zirpte. »Oh, wie damals bei uns«, flüsterte Mama. »Und morgen wird wieder ein schöner Tag sein. Oh, Edward, ich werde diese stille, herrliche Nacht nie vergessen.«

In diesem Moment erscholl ein Chor junger Stimmen, die von irgend jemandem auf dem altersschwachen gemieteten Klavier begleitet wurden. Sie sangen eines von Marys italienischen Liedern, und die kleine melancholische Weise bebte in der Luft. Zwischen vielerlei kippenden Tönen war Eleanors schöne Stimme zu hören. Alle lachten, und einige andere Lieder wurden angestimmt, bis krähende oder heisere Einzelarien vorherrschten.

Papa lachte. »Meine Güte, Mary, ihr Singen läßt zu wünschen übrig. Nicht wahr?«

»Hm-m«, gab sie zu. »Aber sie sind glücklich. Sie mögen ihre Fehler haben, aber wie leicht sie zu amüsieren sind!«

»Nicht schlecht für Kinder, nicht? Und richtig hübsch.«

»Zu sehr wie die Greens, zu starkknochig für meinen Geschmack.«

»Aber dafür haben sie deine leichte Art geerbt, meine Liebe.«

»Und meine Schwarzseherei«, seufzte sie.

Der Klavierdeckel wurde zugeknallt, und nach einer ausgelassenen Polonäse durch den Garten lief die ganze Gesellschaft auf die Straße hinaus und marschierte gruppenweise, eingehakt, lachend und laut und falsch singend am Wasser entlang. Unsere Eltern eilten über den Hof ins Haus zurück und beschlossen, die Frage der Betten und so fort den Feiernden zu überlassen. Beim Einschlafen fragten sie sich, wie der Trubel den anderen Uferbewohnern gefallen mochte, und ehe sie sich's versahen, graute ein neuer blaßgoldener und blauer Morgen. Mamas Geburtstag ging gewöhnlich mit dem Auftauchen der ersten guten Reineclauden und schlechten Feigen einher.

Mama ließ die Extragäste am Tisch verteilen, arrangierte die Blumen und hoffte, daß das Mittagessen für alle reichen würde. Sie fühlte sich sehr wohl und freute sich über die Geschenke.

»Natürlich wird genug da sein, Schatz«, versicherte Papa, als er aus dem Dorf zurückkam, wo er eine Reihe von Zeitungen gekauft hatte, unter anderem das gottlose und frivole *Rire et Sourire*. Die meisten Kinder zankten sich um das Bad, aber Julien stand schon auf Zehenspitzen an der Terrassenmauer und beobachtete die Kähne, während Lucy unter dem Aprikosenbaum saß und las. Alle Welt war beschäftigt und still. Papa mischte sich einen Julep und trabte leichten Schritts zum Pavillon. Er brauchte diesen Winkel höchstens mit einer oder zwei

Bienen zu teilen und konnte ansonsten ungestört lesen, rauchen und dösen.

»Edward«, sagte Mama. »Ja, du.«

»Ja, Liebling?« Papa blickte ein bißchen schuldbewußt drein, als ob es ein Verbrechen wäre, morgens zu schlafen.

»Du mußt mir mit den Kindern helfen, ich verliere den Verstand.«

»Was richten *meine* Kinder denn wieder an?«

»Die meisten toben herum, aber Gott beschütze mich vor den stillen Wassern! Das da hat unsere jüngste Tochter gerade gelesen.« Mama reichte ihm einen Band mit Maupassants Erzählungen. »Da!«

»Lucy muß nach dir schlagen«, bemerkte Papa. »Er gehörte zu deinen Lieblingsschriftstellern.«

»Sei bitte nicht unverschämt, Edward, ich mag das nicht. Wenn es dir allerdings nichts ausmacht, daß deine kleinen Mädchen sich zu liederlichen und unmoralischen Dingern entwickeln, meinetwegen.«

»Wo zum Teufel hat sie das Buch gefunden?« fragte Papa nichtsahnend.

»Auf meinem Nachttisch.«

»Aha! Nun, Schatz, es ist nicht weiter schlimm. Wenn sie die Geschichten versteht, ist sie ihren Altersgenossen um Jahre voraus, und wir können nichts daran ändern, und wenn nicht, werden sie ihr nicht schaden. Richtig?«

»Ganz und gar nicht, du gehst jetzt bitte sofort hinauf und versohlst sie. Das wird vielleicht Eindruck machen.«

»Wie kann ich? Ich habe noch nie eine von ihnen geschlagen, bis auf den kleinen Teufel, der die Zwiebeln aus meinem Kartoffelsalat gefischt hatte. Ich sag' dir was, ich werde mit Lucy reden und dir einen Drink machen.«

»Ja, und beeil dich um Gottes willen, oder die Philister werden über uns kommen.« Mama nahm Papas Platz ein und las die anstößigen Erzählungen, während Papa sich auf die Suche nach Lucy machte und sie im Wohnzimmer fand. Sie sah sehr wütend aus und entfernte gerade mit bebenden Fingern den Kitt um eine der Fensterscheiben.

»Mademoiselle!« Papa überreichte seiner Tochter mit einem tiefen Diener ein Zweifranc-Stück. »Diese Scheiben werden herausfallen, wenn du allzu erfolgreich bist. Setz deinen Matrosenhut auf und geh ins Dorf und kauf dir eine nette kleine Kinderzeitschrift. Du und ich machen uns nicht viel aus Büchern, wir ziehen große Druckschrift und viele bunte Bilder vor. Stimmt's? Gib mir einen Kuß, Liebes.«

Lucy fand die Idee nicht übel, nahm die Münze und eilte ins Dorf. Der Rest des Haushalts erschien wie ein Mann, und Papa wurde bewußt, daß weder Minze noch Bourbon reichen würden, so daß er ihnen statt dessen Wermut oder Limonade anbot. Mama vermutete mit Recht, daß er in der Zwickmühle saß, und ließ beschleunigt auftragen. Die Gesellschaft machte sich so heißhungrig über die Hors d'oeuvres her, daß sie ohne allzu ungehörigen Appetit warten konnte, bis Papa die Hammelkeule tranchiert hatte. Als schließlich die Geburtstagsüberraschung serviert wurde, hatten alle das Gefühl, noch ein Bissen mehr, und sie würden tot umfallen. Papa brachte Mama zu all ihren Geburtstagen das gleiche Geschenk mit. Sie warnte ihn jedes Jahr, selbst die dünnste Scheibe davon würde eine dreitägige Migräne auslösen. Aber er kaufte das Geschenk alle zwölf Monate wieder und tat sehr erstaunt, wenn sie davon aß und sich mit einem nassen Umschlag um den Kopf zurückzog.

Es war ein melonenförmiger Kuchen mit dickem grünem Zuckerguß, den blaßgrüne Blätter aus demselben Material und zarte Ranken aus Zuckerwatte zierten. Das Innere bestand aus einer schweren, rosaroten, mit reichlich Maraschino versetzten Buttercreme. Er wurde verschlungen, und das Zimmer drehte sich vor den Augen der Familie und der Gäste, während sie zu Kaffee und Spirituosen schwankten. Einige der Widerstandsfähigeren amüsierten sich dann mit Scherzen, Scharaden und Liedern; die Vernünftigen hielten einen Mittagsschlaf. Nach dem Tee kamen unsere Eltern aus ihrem Schlafzimmer und hatten eine schreckliche Auseinandersetzung.

Eine Auseinandersetzung über Cayennepfeffer. Ein guter Freund von Papa, ein Herr aus Marseille, hatte die unglückselige Idee gehabt, uns eine große Menge dieser unsäglich scharfen kleinen Hülsen zu schicken. Die Art, die einem, wenn man sie frisch auf dem Boden des Tellers zerstampft, einen Vorgeschmack auf das Höllenfeuer verschafft. Die Wirkung hielt stundenlang an, nur nicht bei Papa, der stark genug war, um ein solches Gewürz genußvoll zu sich zu nehmen.

Er wollte einige Schoten einlegen und den Rest an einer Stelle einpflanzen, die seines Erachtens für ihr Wachsen und Gedeihen geeignet war. Mama hatte ein Plätzchen gefunden, eine sonnige und windgeschützte Ecke beim Haus, wo man die Pflanzen im Fall einer Dürre leicht wässern könnte. Papa runzelte die Stirn und holte eine Gießkanne. Er hob kleine Löcher aus, steckte in jedes davon eine Schote, und während Mama prophezeite, daß keine einzige ausschlagen werde, er möge sich ihre Worte gut merken, nahm Papa das randvolle Behältnis und begoß ihre und seine Füße. Als er sich bückte, um ihre Schuhe mit seinem großen seidenen Taschentuch trocken zu wischen, warf Mama ihm vor, er benähme sich lachhaft und theatralisch. Bald warfen sie einander böse Bemerkungen an den Kopf, das heißt, Mama erinnerte sich an frühere Schnitzer von Papa und zählte sie mit lauter Stimme auf. Papa war zu sehr Amerikaner, um seiner Gemahlin nicht mit versöhnlichen Sentenzen zu antworten, als da sind: »Ich hätte gedacht, du wärst großzügig genug, um das zu vergessen« oder »Ich weiß, daß ich ein alter Trottel bin, aber habe *ich* diesen Pfeffer vielleicht geschenkt bekommen?« So ging es weiter, bis ihnen bewußt wurde, daß ihre Kinder an den offenen Fenstern standen und sie beobachteten, während die Gäste sich zweifellos irgendwo in der Nähe verbargen, um diesen Aspekt des transatlantischen Lebens mitzubekommen. Also stieß Papa die Gießkanne um und entfernte sich mit den Worten: »Mary, du hast meine Gefühle verletzt.«

Mama rannte in die Diele, wo die Köchin sie wegen

irgendeiner Lappalie aufhielt. »Ich bin nichts weiter als eine Galionsfigur«, erwiderte Mama, zum Glück auf englisch. »Fragen sie Monsieur.« Keiner von uns wagte es, sie anzusprechen, als sie, der personifizierte Schmerz, nach oben schritt. Papas Lieblingsstock fehlte im Ständer; er machte offensichtlich einen Spaziergang.

Eine Viertelstunde später kam Mama gefaßt wieder herunter. Die Kinder spielten vor ihrer Nase mit den Gästen um Geld, und es war Sonntag. Sie schien es nicht zu bemerken. »Mädel, glaubt ihr, daß er in den Fluß gegangen ist?«

»Wer, Mama?« fragte eine von uns grausam, aber taktvoll.

»Euer Vater. Ich fürchte, ich war ein bißchen ungerecht zu seinem Pfeffer, aber ich möchte nicht, daß er wächst, er ist schärfer als Ingwer und wird bestimmt seine Magenschleimhaut zerfressen.«

»Aber«, erwiderte die Gefühllose, »es ist doch sein Magen, laß ihn damit machen, was er will.«

Mama schritt verzweifelt auf und ab. »Ich hätte wissen sollen, daß ihr alle auf seiner Seite steht. Aber ihr liebt ihn nicht einmal genug, um euch zu wünschen, daß er gesund bleiben möge. Irgendwann, wenn ihr verwaist seid, wird euch vielleicht klar . . .« Sie lief zum Fenster und starrte auf die Seine hinunter. »Oh, wenn er doch dieses eine Mal zurückkäme!«

Die Tür zum Anrichtezimmer ging auf, und Papa kam mit einem Glas in der Hand frohlockend hervor. »Buuh, Mary! Guck nicht so traurig. Die Köchin hat gesagt, du hättest keine Zeit für sie gehabt, und so mußte ich die übriggebliebenen Schoten selbst einlegen. Kochendheißer Essig ist doch richtig, nicht wahr?« Er stellte das Glas auf das Buffet und breitete die Arme aus. »Und jetzt bitte ich um Verzeihung, Schatz.«

»Du gewinnst immer«, murmelte Mama nach einer erleichterten Pause. »Na schön, dieses eine Mal werde ich dir noch vergeben.«

»Sehr gütig von dir«, entgegnete Papa verbindlich.

»Und laßt uns jetzt alle in Nicoles Gartencafé ein Gläschen trinken. Ich nehme an, wir werden früh essen, da die jungen Herren in die Stadt zurück müssen.«

Die Schoten schlugen schnell aus, wurden so scharf wie in heimatlichem Boden und belieferten dann so manchen Haushalt mit Zweigen von den entstandenen Büschen. Aber bis dahin folgten noch viele Sommertage aufeinander, und ehe wir uns versahen, wurden die Nachmittage kürzer, und die Feuchtigkeit trieb uns zurück in die Stadt, in die Schule und dann auch in die ideale Wohnung: Rue de la Pompe 105.

Die Rue de la Pompe

Der Oktober war für uns ein guter Monat, und die ersten Schultage waren immer sehr aufregend. Die neuen Lehrbücher waren interessant, neue Federhalter und Federhalterständer noch nicht zerkaut, die neuen Mitschülerinnen mußten unter die Lupe genommen werden, und die gnadenlose Analyse der Schwächen unserer Lehrerinnen war ein Vergnügen, das seinen Reiz erst nach ungefähr zehn Tagen verlor. Auf dem Schulweg befolgten wir dieselben magischen Riten wie alle anderen Kinder: nie auf die Ritzen zwischen den Bordsteinen zu treten, immer über Sandhaufen und andere Hindernisse zu springen. Vor gewissen Schaufenstern stehenzubleiben, um Postkarten mit Damen in anzüglichen Posen zu betrachten, war gefährlich, weil man bei dieser verbotenen Tätigkeit von Lehrern beobachtet und dann in der Klasse zurechtgewiesen werden konnte. Alle zwei Wochen bekamen wir ein Zensurenbuch mit, das zu Haus von den Eltern geprüft und abgezeichnet werden mußte. Die Seite mit den neuen Noten war kein Ruhmesblatt, doch statt gute Vorsätze zu fassen, fälschten wir regelmäßig Papas Unterschrift, aber nicht die von Mama, die unnachahmbar war. Wenn wir zu faul oder zu frech wurden, bekam Mama eine Vorladung, aber sie befolgte sie selten, und wenn sie sich doch in das Büro der Direktorin begab, tat sie so, als verstände sie kein Französisch. Zu hause bemerkte sie immerhin, daß »die arme alte Ziege nicht für immer zwischen euch und der Gerechtigkeit stehen wird«. Also setzten wir unseren ruchlosen Weg fort, wurden mit knapper Not versetzt, bekamen nie eine Auszeichnung und schafften es nur dank unseres ausgezeichneten Gedächtnisses, ein wenig Wissen zu speichern.

Julien ging auch auf ein Lycée – also eine Mädchenschule – und benahm sich zuerst wie wir Mädchen. Seine magischen Riten waren jedoch umfassender und beinhalteten schon vor Verlassen des Hauses das Berühren zahlreicher Gegenstände. Trotz seines Aberglaubens erging es ihm weniger gut als seinen Schwestern, weil Papa und Mama »ein besonderes Interesse an ihm nahmen«. Das bedeutete, daß er, während er tagträumend die unteren Klassen absolvierte, etwas aufmerksamer beaufsichtigt wurde als wir und seine Zensurenbücher nie fälschen konnte. Aber die Noten, die er bekam, waren so schlecht, daß Mama ihn Monsieur Null taufte. Wenn Papa seine Brille aufsetzte und das Ergebnis von Unwissenheit und dummen Streichen betrachtete, stand Mama hinter ihm, lächelte dem Schuldigen zu und formte mit Daumen und Zeigefinger Nullen. Die ganze Seite war mit Nullen gefüllt, und nur ganz unten gab es eine sehr hohe Zahl, die Fehler in Orthographie anzeigte.

Mama tat es ein bißchen leid, daß ihr Kleiner den nötigen Ernst vermissen ließ, aber Papa hatte auf einen vorbildlichen Sohn gehofft, einen verständigen Jungen, der kluge Antworten gab und Arithmetik verstand. Er wartete Jahre auf einen solchen Ausbund an Tugend, und da Julien ein gutes Herz und einen scharfen Verstand hatte, wurde er schließlich einer, ein Licht in der Dunkelheit.

Inzwischen gingen wir Mädchen aus verschiedenen Gründen recht früh von der Schule ab. Mama, immer darauf bedacht, ihren Mitmenschen zu helfen und ihren Mädchen den letzten Schliff zu geben, benutzte ihre Schmarotzer für letzteres. Sie hatte eine Armee unfähiger Schwächlinge zu unterstützen. Wir knirschten vergeblich mit den Zähnen. Madame Las Palmas mußte ihre kleinen Kinder ernähren, und wir – zumindest einige von uns – *konnten* einfach nicht anders, als Klavierstunden bei ihr zu nehmen und das arme alte Instrument zu malträtieren, bis Madame eines glücklichen Tages mit dem Unterrichtsgeld für zwei Monate im voraus das Weite suchte und sich nie mehr blicken ließ. Wir freuten uns zu früh, denn ein anderer armer Wurm, ein gewisses Fräulein Margreiter, erschien, um uns Deutsch beizubringen. Das Eßzimmer wurde in eine Folterkammer verwandelt. Es gab Ausflüge in die englische Literatur, und unsere trägen Hirne litten immer mehr, bis Retta, die unbedingt Gitarre spielen lernen wollte, von uns anderen für geisteskrank erklärt wurde. Inzwischen lernten wir nämlich, Hüte aus Draht und Streifleinen zu basteln, und setzten die monströsen Gebilde auf unsere närrischen Köpfe. Außerdem besuchten wir einen Kochkursus, bei dem ein Herr mit einer hohen weißen Mütze Pasteten und Saucen komponierte, die kein Mensch nachahmen konnte.

Madame Bouisseren war der Gipfel des Schreckens. Da sie ihre hochgestochenen Briefe an Mama mit »Madame Bouisseren von der Opéra-Comique« unterschrieb, durfte man annehmen, daß sie Sängerin war. Sie konnte, wie sie sagte, keine Soloabende geben, weil sie keine passende Kleidung hatte. Mama schaute in den Schränken ihrer Töchter nach und schenkte dieser drallen und entschlossenen Blondine viele hauchzarte Gewänder und alle neuen Schlüpfer von Anne. Trotzdem trat Madame Bouisseren noch nicht auf, und ihre Familie darbte. Mama konnte sie nicht alle ernähren. Was denn mit Monsieur Bouisseren sei? Oh, er sei ein verkanntes Genie, ein Liebhaber der bildenden Künste. Genau das richtige, dachte Mama, er könnte Julien Zeichenunterricht geben. Er tat es eine lange Zeit, während Mama daran dachte, daß sie einmal sehr arm gewesen war, und hilflos zusah, wie die Bouisserens mehr oder weniger erfolgreich versuchten, Papas Einkommen mit ihr zu teilen. Die Bouisserens übertrafen sich selbst, als sie um einen kleinen Zuschuß baten, um ihre Großmutter bestatten zu können. Mama war so ergriffen, daß sie es für das taktvollste hielt, Julien sofort mit dem Zuschuß zu ihnen zu schicken. Er fuhr schnell mit Bargeld hin, viel zu schnell, denn die Familie machte gerade einen Spaziergang, wie die Concierge ihm mitteilte. Das heißt, die Familie bis auf Großmutter. Da Mama ihm aufgetragen hatte, das Geld bei den Trauernden persönlich abzugeben, stieg Julien viele Treppen zu ihrer Wohnung hoch. Und dort saß Großmutter und sang fröhlich vor sich hin . . . Ich glaube, Julien gab der Leiche das Geld für ihre Beerdigung, und ich weiß, daß Mama sich halb totlachte, als er zurückkam und berichtete. Nach einer Anstandspause erschien Monsieur Bouisseren wie gewöhnlich, ohne die leiseste Anspielung auf die Großmutter zu machen. Unter ungeheuren Kosten für Papa modellierte und brannte der graubärtige Zwerg ein Terrakotta-Profil seines kleinen Schülers.

Die Wohnung in der Rue de la Pompe war sehr sonnig und gefiel uns allen, auch Eleanor, die nebenan wohnte. Papa liebte das große Eßzimmer, das eine braune, mit Leder, angeblich echtem Cordoba-Leder, abgesetzte Prägetapete hatte. Mama liebte das Wohnzimmer, in dem nun, nachdem sie die Überreste des Nachlasses von Kennies Vater erstanden hatte, viel zu viele Möbel standen. Obgleich der Raum schrecklich vollgestellt wirkte, war er mit den fröhlichen Chintzbezügen, den Büchern an den Wänden und den Schalen mit Blumen sehr gemütlich und anheimelnd. Die Schlafzimmer waren entsprechend, die Dienstboten passabel, und Mama war ungeachtet kleiner Widrigkeiten – so verlor ein aufmüpfiges Hausmädchen in einem fort ihre Spitzenhäubchen, um sie nicht tragen zu müssen – mit sich und der Welt zufrieden.

Leider reiste Papa zuviel. Mama, die mit den Jahren immer nervöser wurde, sorgte sich um ihn, sobald er sein Gepäck nach unten gebracht hatte und in ein Taxi gestiegen war. Sie setzte sich sofort an ihren muschelverzierten Sekretär und schrieb ihm einen Brief, der mit »Mein innigst geliebter Edward« begann. Sie verschloß den Umschlag erst, nachdem sie allen, die gerade anwesend waren, diese Anrede gezeigt hatte. Bis es dann dunkel wurde, ging alles einigermaßen gut. Mama zog ihren neuen, mit gefährlich wirkenden Störchen bestickten altrosa Kimono an, setzte sich hin, starrte trübe ins Leere und ließ sich nicht aufheitern. Sie wirkte so zerbrechlich und verzweifelt, daß wir alles stehen- und liegenließen und uns rings um sie herum sammelten. »Aber Mama, es geht ihm bestimmt gut, es ist ja nicht seine erste Reise.«

»Mmh-mh«, machte Mama.

»Er kommt doch bald zurück, schon in einer Woche.«

Mama hörte auf, die Hände zu ringen. »Ihr versteht alle nicht. Er hatte einen tragischen Ausdruck in den Augen, wirklich. Er wird nicht zurückkommen, das fühle ich. Ihm wird etwas Schreckliches zustoßen, er ist gezeichnet.«

»Oh, Mama, er sah ganz munter aus, kein bißchen tragisch.«

»Das glaubt ihr, ihr habt keinen Blick für solche Dinge. Er hat sich nicht einmal umgedreht, um mir zuzuwinken, obgleich er wußte, daß ich oben an der Treppe stand und ihm nachschaute. Oh, Kinder, Kinder . . ." – Mama gestattete sich, würdelos zu sein – »glaubt ihr, er hat mich diesmal für immer verlassen? Vielleicht hat er mein Nörgeln endgültig satt.«

Wir waren entsetzt. »Nein, Mama, bestimmt nicht, er liebt dich, das weißt du genau.«

»Ich weiß nichts dergleichen. Er wird nicht zurückkommen, das steht fest.«

Nachdem wir die nächsten zehn Minuten damit verbracht hatten, Beweise für Papas Zuneigung aufzuzählen, beruhigte sie sich ein wenig, ehe sie wieder schwarzsah: »Ich wäre vielleicht nicht ganz so unglücklich, wenn ich sicher wäre, daß ich ›Mein innigst geliebter Edward‹ geschrieben habe. Und wenn ich ihn nun mit Henry oder Peter oder Percy angeredet habe?«

Wir fanden diesen Masochismus ein bißchen entnervend. »Du hast uns den Brief gezeigt, und außerdem kennst du doch gar keinen Peter oder Percy.«

»Meine Lieben, das Schicksal kann sehr boshaft sein, und euer Vater ist ein sehr eigenartiger Mensch. Wenn er dächte, daß ich mit anderen Männern korrespondierte . . . Der Herr im Himmel weiß, daß es unmöglich ist . . . Es ist ohnehin eure Schuld, ihr macht mich so verrückt, daß ich die Hälfte der Zeit nicht weiß, was ich schreibe. Ich wette, er ist eifersüchtig und setzt sich mit irgendeiner zweifelhaften Person nach Hamburg ab.«

»Aber wir haben gesehen, daß du ›Mein innigst geliebter Edward‹ geschrieben hast.«

»Nein, Mama«, krähte Lucy nach einer langen Szene. »Ich habe es auch gelesen, du hast ›mein innigst geliebter Frederick‹ geschrieben.« Dies war so unerwartet, daß Mama lachte.

Am nächsten Morgen lauerte Mama dem Briefträger auf, obgleich es noch viel zu früh für eine Nachricht von Papa war. Als schließlich ein Brief kam, standen uns weitere schwierige Augenblicke bevor. Papa begann seine Briefe immer mit »Mein liebster Schatz« und schloß mit »Dein treuer und liebender Edward«, und dazwischen verteilte er viele nette Dinge. Jahre nervöser Spannung hatten in Mama einen Zustand bewirkt, der jede Objektivität ausschloß. Sie brütete mit einer Mischung von Liebe und Panik über diesen Mitteilungen. Papas Unterschrift war zitterig, er hatte zuviel getrunken, gewisse Briefe waren nachlässig hingeworfen, es war ihm gleich, wie er dieser Person schrieb, deren er überdrüssig war. Die I-Punkte waren hastige kleine Striche, das bedeutete, daß er es eilig gehabt hatte: ein Rendezvous mit einer anderen! Wenn Papa zurückkehrte, vergaß sie ihre Ängste und wurde wieder unsere sprühende Mutter.

Sobald Papa es sich leisten konnte, nahm er Mama auf vielen seiner Reisen mit, und sie hörte allmählich auf, sich vor Sorgen verrückt zu machen, aber die Furcht, ihn zu verlieren, verließ sie nie.

Papa war damals sehr glücklich, er ritt auf dem Kamm der Woge: gute Geschäfte, ein unbeschwertes Familienleben und ein Sonntagessen, auf das er sich die ganze Woche freute. Wir Kinder haßten die unerwünschten Gäste so leidenschaftlich wie eh und je, doch heute erscheinen sie uns recht unwichtig. Was bleibt, ist die Erinnerung an Papas strahlendes Gesicht (zwei Gläschen vor dem Mittagessen) und die kritische Miene, die Mama machte, während sie einen kurzen Blick auf die einzelnen

Gänge warf. Eine Fülle von leckeren Dingen, die fröhlich verzehrt wurden. Papa sammelte auf seinen Reisen Delikatessen, und die Vertreter unterstützten seine Vorliebe für Kulinarisches mit Geschenken: Kaviar von der Weichsel, Pistazien und Fondant aus Konstantinopel, rohe Gänsebrüste (ein scheußliches Tiefrot) aus Pommern, Aquavit aus Dänemark, Ingwer, Knäckebrot und nach jedem Essen vier verschiedene Schnäpse und Liköre. Ich werde kein Wort mehr über die Gäste sagen, mit Ausnahme einer gewissen älteren Dame namens Mrs. Thomas. Julien, noch recht klein, stand verschüchtert da, als er ihr vorgestellt wurde und sie ein Hörrohr aus Ebonit auf ihn richtete. Er betrachtete es nachdenklich und spuckte dann hinein, weil er noch nie ein solches Ding gesehen hatte und sich keine andere Verwendung dafür vorstellen konnte.

Wir ertrugen das Mittagessen, denn abends fand ein anderes Fest statt. Unsere Eltern dinierten jeden Sonntag bei Eleanor und Kennie und ließen uns, die französischen Kinder, allein. Dann betranken wir uns mit verdünntem Roséwein. Wir sangen, weil es bei den Mahlzeiten verboten war, imitierten die besonders schlimmen Gäste und ihre albernen Angewohnheiten und Stimmen. Und beim Abendessen gab Julien seine Glanznummer zum besten, ein Gedicht zur Melodie des Walzers aus dem *Walzertraum*, zu Ehren der reizbaren alten Witwe, die unter uns wohnte.

Obgleich wir um 1911 oft ins Theater und zur Oper und zu allen möglichen erbaulichen Stätten geführt wurden, bestand unser interessantester Sport darin, mit Mama auszugehen. Auf den ersten Blick war es gar kein richtiger Sport, doch wie sich dann herausstellte, erforderte es jedesmal viel Behendigkeit und schauspielerisches Talent.

Papa fand es sicherer, unserer Mutter das Haushaltsgeld in zwei Raten zu geben, die am Ersten beziehungsweise am Fünfzehnten des Monats fällig waren. Wenn Mama das Geld bekam, bezahlte sie unverzüglich alle

Rechnungen und betrachtete das, was in ihrer Handtasche zurückblieb, als eine Art Taschengeld. In den ersten beiden Tagen nach jeder Rate wichen wir ihr nicht von der Seite. Natürlich waren wir auch den Rest des Monats immerzu mit ihr zusammen, aber »mit Mama ausgehen« war ein Ereignis, das wir nie verpaßten.

Mama besaß nie eine anständige Handtasche, denn die einzige, die sie hatte, war immer vollgestopft mit Geld und kleinen Gegenständen, die sie tagsüber sammelte. Da wir gewissenlos genug waren, ihr Eigentum auch als das unsere zu betrachten, ließ sie die Handtasche nie herumstehen und stellte sie nachts an ihr Bett.

Am Ersten und Fünfzehnten nahm Mama gleich nach dem Mittagessen das abgenutzte, bossierte und eingefärbte Stück eines florentinischen Täschners, das sich unter der Last des zusätzlichen Geldes wölbte, setzte gelassen ihre Toque auf und traf weitere Anstalten, den Nachmittag außer Haus zu verbringen. Mehrere ungewöhnlich liebesbedürftige junge Personen traten zu ihr auf die Diele, eine oder zwei gingen vor ihr die Treppe hinunter, und wenn sie den Bus *Passy-Bourse* – eine wunderbare Verbindung – stoppte, kam Eleanor keuchend auf die Straße geeilt und rief: »Mama, Mama, warte auf mich!«

Wir, die nicht Eingeladenen, kicherten, sobald wir im Bus saßen, und Mama musterte uns streng. »Wohin wollt *ihr* denn? Auf keinen Fall mit mir, ich kann euch nicht gebrauchen. Ihr könnt das Fahrgeld selbst zahlen, oder ihr steigt sofort wieder aus.«

Wir hörten auf zu kichern und hielten den Mund.

»Woher wollt ihr wissen, wohin ich fahre?«

»Oh, Mama«, antwortete eine – oder einer – von uns, »es ist uns egal, wir möchten nur bei dir sein.«

»Seht ihr mich nicht den ganzen Tag genug? Sehr merkwürdig, wirklich. Hört zu, meine Damen, heute habe ich euch zum Narren gehalten. Ich fahre nur zu American Express. Danach besuche ich die alte, taube Mrs. Lampson und dann Mimi Katz, die Frau des Hamburger Vertreters eures Vaters. Sie spricht nur Deutsch, was ich sehr gern höre. Wenn mich das Taubstummenalphabet nicht umbringt, schaue ich noch schnell bei eurem Vater im Büro vorbei. Wir essen in der Stadt, nur um euch los zu sein.« Sie sah uns durchdringend an.

Die Naiveren blickten niedergeschlagen, aber es gab immer eine kecke Stimme, die erklärte: »Dann fahren wir eben nur mit bis in die Stadt, Mama. Du hast doch nichts dagegen?«

»Dagegen? Warum sollte ich. Wie ihr wollt.« Mama lächelte vor sich hin und konzentrierte sich auf das, was sie durch das Busfenster erblickte, bis der Schaffner sie auf die Schulter tippte. »Sechs Fahrkarten, bitte.« Da es unmöglich war, bei uns etwas lockerzumachen, zahlte sie. Schließlich taxierte sie uns: »Da ihr ohnehin nicht sehr hübsch seid, könntet ihr wenigstens versuchen, nicht so auszusehen wie arme Hungerleider! Nach all dem, was euer bedauernswerter Vater für euch tut . . .«

Wir sahen alle aus wie arme Findelkinder. Eine trug einen Hut mit schäbigen verblichenen Blumen, eine andere zerrissene Handschuhe, eine dritte eine oft geflickte Bluse, eine vierte schlug keck die Beine übereinander und zeigte den Fahrgästen die Löcher in ihren Schuhsohlen.

Mama hatte wirklich etwas bei American Express zu erledigen, und wir mußten ungefähr eine halbe Stunde warten. Dann kam sie heraus und ließ den Verschluß ihrer Tasche zuschnappen. »Nun, meine Damen, kommt ihr mit zu Mrs. Lampson? Wir können in getrennten Bussen fahren, und dann ist es nur noch eine Viertelstunde zu Fuß. Ich spendiere das Fahrgeld, sie wird sich freuen, euch zu sehen.«

»Gut«, sagte Eleanor (oder Mary) munter. »Wir können den Bus gegenüber den Galéries Lafayette nehmen.« Ein Mädchenpaar nahm Mama an den Armen und bugsierte sie durch das Gewimmel von Fahrzeugen über die Straße. »Hast du schon den neuen Katalog von der Galéries gesehen? Die herrlichsten Sachen, fast umsonst. Ich wundere mich, wie etwas so billig sein kann, sie verdienen dabei bestimmt kaum das Packpapier.«

»Ich bin nicht interessiert!« protestierte Mama, als sie in den menschlichen Bienenstock gedrängt wurde. »Und ihr seid ohnehin auf dem besten Weg, euren Vater mit all euren Reisen und Festen an den Bettelstab zu bringen.«

»Wir haben doch nicht an uns gedacht, Mama!« Eleanor klang schockiert. »Du brauchst so vieles! Du denkst nie an dich. Du müßtest dringend einen neuen Kakadu haben.« So nannten wir ihren Toque, weil sie einige schwarze Federn aufwies.

Einmal im Kaufhaus, ließ Mama alle gespielte Gleichgültigkeit fallen und schritt mit ihrer Eskorte von einem Tresen zum anderen. Mary überredete Mama, die so dichtes kastanienfarbenes Haar hatte, eine abscheuliche rötliche Halbperücke zu kaufen. Damit waren die Deiche gebrochen, und die ganze Familie tätigte günstige Einkäufe, bis die Grenzen der Großzügigkeit erreicht waren. Mama schwebte wie auf Wolken, nachdem sie ihrer Schwäche für Rüschen und meterlange Plissés gefrönt hatte.

Heute habe ich Grund zu der Annahme, daß Papa um diese Zeit mit Leinöl spekulierte und eine ganze Menge Geld verlor. Er regelte die Sache jedoch, ohne Mama davon zu erzählen – wir Mädchen hörten es später von Kennie –, und die Southern Cotton Oil Company entschädigte ihn unwissentlich, indem sie ihm eine Provision auf alle europäischen Umsätze einräumte. Die Familie war selig und gab sich dem Wohlleben hin. Keiner von uns sollte jemals Reichtümer sehen, außer bei anderen, aber unsere Eltern lehrten uns, jeden Tag zu ergreifen, ehe er davonflog, und schenkten uns ihre Fähigkeit, erfreuliche Dinge in Erinnerung zu behalten und alle Bitternis zu vergessen.

Das war unser Erbe. Wir hatten grenzenloses Vertrauen in die Zukunft, weil unsere Eltern immer dasein würden, um den Weg zu glätten, den wir einschlagen wollten. Die Zukunft war in unserer Phantasie eine Fortsetzung unseres damaligen Lebens, nur ein bißchen glänzender, voll von Abenteuern, aber Papa und Mama würden immer irgendwo in der Nähe sein, um uns im Bedarfsfall ihre Liebe und Bargeld zu schenken.

Wir waren fröhliche Narren, und vor jenem Krieg, den alle mit Ausnahme der Greens voraussahen, war das Leben so bunt wie eh und je. Mama vertraute ihre kleinen Mädchen auswärtigen Freunden an, und wir fuhren zu Besuch. Ihren Ermahnungen eingedenk, berichteten wir bei der Rückkehr in dürren Worten, daß wir eine schöne Zeit gehabt hätten, wurden der Verschlagenheit bezichtigt und erfuhren, daß die Heimlichen und Verstockten ein böses Ende nehmen.

Das Goldene Zeitalter

„Edward", rief Mama, zur Wohnungstür laufend, da sie Papas Schlüssel im Schloß gehört hatte. »Edward, ich möchte etwas mit dir besprechen.« Die Diele füllte sich mit Sonnenlicht, der Blumenduft im Wohnzimmer kämpfte einen vergeblichen Kampf gegen den einer Hammelkeule in der Küche, denn Papa verzehrte die Keule nur, wenn in ihrem Fesselgelenk eine Knoblauchzehe verborgen war.

»Ja, Schatz.« Papa machte ein erfreutes und interessiertes Gesicht, obgleich Dinge, die besprochen werden müssen, meist unangenehm sind. Gute Nachrichten teilen sich so schnell mit. Er folgte Mama zur offenen Wohnzimmertür und warf einen Blick hinein. Es war nicht mehr spärlich und ausreichend möbliert, sondern mit Einrichtungsgegenständen vollgestellt. Die Rosenholzgarnitur blickte verächtlich auf ein Chesterfield-Sofa, eine steife Empire-Bank und eine behäbige französische Chaiselongue hinunter. Lehnstühle drängten sich dazwischen, wo sie konnten, die zierlichen Rosenholzstühle hatten sich in den Ecken verkrochen. Es gab Sekretäre und Teetischchen mit Glasplatten, Bücherregale und runde Marmortische, große silberne Leuchter und so viele Vasen mit Blumen, wie verteilt werden konnten. Was einmal ein geräumiges Zimmer gewesen war, enthielt genug Möbel für eine mittlere Wohnung. Papa erblickte zwei Töchter, die an einem freien Fleckchen, in der Mitte seines türkischen Teppichs, einer echten Okkasion, die er von einigen schmuggelnden Matrosen gekauft hatte, klägliche Sprünge ausführten.

Die Mädchen winkten ihm zu und fuhren fort, den Doppel-Boston zu tanzen, bei dem jeder komplizierte

Schritt unterbrochen wurde, sobald das linke Bein in die Höhe ging. Dann stand man wieder auf beiden Füßen und machte im Walzertakt weiter, alles sehr langsam und trist und um so schlimmer, als man auch noch die Begleitung singen mußte.

»Ich wundere mich nicht, daß du den Mund aufsperrst, Edward«, sagte Mama. »Aber sie üben für ihr Fest, die lustigste kleine Party, von der ich je gehört habe, es kommen lauter Südamerikaner.«

»Du meine Güte!« Papa erlaubte sich ein feines Lächeln. »Nun, meine Damen, ihr seid bald alt genug, um mich zur Botschaft zu begleiten. Furchtbar nette Leute dort.«

»Ja, Papa.« Retta klang zweifelnd. »Aber deine Freunde sind alle so schrecklich alt.«

Papa starrte sie an, um dann zu lachen. »Ich nehme an, sie müssen euch alt vorkommen. Ihr geht noch den Hügel hinauf, und mit uns geht es unaufhaltsam bergab. Mary, ich glaube, wir kommen in die Jahre.«

»Ich weiß. Sieh nur, ich bin sehr stolz!« Sie scheitelte ihr Haar und zeigte ihm eine feine graue Strähne. »Ich freue mich schon darauf, daß ich bald mit dem Kopf wackele.«

Anne trat hinter ihre Mutter und hob sie hoch wie eine Feder. »Du darfst nicht so reden, Mama. Gib auf dich acht, du hast keine Entschuldigung für einen kleinen Schmerbauch.«

»Laß mich los«, antwortete Mama liebenswürdig. »Ich bin alt genug, um aus dem Leim zu gehen. Außerdem habe ich sieben große Entschuldigungen für einen kleinen Bauch, und du bist eine davon.«

»Oh, Mama . . . vor Papa!« Die Mädchen waren schokkiert.

»Diese Generation ist äußerst prüde«, erklärte Mama, als das Mittagessen aufgetragen wurde. Sie nahm Platz und schätzte die Größe des Zimmers ab. »Ich glaube, meine Freunde sind nicht spießig genug, um euch kennenzulernen.«

»Dabei fällt mir ein . . . Hallo, Junge!« Papa tätschelte

Juliens Kopf. »Heute morgen hat mich ein Bursche vom *New York Herald* angerufen, er möchte die Namen für seine Zeitung haben. Ich sagte, vielleicht hättest du etwas dagegen, Mary.«

»Ich möchte auf keinen Fall, daß meine Familie in einer Klatschspalte erscheint«, sagte Mama fest. »Es ist eine billige und schäbige Reklame. Kann ich denn keinen friedlichen und netten Empfang geben?«

»Nein. Ich habe noch ein paar Leute eingeladen, die gerade auf Durchreise sind. Ganz beiläufig, du weißt schon.«

»Oh, Edward, wenn du noch mehr Beiläufige einlädst, werde ich mit den Vertrauten in der Küche hocken müssen.«

»Ich möchte, daß dein Fest ein Erfolg wird, und werde mehr Erfrischungen bestellen.« Papa tranchierte die Keule, und unsere Augen wurden vor Respekt groß. Wir erinnerten uns an das Fest vom letzten Jahr, und natürlich an die Reste vom Buffet.

»Ich habe in meinem ganzen Leben noch kein Fiasko erlebt«, sagte Mama stolz. »Mein Familienrezept gilt noch immer: eine halbe Flasche Cherry Brandy in den Früchtecocktail, eine Menge Platz rings um das Buffet und überall viel zu viele Leute. Die Gäste gehen vom Essen betäubt und von den Gesprächen benommen nach Haus. Ich bekomme Migräne und schwöre, es nie wieder zu tun.«

Papa wandte sich an die anderen Tischgenossen: »Das ist ihre Vorstellung von einer Teegesellschaft.« Er sah Mama bewundernd an. »Was machst du heute nachmittag?«

Mama ächzte. »Ich habe deinen Kindern in einem Anfall von Gutmütigkeit versprochen, mit ihnen zu einem Tanztee an den Champs-Elysées zu gehen.«

»Könntest du vielleicht im Büro vorbeikommen? Ich muß jetzt los, ich habe es furchtbar eilig, es ist Posttag . . .«

»Ja, wir besuchen dich auf dem Hinweg, und du kannst uns dann abholen, wenn du nach Haus gehst.«

»Aber, Mama«, wandte Retta ein, »wir werden das Tanzen verpassen. Du bleibst immer stundenlang im Büro.«

Papa ging, und Mama, die im Lauf der Jahre etwas milder geworden war, bemerkte nur, daß wir undankbare Nattern seien und daß diese Tiere nichts Nettes an sich hätten. Dann sagte sie uns, was wir anziehen sollten; wir gehorchten und warteten dann lange. Wir kannten unsere Mutter. Eine von uns las ein Buch; Retta übte mit ihrer Gitarre; Lucy, Papas Liebling, brütete über einer Zeitung. Als Mama endlich erschien, suchte sie fieberhaft ihre Handtasche. Dann setzte sie sich hin, um einige Briefe zu adressieren, las alle Schreiben aufmerksam durch und fügte den Großbuchstaben und Hausnummern dekorative kleine Schnörkel hinzu. Anschließend eilte sie hinaus, um ihre Kakadu-Toque aufzusetzen, und schrie drei Zimmer weiter, daß jemand ihre Handschuhe gestohlen habe und daß sie kein einziges sauberes Taschentuch finden könne. Zehn Minuten später, als wir fast vergessen hatten, warum wir im Wohnzimmer herumsaßen, verlangte sie zu wissen, ob wir sie den ganzen Tag warten zu lassen gedächten. Ob wir keine Rücksicht auf eine ältere Dame nehmen könnten? Sie sagte nicht Mutter, denn das zählte natürlich nicht.

Wir fuhren nach unten. Im Foyer fiel Mama ein, daß sie der Köchin noch etwas sagen müsse, und sie wurde wieder vom Fahrstuhl verschluckt. Inzwischen beobachteten wir den Hausmeister bei seiner gewohnten idiotischen Beschäftigung, die darin bestand, die Steinfassade des Hauses mit einem Federmesser zu säubern. Als Mama endlich kam, war ihr Gesicht rot vor Ärger, denn sie hatte ein verstohlenes Lächeln auf Maries Gesicht wahrgenommen, als sie ihr Anweisungen für den Pudding gab. Zu unserem Nutzen und Frommen wiederholt, hatten diese eine so erheiternde Wirkung, daß Mama mit lachte. Nun waren wir endlich auf dem Weg, das heißt, wir hofften es wenigstens. Aber nein, an der Ecke fiel Mama ein Brief ein, den sie auf ihrem Sekretär liegengelassen hatte.

»Lauf bitte und hol ihn, Anne, es ist sehr dringend.«
Nach einer vergeblichen Suche kam Anne mit leeren Händen zurück und nahm zur Kenntnis, daß sie eine unfähige Närrin sei, Tomaten auf den Augen habe und ein böses Ende nehmen würde. Der Brief wurde im Futter von Mamas Handtasche entdeckt, und wir erreichten Papas Büro um vier Uhr.

Wir durchstreiften einen großen Raum mit vielen Angestellten, und Mr. Morton behielt uns im Auge, weil er wußte, daß wir Federhalter und Bleistifte stibitzten. Er folgte uns ins Musterzimmer, das voll von Egreniermaschinen und Flaschen mit Öl war. Ein hübscher kühler Raum mit sparsamen Licht aus dem schmalen Innenhof. Mama war in das Allerheiligste entschwunden und konferierte mit Papa. Sie hatte kaum einen Blick für die riesigen Photos der allmächtigen Baumwolle – auf den Feldern, in Ballen, im Kreis bewundernder Arbeiter in der Baumwollölmühle. Außer Papa kannte ich niemanden, der ein Baumwollfeld reizvoll fand. Mama zermarterte sich das Hirn, um darauf zu kommen, was sie Papa vor dem Mittagessen hatte erzählen wollen. Sie nahm altbekannte Gegenstände von seinem Schreibtisch: eine stählerne Schildkröte für Büroklammern, einen mit Nadeln gespickten Pfau und ein buntscheckiges Schwein, das Agnes ihm als Glücksbringer geschenkt hatte.

Die arme Agnes, Mama konnte es nicht fassen, daß ein Schlaganfall ihre alte Freundin dahingerafft hatte und ihr nur noch lebhafte Erinnerungen an das geliebte Wesen blieben. Tote reisen schnell, wie die Franzosen sagen; in wenigen Monaten war Agnes' Wohnung leergeräumt worden, Bücher und Möbel verkauft von Willie, der dann spurlos verschwand. Hatte er sich irgendwo verkrochen, um zu sterben? Oder um das einzige Wesen zu betrauern, das er geliebt oder auch nur gemocht hatte? Die Freunde seiner Frau hatten ihm eindeutig nicht am Herzen gelegen.

Papa sagte gerade: »Ich konnte es nicht über mich bringen, es dir vor den Kindern zu sagen, so sehr ich sie auch liebe. Eine unserer letzten Verbindungen zu meinem früheren Leben, unseren alten Zeiten ist gekappt, Schatz.«

Mama erschrak. Wer war gestorben? Alle Brüder von Papa, alle ihre Brüder mit Ausnahme Onkel Walters waren gegangen. Es war schrecklich zu wissen, daß so viele Menschen ihres Alters dahingingen, auch Menschen, die noch jünger waren. Die Reihen derer, die sie daheim – daheim war für sie immer noch Amerika – zurückgelassen hatte, waren erschreckend licht geworden. Sie versuchte tapfer zu sein, doch während sie antwortete, wagte sie nicht in die traurigen braunen Augen auf der anderen Seite des Schreibtisches zu sehen. »Oh, Liebling, wir haben immer noch uns, wir sind nicht wirklich alt. Edward, um Gottes willen, was ist los?«

»Mein Sitz an der Baumwollbörse«, stieß Papa hervor. »Sie haben mir als Entschädigung einen Scheck geschickt. Da.«

»Edward Green!« Sie sprang auf, fühlte seinen Puls, streichelte seine Wange. »Bist du verrückt geworden? Der Sitz gehörte dir seit einer Ewigkeit nicht mehr.«

»Offenbar doch. In dem Durcheinander, als ich . . . als wir von daheim fortfuhren, ist er gar nicht verkauft worden, ich nehme an, sie haben einfach vergessen, ihn in die . . . in die Konkursmasse aufzunehmen. Du weißt ja, wie dumm Bankiers sind, dumm und hinterhältig, man sollte sie alle an die Wand stellen und erschießen. Na ja, hier ist jedenfalls der Scheck, und ich habe ein scheußliches Gefühl. Ich hatte immer gehofft, ich könnte eines Tages zurückgehen . . .«

»Oh, Edward, liegt dir immer noch etwas daran? Was solltest du daheim tun? Sie sind alle fort. Genau wie unsere schönen Zeiten. Wir würden von Gespenstern verfolgt werden, die uns Tag und Nacht keine Ruhe ließen. Und wenn wir auf Gesellschaften gingen, würden die jungen Leute, die wir nie gekannt haben, sehnlichst wünschen, daß wir nach Haus gingen, damit sie sich endlich amüsieren könnten. Nein, nein, wir sind hier drüben glücklich mit unseren Kindern. Du darfst die Gegenwart nicht mit einem vergessenen Sitz an der Baumwollbörse verscheuchen, du törichter alter Mann.«

Papa schneuzte sich. »Meinst du wirklich? Es braucht nur solch eine Kleinigkeit zu passieren, und ich sterbe vor Heimweh. Es ist verdammt schwer, immerzu ein Fremder zu sein, Mary.«

»Du solltest etwas gegen deinen Schnupfen tun«, sagte Mama zärtlich. »Hör zu, manchmal habe ich das gleiche Gefühl, nur noch stärker, weil ich kein französisches Wort sagen kann, ohne daß alle lächeln. Übrigens, Eleanor sagt . . .« Sie legte einen Plan dar, dem Papa einigermaßen widerstrebend zustimmte, und dann ging sie und schalt die Kinder, die inzwischen mit einer von beiden Seiten geerbten Mühelosigkeit Knittelverse auf leere Schreibtische gekritzelt hatten.

Sie ging mit uns zu den Champs-Elysées. Wenn wir gewußt hätten, daß unsere Eltern beschlossen hatten, ein Haus in Le Vésinet zu mieten, um dort das ganze Jahr über zusammen mit Kennie und Eleanor zu wohnen, die aus irgendeinem jetzt vergessenen Grund sehr frische Luft brauchten, hätten wir jenes so typische Vorkriegsschauspiel sicher weniger genossen.

Die Leute saßen in der Sonne und berauschten sich an der exotischen Tangomusik. Abgesehen von einigen Spezialisten konnte kein Mensch den Tanz, und die neuartigen und komplizierten Schritte schienen die Entwicklung einer sehr heftigen Liebesromanze zu symbolisieren. Mamas alte Tanzwut erwachte, und sie beugte sich auf ihrem Stuhl vor und sah mit offenem Mund zu, bis das letzte Paar sich voneinander gelöst hatte, um nicht mehr wie gierige Panther, sondern wie halbwegs zivilisierte Wesen auszusehen. Wir reagierten ebenfalls auf das Tanzen, aber für uns war es eine Art Herausforderung an unsere Jugend, etwas, das Mama längst zu den Akten gelegt und vergessen hatte, eine köstliche und ein klein wenig peinliche Regung.

Wir gingen als letzte, und als Papa hereinkam, fragte er

Mama flüsternd, wie sie uns zu einer so frivolen Darbietung hatte mitnehmen können. Nach dem Abendessen spielten unsere Eltern Backgammon und warfen einander Mogeleien vor, bis das Spielbrett mit einem Knall zugeklappt wurde und die beiden vor sich hin schmollten. Wie üblich, lenkten wir sie ab.

Sarah, die auf ein Pensionat geschickt worden war, hatte Ferien und war mit einem schuldbeladenen Gewissen nach Haus gekommen. Ich weiß nicht, warum sie sich immer solche unpassenden Momente aussuchte, um neues Unheil auf sich heraufzubeschwören. »Tantchen«, rief sie und drängte sich auf dem Sofa so nahe an Mama, bis sie auf ihrem Rock saß. »Darf ich deinen Ring sehen? Ohhh, wie schön er ist! Wenn ich heirate, möchte ich auch einen kleinen Diamanten haben.«

»Du Närrin!« sagte Mama heftig.

»Ohhh, Tantchen! Hast du gewußt, daß Miss Lobelia Duluth verlobt ist?«

»Darf man vielleicht wissen, wer diese Person ist?« Mama richtete einen starren Blick auf ihre unglückliche Nichte. »Ich habe nie von ihr gehört.«

»Sie ist sehr nett, und jedermann in Savannah kennt sie, Tantchen.«

»Der einzige Mensch dieses Namens, den es zu meiner Zeit gab, belieferte meine Großmutter mit Milch. Es sähe dir ähnlich, wenn du diese Familie meintest, Sarah.«

»Aber Tantchen, die Zeiten haben sich geändert. Miss Lobelia ist genauso nett wie wir.«

Anne sah ihre Chance, daß Gespräch zu unterbrechen: »Sei nicht taktlos, Sarah. Weißt du denn nicht, daß die Welt in zwei Sorten von Leuten geteilt ist? Das Salz und der Abschaum.« Sarah sah sie sprachlos an. »Ja, das Salz der Erde sind Mamas Freunde, und der Abschaum sind die, von denen unsere Familie nie gehört hat.«

Papa schmunzelte leicht. »Für diese Unverschämtheit marschierst du jetzt sofort ins Bett, Miss!« rief Mama.

Die unverschämte Anne eilte zu Papa und nahm seine Hand. »Nein, Tochter, gehorche deiner Mutter.«

»Wie kann sie, wenn sie von einem unverbesserlichen alten Mogler ermutigt wird?« Mama mußte unwillkürlich lächeln.

»Komm, Sarah«, bemerkte Lucy verständig. »Wir sind nur armer weißer Abschaum. Lassen wir die Herrschaften allein.«

Wir gingen alle auf einmal und hörten, wie Mama uns beschimpfte, ehe sie versöhnliche Töne mit Papa anschlug. Dann beschloß sie, trotz unserer Frechheit mit uns in den Bois zu gehen. Wir liebten die dortigen Freilicht-Kinematographen. In einem ernsthaften Film trat zu Juliens Begeisterung der Teufel auf. Er hatte keine Hörner und auch keinen Schwanz, doch wie Mama ihrem Sohn zu seinem Schrecken erklärte, nimmt Satan alle erdenklichen Gestalten an, vorzugsweise bürgerliche.

Als die Familie in Schlaf sank, schien ein nicht endendes Läuten an der Wohnungstür eine Katastrophe anzukündigen. Aber nein, es war nur einer von Marys italienischen Freunden, der nach römischer Sitte mitten in der Nacht einen Besuch machen wollte. Als Papa ihn hinauskomplimentiert hatte, meinte er, es sei bereits Morgen und Mamas Fest stehe unmittelbar bevor.

Wir Kinder liebten vor allem das, was vor und nach dem Empfang kam. Am Hintereingang klingelte es den ganzen Vormittag. Konditorjungen brachten Pakete in Körben, die sie auf dem Kopf trugen, Krämer schickten Früchte, und die Glocke schrillte immer wieder aufgeregt und kündigte Dinge an, die nur deshalb außergewöhnlich waren, weil sie zu einem Fest gehörten. Alle wurden aus dem Eßzimmer vertrieben, während Papa den Früchtecocktail abschmeckte, den Kopf schüttelte, etwas aus einer Flasche hineinschüttete, seufzte und die Flasche erneut hob. Später, wenn das Eis geschmolzen war und die Mischung verdünnt hatte, war sie beinahe genießbar. Die Gäste begannen nach dem ersten Glas zu schwanken, scharten sich nach dem zweiten dicht zusammen und bildeten nach dem dritten eine freundschaftliche, harmonische Masse. Die vornehmen Seelen begannen mit Eiskaffee, die schüchternen probierten es mit Limonade, doch nach einer Weile stahlen sich alle zum Früchtecocktail.

Gegen drei Uhr wurden die Appetithäppchen gemacht und die Petits Fours und das andere Gebäck auf den blaugeränderten Minton-Tellern arrangiert. Die Kinder waren ebenfalls bereit. Mit geröteten Gesichtern übten sie feierlich Konversation und gaben einander mit abgespreizten Ellbogen und spitzen Fingern, wie es vor zehn Jahren Mode gewesen war, die Hand. Anne, deren Figur einem Hakenwurm glich, hatte ihr Kleid, eine unsägliche Robe aus apfelgrünem Satin mit Spitzenbesatz, selbst entworfen.

»Sie sieht absolut lächerlich aus«, dachte Mrs. Chauchois, die um halb vier in Federn und weißen Glacéhandschuhen eintraf. Sie war ein bißchen früh, doch vor ihr erschien ein deutscher Kunde, den Papa beiläufig eingeladen und dann vergessen hatte. Mama haßte Papa dafür, daß er nicht in der Nähe war, als sie merkte, daß der Fremde, der einen Frack anhatte, nur deutsch sprach. Es war ein peinlicher Moment. Julien, der Festvorbereitungen liebte, rannte von der Küche zur Wohnzimmertür und lauschte, um etwas vom Gespräch mitzubekommen. Die Stille überraschte ihn. Vielleicht hatte das Fest begonnen und geendet, während er in der Schule war. Er machte eine Flurtür auf und ließ sie einen Spalt weit offen.

Sarah und eine Schar von Mädchen und Lehrerinnen aus dem Internat drangen ein und füllten die Wohnung mit lautem Geplapper. Dann rief eine sonore Stimme eine Frage, das mußte die riesengroße Miss Hess sein. Julien begann wieder zu hoffen, als er hörte, wie Mama sagte: »Kommen Sie doch herein und nehmen Sie einen Tee!« Für diese Erfrischung war ein kleiner Tisch gedeckt, aber er war nur ein Köder, um die Gäste ins Eßzimmer zu locken. Dann huschte das Dienstmädchen, das verhaßte Spitzenhäubchen auf ihrem dicken Pompadour befestigend, an dem Jungen vorbei. Sie setzte sich auf einen Stuhl in der Diele, weil jetzt immer mehr Leute kamen.

Julien drückte sich gegen die Tür. Wenn einer dieser Männer mit rauhem Akzent oder eine dieser zirpenden Damen nun plötzlich ausrief: »Oh, da sehe ich einen Streifen von einem kleinen Jungen! Kommen Sie her, Sir, und zeigen Sie uns den Rest!« Er war an einem gefährlichen Platz, und sein Herz hämmerte laut gegen die Rippen. Dort stand Oscar Miller, ein Maler mit kastanienbraunem Haar und glühenden braunen Augen, der einen Sohn namens August sein eigen nannte. Julien kannte August und fand seine Konversation sehr schwierig: »Hast du *Muh-Muh und Wau-Wau* gelesen?« Die Frage war mit einem Kopfschütteln beantwortet worden, und wie wir annehmen, hatte das Gespräch damit ein Ende gefunden. Aus Furcht, die literarische Unterhaltung fortsetzen zu müssen, machte Julien die Tür zu und ging wieder zu seinem Bilderbuch.

Eleanor war so schön, daß alle es ihr sagten, selbst diejenigen, die ihre Bewunderung nur ungern eingestanden. Endlich erschien Papa, schoß auf seinen Kunden zu, setzte ihn mit seiner Herzlichkeit und einigen Drinks in Erstaunen und führte ihn in eine Ecke, wo er sich hinsetzte und lächelte. Dann stahl dieser Gast sich fort und erblickte in der Diele den Burschen von Hauptmann Fillonneau, der mit einer Nachricht wartete. Der Deutsche dienerte tief, und der Soldat wurde vor Verlegenheit über den unerwarteten Gruß so rot wie seine Hosen. Inzwischen waren die Gäste so weit aufgetaut, daß das Fest wohl auch dann seinen erfolgreichen Verlauf genommen hätte, wenn die Greens sich zurückgezogen und sie allein gelassen hätten. Wie üblich bei Leuten, die von vier bis sieben Uhr eingeladen sind, erreichte die Stimmung gegen acht Uhr den Höhepunkt. Der rotgesichtige Mr. Atkinson mit dem Husten und den schwachen Nieren (letztere veranlaßten ihn, häufig mit einem heiser geflüsterten »Sie kennen ja meine Gewohnheiten, Green« in ein intimes Gemach zu entschwinden) trank so viel, daß seine Wangen bläulichrot und seine Beteuerungen noch herzlicher, aber unverständlich wurden. Die jungen Leute aßen unter dem Tisch Erdbeertörtchen – vielleicht galt es als flott und ungehörig. Der gutaussehende Max und seine Brüder waren auch da, und ebenso Marys blaublütige Freunde und unser geliebter André Fillonneau.

Juliens Erregung wuchs, und er vergaß zu Bett zu gehen. Um neun Uhr ebbte der Trubel ab, und er schlich wieder zu seiner Flurtür. Die Dienstboten diskutierten in der Küche über die Gäste, aber in den Regionen des feineren Lebens war alles still. Die Familie saß erschöpft im Wohnzimmer, wo allein die Blumen frisch geblieben waren. Das Eßzimmer war leer, und Julien betrachtete es ernst, ehe er sich dem Tisch näherte. In der großen, leeren Kristallbowle stand ein verlassener Schöpflöffel. Überall Gläser: auf dem Fußboden, dem Kaminsims, der Marmorplatte vor dem Kamin. Der Geruch halb aufgerauchter Zigaretten vermischte sich mit abgestandenen Essensdüften und dem süßen Hauch von Rosen. Der Eiskaffee war lauwarm geworden. Mißvergnügt stellte er fest, daß niemand das einfache Gebäck angerührt hatte; als tägliche Kost war es sehr lecker, aber nach einem Fest konnte man eine bessere Beute erwarten. Nein, diese Leute hatten sogar die gefüllten Datteln und das von Walnüssen umarmte Marzipankonfekt gegessen. Die Obsttörtchen waren durchgeweicht, und auf den Tellern breitete sich leuchtender rubinroter Saft aus. Er probierte ihn mit dem Finger, und, oh, dann entdeckte er endlich einige winzige Windbeutel. Einer paßte gerade in den Mund eines kleinen Jungen. Ein zweiter und ein dritter hoben seine Lebensgeister beträchtlich.

Mama zählte die Ihren und rief auf gut Glück: »Was machst du da im Eßzimmer, *Julian?*«

»Ich? Nichts.«

»Dann hör sofort damit auf.«

*

Mama starb ganz plötzlich im Dezember 1914, nachdem sie gerade genug Zeit gehabt hatte, ihre gesamte Habe – auch den berühmten »Kakadu« – unter den ersten Flüchtlingen zu verteilen, die aus Belgien ins Land strömten. Sie nahm alles mit sich: die kleine, sichere Welt, die ihre Liebe um uns herum errichtet hatte. Eine Welt, in der brave Kinder gediehen und die Unartigen der gerechten Strafe entkamen. Einen unmoralischen Ort, wo Freuden eine lange Zeit dauerten und Kummer umgehend durch Geschenke gelindert wurde.

Am Ende des Tisches saß Papa. Auf Mamas Platz saß nun eine seiner Töchter. Aber dieser schweigsame, verbindliche Herr sah nur noch so aus wie Papa. Unsere Mutter hatte ihren Mann mit sich genommen.

Der stille, einsame alte Mann blieb noch eine ganze Weile bei uns. Er ging zweimal täglich in sein Büro, las jeden Abend wie gewöhnlich am Eßzimmertisch seine Zeitung, begrüßte uns zärtlich und gab uns alles, was er hatte. Aber nichts war so wie vorher. Die Schmarotzer und Gestrandeten verließen uns, aber auch die überschäumenden guten Zeiten. Wir gingen einer nach dem anderen auseinander und kamen sporadisch zurück.

Dann und wann setzte Papa sich an das alte Klavier und spielte leise, leicht und locker einige Lieblingsmelodien, eine italienische Arie oder einen Marsch der Konföderierten. Unvermittelt hielt er inne, um sich sehr abwesend zu vergewissern, welche seiner Kinder im Zimmer waren. Er fragte wie in früheren Tagen: »Was gibt es zum Mittagessen?« Wie die Antwort auch lautete, er war einverstanden: »Oh, schön.« Er machte sich nichts mehr daraus.

Eines Tages kam er zum letztenmal von seinem Büro zurück. Er trug ein großes, sehr flaches Paket, das er sorgsam unter seinen Hemden verstaute. Seine Arbeit war getan, die Kinder waren herangewachsen, ihn hielt nichts mehr. Er starb schnell. Und außer unserer Liebe blieb von seinem irdischen Gastspiel nicht viel mehr als ein großes Messingschild mit der Inschrift:

E. M. GREEN
EUROPABEVOLLMÄCHTIGER DER SOUTHERN COTTON OIL
COMPANY

Nachwort

Meine Schwester Anne

Von all meinen Schwestern, und ich hatte fünf, ist Anne diejenige, die ich am besten kannte. Wir haben über sechzig Jahre zusammen gelebt.

Wir waren nicht weniger als acht in der Wohnung in der Rue de Passy, wo ich meine Kindheit verbrachte: viele Menschen, viel Lärm, viel Fröhlichkeit.

Unsere Eltern waren nicht reich, weit gefehlt. Wir nagten zwar nicht am Hungertuch, aber manchmal reichte das Haushaltsgeld nicht ganz. Die Jüngsten von uns merkten nichts davon, denn in der Rue de Passy 93 wohnte das Glück unter den etwas zu niedrigen Zimmerdecken. Ich habe die Erinnerungen wie einen kostbaren Schatz gehütet, die Erinnerung an Menschen, die von einem Zimmer ins andere liefen, an helle Stimmen, die vor sich hin sangen, an klingendes Lachen. Ich hatte manchmal das Gefühl, in einer fröhlichen Menge zu versinken.

Diese ersten Eindrücke haben mich für immer geprägt, und sie sorgten dafür, daß ich Glück niemals mit Reichtum verband. Anne muß demselben Zauber erlegen sein, denn sie sehnte sich bis an ihr Lebensende nach jener reinen Freude zurück, die nur die weniger Begüterten kennen.

Als ich noch klein war, gingen meine Schwestern Anne und Mary niemals an mir vorbei, ohne mir einen Kuß zu geben. Ich wuchs in einer Atmosphäre weiblicher Zärtlichkeit heran. Mir fehlte ein Bruder, mit dem ich raufen, an dem ich mich messen konnte. Mein Bruder Charles war viel älter als ich und mußte die Familie schon mit siebzehn schweren Herzens verlassen, um seinen Lebensunterhalt in Amerika zu verdienen. Doch auch in seinem Vaterland vergaß er Paris nicht und hatte bis zu seinem Tod Heimweh nach der Stadt an der Seine.

Jeder von uns trug ein sichtbares geographisches Erbteil mit sich herum, ein Geschenk der Vorfahren unserer Familie. Lucy und Eleanor waren die beiden Irinnen, und sie verkörperten die Insel so sehr, daß unsere Freunde unwillkürlich lächelten.

Mary wollte unbedingt britisch sein; mit dem eindringlichen Blick ihrer ruhigen braunen Augen gelang es ihr, mich zu erobern. Sie war achtzehn, nicht sehr hübsch, aber ihr leidenschaftliches Gesicht ließ ahnen, daß sie zu großen Gefühlen imstande war. Ich erklärte ihr eines Tages: »Du bist meine Lieblingsschwester«, und noch viel später kam es vor, daß sie mich fragte: »Bin ich immer noch deine Lieblingsschwester?« Durch ihre Intelligenz stand sie im Abseits, und man spürte schon damals eine verborgene, aber furchtbare Heftigkeit in ihr.

Die ernste, schwärmerische Retta trug Schottland mit all seinen Geheimnissen in ihrem engelhaft reinen Gesicht. Sie war für uns ein Bild der Vollkommenheit; sie war wie verklärt, machte nie den kleinsten Fehler und vertraute sich nie jemandem an. Ihre großen schwarzen Augen strahlten einen Geist aus, der ihrem Alter weit voraus war. Sie hätte einschüchternd wirken können, aber sie verzauberte die anderen unbewußt durch die Güte ihres Blicks. Sie sprach nicht viel mit mir und kümmerte sich vor allem um Lucy, das Mauerblümchen, die keine natürliche Grazie mitbekommen hatte und mit ihren meergrünen Augen verwirrt und schmerzvoll in eine Welt sah, in der sie nicht ihren Platz fand. Sie war erfüllt von Sorge, da sie spürte, daß sie anders war als die anderen. Ich ahnte, daß sie mit ihrem Los nicht zufrieden war, und bemühte mich, sie aufzuheitern, indem ich kleine Zeichnungen für sie anfertigte.

Meine Schwester Anne hatte nichts Geheimnisvolles. Ohne sich Mühe zu geben, ohne sich dessen auch nur bewußt zu sein, war sie schlicht England. Sie war größer als alle ihre Schwestern und betrachtete ihre Mitmenschen und die Dinge, die sie umgaben, mit leuchtenden Augen – und sie sah oft in Spiegel, in denen sie das beneidenswerte Bild eines Menschen sah, der sich seiner Schönheit freut. Sie neigte immer zum Lachen und hatte viel Sinn für Humor, eine feine Ironie. Das war ein Geschenk ihrer Mutter, und ich muß sagen, daß wir alle unseren Teil davon mitbekommen hatten, aber wir konnten es nicht so gut nutzen wie diese junge Britin mit dem schnellen Mundwerk. Sie war eine Leseratte und verschlang die Romane, die unsere Mutter ihr gab, den ganzen unsterblichen Dickens und später Thomas Hardy.

Die Southern Cotton Oil Company zeigte sich derweil immer zufriedener mit unserem Vater. Sein Gehalt wurde mehrmals aufgebessert, so daß ein gewisser Wohlstand bei uns einkehrte und wir die Rue de Passy und ihr geschäftiges Treiben gegen die Rue de la Pompe eintauschten, eine feinere und langweiligere Straße, wo wir eine große Wohnung bezogen, gegenüber dem Lycée Janson, das ich später besuchte. Eleanor hatte einen jungen englischen Ingenieur geheiratet, der sie nach Nairobi mitnahm. Retta und Lucy bekamen Privatunterricht bei einer britischen Lehrerin, Miss Pride. Mary kurierte ihr Lungenleiden in Amalfi und fühlte sich in dem schmeichelnden Klima, das sie unmerklich dahinraffte, endlich wohl und unbeschwert. Was mich angeht, so ist nichts weiter zu vermelden, höchstens meine schrecklichen kleinen Zeichnungen, die ich schnell versteckte, wenn ich jemanden kommen hörte, stellten sie doch nackte Personen ohne Geschlechtsteile dar, aber ich weiche von meinem eigentlichen Thema ab: der schönen Anne.

Sie war enorm fleißig und nahm Stickereien in Angriff, die unserer Mutter den Atem verschlugen. Die Königin Mathilde mit ihrer Bayeux-Tapisserie war nicht eifriger. Ich bewunderte die Behänge mit englischer Stickerei, mit denen sie die Wände bedeckte. Dann kamen Lampenschirme mit Filetstickerei in Mode. Zarte Gespinste auf rotem Untergrund eroberten die Pariser Wohnungen. Anne brillierte in dieser Technik, die heute mit Recht so gut wie vergessen ist. Sie war unermüdlich. Dennoch gab es Tage, an denen man sie nicht sah. Sie ging aus. Die Biene verließ ihren Stock. Im Frankreich von 1912 trug die Lebenslust den Sieg über die Politik davon. Der Balkankrieg beschäftigte nur Interessierte. Jahre später sollte Anne mir anvertrauen, sie habe keine Ahnung gehabt, daß die Menschen sich dort gegenseitig umbrachten – es war so schrecklich weit von Paris entfernt. Sie hatte Tanzkurse bei einem gewissen Washington Lopp gemacht, der damals sehr bekannt war und nicht nur klassisches Ballett unterrichtete, sondern auch die modernsten Tänze, selbst den kühnen Tango, das rote Tuch für alle ehrbaren Mütter. Sie tanzte gut, sie ging auf Bälle. Mit ihrer Unbeschwertheit, ihrem Witz und dem ganzen Charme ihrer Person gewann sie Freunde, von denen ihr viele bis zu ihrem Tod treu blieben. In ihrer Eigenwilligkeit sagte sie oft das Unverhoffteste, was man auf ihre ausländische Herkunft zurückführte. Ihr ironischer Schalk schockierte vielleicht nicht, aber er überraschte, und ihr Lächeln ließ über Äußerungen hinwegsehen, die man einer weniger verführerischen Person kaum verziehen hätte.

Wir hatten uns in der Rue de la Pompe eingelebt, aber dieses Glück sollte nicht von langer Dauer sein. Mein Schwager war in Afrika krank geworden, und seine Rückkehr mit Eleanor überzeugte meine Eltern endgültig davon, daß die Luft in den großen Städten schädlich war – hätten wir sie doch wieder, die schädliche Pariser Luft von 1912! Sie beschlossen zur Bestürzung meiner Schwestern, in ein großes Haus in Vésinet zu ziehen, zwischen St. Germain und Paris. Zugegeben, die Luft war dort zweifellos gesünder, und es herrschte eine totale Ruhe, doch es war der Abschied von den Zerstreuungen des mondänen Lebens. Wäre Anne nicht so stolz gewesen, hätte sie vor Kummer geweint. Retta, die bald neunzehn wurde und die ersten Schritte ins Leben tat, wie man so sagt, litt sicher auch unter dem erzwungenen Exil.

Kaum ein Jahr war vergangen, als der Donnerschlag des 3. August 1914 kam. Der Krieg änderte alles. Mein

Schwager, der zu krank war, zu den Waffen zu eilen, wurde der große anspruchsvolle Kranke der Villa du Lac.

Nach der Marneschlacht begann der Stellungskrieg in den Schützengräben.

Für meine Mutter war der Schock zu groß. Sie verließ uns am 27. Dezember 1914, und ihr Tod zerstreute uns und richtete ein sonderbares Chaos in meinem Leben an.

*

Lucy wurde 1915 zu unseren Verwandten nach Virginia geschickt.

Anne und Retta meldeten sich beim französischen Roten Kreuz in Paris. Die beiden jungen Mädchen wohnten dann im berühmten Hotel Ritz, dessen Name nun, da es zum Hauptquartier der Hilfsorganisation gemacht worden war, Unglück und Leid heraufbeschwor.

Gegen Ende des Jahres beschloß mein Vater, mit uns nach Paris zurückzukehren, vielleicht um der Erinnerung an einen Tod zu entfliehen, der auch ihn zu vernichten drohte, besonders aber, um seinen beiden Töchtern näher zu sein. Anfang 1916 hatten wir eine große Wohnung unweit des Bois de Boulogne bezogen. Aber das Paris, das wir wiederfanden, erschien uns merkwürdig leer. Schon vor den Hekatomben von Verdun war der Trauerflor, den die Frauen anlegten, in kaum noch einem Kaufhaus aufzutreiben. Das Fehlen der jungen Leute deprimierte noch mehr als die schwarzen Gestalten auf den Straßen, und der bittere Winter jenes Jahres hielt Einzug in den fast ungeheizten Häusern.

Retta verließ das Krankenhaus nur selten. Anne kam manchmal zum Abendessen zu uns, und ich begleitete sie dann gegen zehn Uhr zurück zur Rue Cambon. Mit ihrem langen dunkelblauen Cape und dem weißen Rotkreuz-Schleier, der ihre Stirn bedeckte, hatte sie für mich eine eigenartig neue Schönheit. Wir fuhren mit der Metro, und in den menschenleeren Straßen, die uns dann von der Place de la Concorde zum Ritz führten, hörten wir nichts als den Widerhall unserer Schritte. In unsere geheimen Gedanken vertieft, redeten wir beide nicht viel. Ich hatte mich kürzlich für den Katholizismus entschieden. Schweigen über die großen inneren Ereignisse. Auch Anne schwieg über all das, was in ihrem Herzen begraben war. Eines Abends ließ sie eine düstere Bemerkung fallen: »Heute soll eine neue Offensive stattfinden. Die ersten Verwundeten werden schon übermorgen kommen, du kannst dir nicht vorstellen, wie schrecklich es dann im Ritz sein wird.« Ich konnte es mir sehr gut vorstellen. Im Lycée Janson, das teilweise als Lazarett diente, drangen die Schreie der Verwundeten bis in die Unterrichtsräume und ließen uns vor Grauen erstarren.

Als ich im nächsten Jahr die Reifeprüfung gemacht hatte, sagte mein Vater sehr ernst, ich müsse nun »etwas tun, um den Alliierten zu helfen«. Zweifellos dachte er dabei an die vielen Jünglinge aus den amerikanischen Südstaaten, die sich im Sezessionskrieg freiwillig für den Kampf gegen den Norden gemeldet hatten. Da ich noch zu jung für den Fronteinsatz war, bot ich meine Dienste dem amerikanischen Roten Kreuz an und wurde schon im Juli in die Argonne geschickt.

Meine ungeübten Hände umklammerten das Steuer eines Krankenwagens. In dem Ort, wo ich stationiert wurde, konnte ich die ganze Nacht das Dröhnen der Geschütze von Verdun hören, wo die französische und deutsche Jugend in einem gnadenlosen Massaker geopfert wurde, für eine Stadt, die nie kapitulierte. Die verbrecherische Sinnlosigkeit von Kriegen offenbarte sich mir angesichts eines Rätsels, das mich nicht mehr losließ: Wozu all dieses Leid und diese Vergeudung von Energie, die für die Zukunft der westlichen Welt unerläßlich war? Immer unabweisbarer stellte sich mir eine Frage, die nicht aufhören sollte, mich zu verfolgen: Welcher Krieg hat im Lauf der Geschichte jemals ein Problem endgültig gelöst? Keiner, meinte ich, und aus diesem Grund fängt jeder Krieg immer wieder von neuem an. Es ist fast ein angeborener Instinkt aus der Vorzeit des Menschen. Wann werden wir die Vorzeit überwinden? Erst in diesem glücklichen Augenblick wird die wahre Zivilisation anfangen, nicht vorher. Die Atomrüstung, auf die der moderne Mensch so stolz ist, beweist nur, daß er im Bereich des Menschlichen immer noch auf der gleichen Stufe steht wie der Höhlenbewohner. Kein Krieg ist zu rechtfertigen. Sie sind alle barbarisch.

Die amerikanische Armee hatte inzwischen beschlossen, das Rote Kreuz unter ihren Befehl zu stellen, und da ich gerade erst siebzehn war, schickte man mich nach Haus. Ich meldete mich sofort bei einer anderen Organisation des Roten Kreuzes, die unabhängig geblieben war. Ich kam an die italienische Front in die Nähe Venetiens, doch im Juli 1918 intervenierte das Militär abermals und schickte mich zurück, da ich das Mobilisierungsalter noch nicht erreicht hatte.

Inzwischen hatten wir den Engel der Familie verloren. Retta, ein Opfer ihrer unermüdlichen Hingabe, war im Januar 1918 in Paris an Meningitis gestorben. Auch Anne hatte sich zu sehr verausgabt und erholte sich nun in Rom, wo meine Schwester Mary sich nach dem Tod unserer Mutter niedergelassen hatte.

Ich sah Anne bei Mary wieder, inmitten eines Kreises italienischer Freunde, die sich angeregt und fröhlich unterhielten, weit entfernt von den Greueln des Krieges, die nicht einmal erwähnt wurden. Wenn man zum Fenster hinausschaute, sah man die Kuppel der Peterskirche, und ich glaubte mich in einer anderen Welt, die sich auf einzigartige Weise mit der meiner Bekehrung zum Katholizismus verband. Was schenkte mir der Anblick dieser weißen Kuppel am blauen Himmel nicht alles wieder!

Unter meinen Kameraden vom amerikanischen Roten Kreuz hatte ich die Religion ein wenig vernachlässigt, und nun tauchte ich wieder in sie ein, mit einer Inbrunst, die mich selbst überraschte; doch ich sagte niemandem, daß meine religiöse Leidenschaft vorher sehr nachgelassen hatte. Mary, die nicht von ihrem Lungenleiden genesen war, konnte das Leben nur in den warmen Ländern ertragen, und die italienischen Freunde zerstreuten mit ihrem amüsanten Geschwätz alle ihre Ängste. Sie nahmen kaum Notiz von dem kleinen Bruder, der wie ein Soldat in Khaki gekleidet war. Seine Anwesenheit störte niemanden, und er saß die meiste Zeit still da, denn der Klatsch der römischen Gesellschaft tangierte ihn nicht.

Mary, die mich doch gern hatte, richtete dann und wann mit zerstreuter Miene ein paar Fragen an mich, deren Antwort sie nicht weiter interessierte.

Die schöne und bewunderte Anne erntete überall Komplimente. Einer der Vertrauten dichtete schmeichelhafte Verse auf sie, die sie vielleicht mit Vergnügen las. Dennoch blieb sie in sich gekehrt, und ich spürte, daß sie traurig war. Ich für meinen Teil, der ich mich in der schönsten Stadt der Welt wußte, fand die kleinen Feste in der Suite im Hotel Excelsior eher fade.

Überall auf den Straßen und Plätzen stolzierten Offiziere herum, die in elegante himmelblaue Capes gehüllt waren. Das war der einzige sichtbare Hinweis auf den Krieg, denn es fand immerhin ein Krieg statt . . . Ein Freund von Mary, der nicht so oberflächlich war wie die anderen, fuhr mich ein wenig in der Ewigen Stadt herum. Außerdem nahm sich eine englische Freundin, an die ich noch heute gern zurückdenke, meiner an. Sie war Protestantin und lehnte das italienische Ambiente ab, doch sie wollte ihre rheumatischen Beschwerden hier auskurieren. Sie führte mich in Kirchen, die meinen Enthusiasmus von neuem entzündeten, und schenkte mir in einem Anflug von Bosheit das Tagebuch Léon Bloys.

Anne schien von einer merkwürdigen, geheimnisvollen Aura umgeben, die wohl nur mir bewußt wurde. Ich ahnte, daß sie den Tod unserer Schwester Retta nicht verwinden konnte. Zweifellos spielte auch Kummer darüber mit, daß der Krieg sie um ihre Jugend brachte, die auszukosten sie gerade erst angefangen hatte. Sie beschloß, in Rom zu bleiben, und arbeitete dort ebenfalls für das Rote Kreuz, aber diesmal im Büro, ein ereignisloses Leben, nur unterbrochen von den kleinen frivolen Gesellschaften, die erträglich machten, was man stöhnend die unerträgliche Dauer des Konflikts nannte.

Ich verließ Rom im Juli und sollte Anne erst ein halbes Jahr später wiedersehen. Welcher Teufel ritt mich, am 6. September 1918 zur Mairie des 6. Arrondissements zu gehen und mich, amerikanischer Staatsbürger, der ich war, zur französischen Artillerie zu melden? Gab es weit und breit jemanden, der ein Geschütz weniger schätzte als ich? Aber man hatte mir gesagt, daß es sich so gehörte. Ich könnte die Artillerieschule von Fontainebleau absolvieren und als Offizier in den aktiven Dienst entlassen werden, ohne die amerikanische Staatsbürgerschaft aufgeben zu müssen.

In Fontainebleau folgte ich dem Unterricht, ohne allzu viel zu begreifen. Ballistikkurse ... Es gab keine Zwischenprüfungen, und meine Unfähigkeit fiel nicht auf. Nur die Abschlußprüfung würde zählen, und sie war noch weit entfernt. Die Lehrer wollten sich immerhin vergewissern, daß wir Amerikaner das Französische gut verstanden. In der Hinsicht trug ich einen leichten Sieg davon. Man hatte uns einige Tage früher zu deutschen Kriegsgefangenen geführt, die nur durch einen langen Stacheldrahtzaun von uns getrennt waren. Es bereitete mir Unbehagen, weil wir diese Menschen in Augenschein nahmen, als wären sie seltsame Tiere. Ich werde nie das verächtliche Schweigen vergessen, mit dem sie das Defilee quittierten. Ich erinnere mich besonders an einen zerlumpten jungen Soldaten, der mit den Händen in den Taschen dastand. In seinen Augen las ich keinen Haß, nur abgrundtiefe Geringschätzung für den Fremden mit den unschuldigen Zügen, der, wie er annahm, niemals mit der Hölle in Berührung gekommen war. In dem Bericht, den ich unserem Prüfer anschließend gab, konstatierte ich einfach, daß ich nach Betrachten der deutschen Soldaten hinter dem Stacheldraht keinen Unterschied zwischen ihnen und uns sehen könne. Ich wies auf die Tatsache hin, daß es zwischen uns ein unstrittiges menschliches Band gebe. Die knappe Beurteilung meines Aufsatzes lautete:

»Vollkommen ausreichende Kenntnisse des Französischen.«

Am 11. November wurde der Unterricht abgebrochen, und wir verließen die Schule mit dem V-förmigen Streifen am Ärmel der schwarzen Uniform. Ich hatte genau wie die anderen einen bekommen.

Als ich wieder in Paris war, ließ die Armee mir die Wahl zwischen sofortiger Demobilisierung oder einem zeitlich befristeten Dienst als Besatzungsoffizier in Deutschland. Ich hatte seit langem den Wunsch, mein Leben Gott zu weihen und auf der Insel Wight Benediktinermönch zu werden. Wie soll ich jemals die Szene vergessen, die sich nun anschloß? Ich vertraute meinem Vater meine Absicht an. Anne, die zugegen war, rief aus: »Oh, Papa, laß ihn bitte nicht gehen.« Zum erstenmal begriff ich, wie sehr sie mich liebte, denn als die Engländerin, die sie war, ließ sie gewöhnlich nie etwas von ihren Gefühlen durchblicken. Mein Vater, gütig und vernünftig wie immer, antwortete nur, es sei besser, wenn ich die gebotene Gelegenheit ergriffe und Deutschland kennenlernte, wo ich mir den schwerwiegenden Entschluß, der Welt zu entsagen, gründlich überlegen könnte.

Ich wurde mit einer Abteilung der Besatzungsarmee ins Saarland geschickt. Auf einem sehr friedlichen Schimmel sitzend, hielt ich mit einer Gruppe anderer Offiziere Einzug in Deutschland. Dort verlief alles so ruhig wie möglich. Ich wurde in einem kleinen Ort namens Niederlingsweiler stationiert.

Ich habe an anderer Stelle von meiner Freundschaft mit der Volksschullehrerin Martha G. berichtet, die mir sagte: »Wissen Sie, wir verstehen uns immer noch ganz gut mit den Franzosen, aber wir sind auch nicht richtige Deutsche. Die richtigen Deutschen sitzen in Berlin.« Sie bot mir immer eine Tasse Kaffee an, und wir unterhielten uns angeregt über Literatur. Ich liebte Goethe. Sie hingegen bevorzugte Schiller, den sie nobler fand.

Sie kam mit geröteten Wangen vom Unterricht und erzählte von ihren Schülern. Eines Tages hatte sie noch mehr Farbe im Gesicht als sonst und sagte ein bißchen verzagt: »Ich habe sie heute schlagen müssen . . .« Und ich begriff, daß die ganze Klasse an der Reihe gewesen war. Schwere Pflichten.

Der schöne Frühling in jenem Jahr begeisterte mich. Ich wurde nicht müde, die Verwandlung der Landschaft ringsum zu bewundern, und im Inneren meines Herzens sah ich ein, daß es mir unmöglich sein würde, eine so verlockende Welt aufzugeben. Es war nicht die gefährliche Welt des Dämons, es war die Schöpfung Gottes, nicht mehr und nicht weniger. »Die Welt, die die Heiligen so sehr geliebt haben«, suggerierte mir eine listige Stimme. Ich bat, kurz gesagt, um den Abschied, der sofort gewährt wurde, und kehrte ohne die leiseste Vorstellung, was ich nun machen würde, nach Paris zurück. Ich verzichtete auf Wight, das mein Leben lang so etwas wie ein spirituelles Eldorado für mich bleiben sollte, und es geschah nicht ohne Schmerz, denn ich glaubte, nur auserwählte Seelen würden berufen, und meine Eigenliebe litt eine Zeitlang darunter. Was sollte ich jetzt tun mit meinem Leben?

Die Antwort kam wie ein Blitz aus heiterem Himmel. Mein Onkel Walter Hartridge, ein Bruder meiner Mutter, bot meinem Vater an, mich drei Jahre unter seine Fittiche zu nehmen, wenn ich damit einverstanden sei, an der University of Virginia zu studieren. Ob ich damit einverstanden war? Mein Vater fragte mich nicht einmal: »Du packst deine Sachen und fährst. Keine andere amerikanische Universität kann dich so gut zu einem Gentleman aus dem Süden machen.« Ich fuhr ohne Widerrede. Anne war sehr traurig, wenn auch nicht so traurig wie ich, der ich mich schon jetzt, im Sommer 1919, darauf freute, Paris wiederzusehen, aber ich mußte gehorchen.

Ich habe an anderer Stelle so ausführlich über mein abwechselnd glückliches und qualvolles Studentenleben berichtet, daß ich jetzt nichts weiter davon sagen werde, geht es doch hier vor allem darum, meine Schwester Anne wiederzufinden.

Im Juni 1922 besuchte sie mich zu meiner großen

Freude in Charlottesville, Virginia. Sie hatte den Boden ihrer Heimat seit dem Alter von sechs Jahren nicht mehr betreten und war unglaublich neugierig auf das Landhaus unserer Großeltern im Prince William County, eine Stunde von der Universität entfernt.

Sie freute sich offenbar, mich zu sehen, doch während ich meiner Wiedersehensfreude freien Lauf ließ, blieb sie sonderbar ruhig und wortkarg. Sie verbrachte die Nacht in einem Zimmer neben dem meinen, bei Miss Page, einer Nachfahrin der berühmten Indianerkönigin Pocahontas. Ein Anruf weckte sie ziemlich früh. Sie meldete sich, lauschte einige Sekunden, stellte ein paar Fragen und teilte mir wie versteinert mit, daß unser Elternhaus in der Nacht abgebrannt war, bis auf die Grundmauern. Schweigen. Was sagen? Unsere Welt zerfiel zu Staub und Asche.

Anne schien nicht darauf erpicht, viel länger in Amerika zu bleiben, und so gingen wir am 4. Juli an Bord eines komfortablen Handelsschiffes, um nach Frankreich zurückzukehren. Ich hatte den Eindruck, daß meine Schwester in erster Linie gekommen war, um sich die Zeit zu vertreiben. Zweifellos war es ihr ein Herzenswunsch gewesen, endlich das Haus der Familie zu sehen, aber welche Enttäuschung war es gewesen . . . Gab es eine andere, von der ich nichts wußte?

Wir machten endlose Spaziergänge an Deck des Schiffes, und sie täuschte Interesse für mein Studium vor, aber ich spürte nur zu gut, daß sie mir nahe und zugleich fern war – doch war sie mir heute viel näher als damals in Rom.

Ende Juli 1922 waren wir wieder in der Rue Cortambert 16. Mein Vater wohnte dort allein mit der inzwischen aus Amerika heimgekehrten Lucy. Er war sehr gealtert, hatte aber seine angeborene gute Laune behalten. Mit der Universität verbanden mich glückliche, aber auch schmerzhafte Erinnerungen. Ich hatte trotz der schönen Umgebung sehr gelitten, aber die Pariser Wohnung kam mir trist und unheimlich still vor, so daß ich mich bald nach dem lebhaften Trubel unter den amerikanischen Kommilitonen zurücksehnte.

Ich hatte nur sehr vage Zukunftspläne – denn ich mußte endlich daran denken, meinen Lebensunterhalt zu verdienen, und mein pensionierter Vater besaß gerade genug, um uns auf bescheidene Weise durchzubringen. Wenn ich an jene Jahre der Ungewißheit zurückdenke, staune ich über meine Sorglosigkeit von damals.

Die Malerei zog mich an, aber ich ahnte, daß ich nicht genug mitbrachte, um Großes zu leisten, und folgte deshalb meiner wahren Berufung, dem Schreiben.

Auch Anne schrieb, um ihr Scherflein zum Lebensunterhalt beizutragen. Jede Woche schickte sie Artikel an amerikanische Modezeitschriften. Da diese Beiträge, die bereits ihr literarisches Talent zeigten, sehr gut bezahlt wurden, war sie bald ein unerläßlicher Pfeiler des Haushalts. Ich meinerseits begnügte mich damit, zum Vergnügen kurze Aufsätze über meine Lieblingsschriftsteller zu schreiben, aber welcher Verleger würde sie veröffentlichen? Ich dachte nicht groß darüber nach.

Bei den Mahlzeiten saß Anne rechts von meinem Vater, auf dem Platz, der der von uns Gegangenen gebührt hätte, die in unseren Gedanken immer bei uns blieb. Lucy, die von Papa bevorzugt wurde, weil er spürte, daß sie unglücklich war, saß zu seiner Linken. Ich nahm am anderen Tischende Platz.

Wir redeten kaum beim Essen. Anne versuchte manchmal, ein unbeschwertes Gespräch in Gang zu bringen, und mein Vater lächelte ihr traurig zu. Lucy blieb wortkarg, und ich für mein Teil dachte nur an den Augenblick, wenn ich aus der Wohnung flüchten könnte, um auf den Kais spazierenzugehen.

Ich sah wohl, daß Anne seit unserer Rückkehr aus Amerika nicht mehr dieselbe war. Wo war das hübsche, schalkhafte Mädchen geblieben, dessen schlagfertige Antworten so viele Freunde ihrer Jugendzeit entzückt hatten? Jetzt schaute sie allzu oft ernst und bekümmert drein.

Monate vergingen. Es war immer ungewisser, was aus mir werden sollte, aber meine Zuversicht wankte nicht.

Das alarmierte meinen Vater, und wem sollte er seine Sorgen anvertrauen? Man wird mir nicht glauben. Es war unser Steuerinspektor.

Sein Taktgefühl verbot ihm, mich zu drängen, und er stellte sich einfach darauf ein, mir unter die Arme zu greifen, wenn ich Malerei studieren wollte, wovon ich eines Tages gesprochen hatte. Aber ich hatte es mir schlicht anders überlegt und war zu meinen Tagträumen und meinen englischen Romanciers zurückgekehrt.

Nur Anne glaubte an meine Zukunft. Warum? Sie kam zu mir und sagte, ich sollte mir keine allzu großen Sorgen um das Morgen machen. Sie verdiene genug für uns alle, »für dich wie für die anderen«. Ich spürte in ihr ein Bedürfnis nach Zärtlichkeit, und ich war derjenige, an den sie sich damit wandte.

Eines Tages brachte ein Bote einen Brief für sie.

Sie schloß sich ein, um ihn zu lesen. Als sie zum Mittagessen wieder zu uns kam, betrachtete ich sie sprachlos und entsetzt. Sie war einfach anders geworden. Ihr immer noch schönes Gesicht strahlte einen tragischen Schmerz aus. Ich wagte nicht, etwas zu sagen.

Am nächsten Morgen sagte sie mit einer ein wenig belegten, aber festen Stimme diese wenigen Worte: »Es ist vorbei. Ich werde niemals heiraten.«

Da wurde mir bewußt, daß der Anblick eines gebrochenen Herzens schmerzlich sein kann wie ein Todeskampf.

Schweigen senkte sich auf die beiden kurzen Sätze. Es dauerte bis zu ihrem Tode. Sie heiratete nie.

*

1926 erschienen meine ersten beiden Romane. Es war der Anfang meines Schriftstellerlebens, und ich durfte hoffen, daß unsere finanziellen Schwierigkeiten bald ein Ende haben würden. Wir mußten uns aber noch etwas gedulden. Inzwischen hatte ich den Mann kennengelernt, dessen Freundschaft einen so großen Einfluß auf die glücklichsten Jahre meiner Jugend ausübte: Robert de Saint Jean.

Im Juli 1927 wurden wir während der Ferien in der Auvergne telegraphisch aufgefordert, nach Paris zurückzukommen. Mein Vater war unerwartet gestorben. Ich traf rechtzeitig zur Beerdigung ein, doch welch überraschendes Problem erwartete uns! Papa hatte keinen Centime hinterlassen, und Anne und ich mußten uns von einer amerikanischen Freundin das Geld borgen, das wir brauchten, um ihn zum Friedhof bringen zu lassen. Er hatte jedoch all die Schulden aus Fehlspekulationen beglichen. Wäre er ein Jahr später von uns gegangen, hätte er keine Angst um unser Schicksal haben müssen.

Ich bekam einen amerikanischen Preis, der uns lange Zeit über Wasser hielt. Im Jahr darauf wurde dem *Leviathan* das gleiche Glück zuteil. Ich verfügte nun über eine für meine Verhältnisse ganz beträchtliche Summe, die ich beim berühmten Schwarzen Freitag in New York mit einem Schlag verlor. Gut unterrichtete Freunde hatten mir empfohlen, all mein Geld dort in Aktien anzulegen. Ich nahm die Nachricht mit der Gelassenheit eines Mannes entgegen, der sein Leben eher träumte als lebte.

Von nun an wurde die Rolle, die Anne in meinem Leben spielte, immer wichtiger. Auf mich allein gestellt, wäre ich nicht in der Lage gewesen, zu schreiben und eine gewisse Ordnung in meinen Tageslauf zu bringen. Anne nahm die undankbare Pflicht mit niemals wankender Entschlossenheit und Hingabe auf sich. Wir lebten recht einfach, auf eine Weise, die ich außerordentlich angenehm fand. Nur der grüblerische Ausdruck, den ich im Gesicht meiner gerade dreißigjährigen Schwester entdeckte, wenn sie sich unbeobachtet glaubte, betrübte mich immer wieder aufs neue.

Robert de Saint Jean kam gelegentlich zum Abendessen und war Anne mit seiner Unbeschwertheit und seinen erlesenen Manieren auf Anhieb sympathisch. Ohne es zu wissen, half er ihr, so manchen schwierigen Tag zu bewältigen, und ich hörte die junge Frau, die sich von einem bösen Schicksal verraten fühlte, zum erstenmal wieder von Herzen lachen.

1928 kam sie eines Tages zu mir, lächelte ein bißchen verlegen und sagte diese mir unvergeßlich gebliebenen Worte: »Glaub bitte nicht, ich möchte mit dir konkurrieren, aber ich habe beschlossen, auch einen Roman zu schreiben!«

Wie konnte ich etwas dagegen einwenden? Aber hatte sie wirklich das Zeug, eine Schriftstellerin zu werden?

»Ich werde ihn natürlich auf englisch schreiben«, fügte sie hinzu.

Meine Unruhe legte sich. Sie schrieb ein köstliches Englisch, und außerdem hatten wir in New York einen Cousin, John Macrae, dem der Dutton-Verlag gehörte. Zuletzt vertraute Anne mir an, daß er derjenige war, der ihr vorgeschlagen hatte, einen Roman zu schreiben.

Mit ihrem typischen Eifer stürzte sie sich in die Arbeit. Die vielen Unterhaltungen, die sie mit unserer Mutter gehabt hatte, boten ihr die Ingredienzen eines ebenso bewegenden wie humorvollen Buches, das die Geschichte einer in Paris lebenden amerikanischen Familie zwischen 1910 und 1930 erzählte. Sie gab ihm den Titel *The Selbys*, und es erschien 1930 in New York. Der Erfolg war wie eine Explosion. Anne, gestern noch eine Unbekannte, gehörte mit einem Schlag zu den prominentesten literarischen Persönlichkeiten der Vereinigten Staaten. Die Verkaufsziffern drohten sie schwindeln zu machen, aber sie bewahrte kühlen Kopf und sagte mir nur einige Worte, hinter denen sich all das Leid verbarg, das sie in unserer Wohnung in der Rue Cortambert durchgemacht hatte.

»Julien, wir ziehen um!«

Sie sagte auch einer Umgebung adieu, die mir lieb geworden war, die sie jedoch im Grunde ihres Herzens verabscheute. Drei Monate später zogen wir in die Avenue du Président Wilson 28, nahe beim Trocadéro. Über herrliche Kastanienkronen hinweg sahen wir die Stadt, der ich mich mehr verbunden fühlte als irgendeinem anderen Platz auf der Erde. Mein Herz tanzte in meiner Brust, wie der Psalmist sagt.

Wie viele glückliche Jahre hätten wir dort ohne die

näherrückenden Drohungen der Zukunft verleben können! Man mußte versuchen, nicht zu oft daran zu denken. In der geräumigen Wohnung, für mich der ideale Ort zum Schreiben, saß auch Anne Tag für Tag an ihrem Arbeitstisch und verfaßte einen Roman nach dem anderen, jedesmal mit großem Erfolg: *Reader, I Married Him*, der ebenfalls von Amerikanern im europäischen Exil handelte, und dann *Marietta*, einen Roman in der englischen Tradition.

Ich freute mich, sie dem Ruhm so nahe zu sehen. Es schien so etwas wie eine Entschädigung für die dunklen Jahre ihres Unglücks zu sein. Sie fing wieder an auszugehen. In eleganten und mondänen Roben von Elsa Schiaparelli hatte sie sofort Zugang zur damaligen feinen Gesellschaft, die aus Namen wie Noailles und Polignac bestand. Ihre große Freundin wurde die Marquise de Lubersac, für sie wie übrigens auch für mich die engste und liebste Verbindung zum Frankreich der Vergangenheit.

Ich begleitete Anne nur recht selten in die Salons, wo ich mich langweilte. Ich hatte andere Ambitionen, andere Vergnügen, ich reiste eine Menge.

Was geschah abgesehen von der Arbeit und den Ausflügen in die High Society in ihrem Leben? Ich hatte nicht die blasseste Vorstellung. Sie machte bis zu ihrem Tod nicht die kleinste diesbezügliche Anspielung.

Ich wußte nichts, aber ich konnte nicht glauben, daß sie jenen grauenvollen Morgen, an dem ihr der Brief gebracht worden war, aus ihrem Gedächtnis gelöscht hatte.

Ich bewunderte die eiserne Beherrschung, die sie getreu der angelsächsischen Zurückhaltung in Gefühlsdingen an den Tag legte. Henry James hätte seine Freude an ihr gehabt, dachte ich. Robert sagte ganz offen, daß sie Ähnlichkeit mit einer Heldin von Racine habe. Er wußte nicht, wie recht er hatte. Annes Lieblingslektüre war Racines Tragödie *Bérénice*, über die sie mit einem schmerzlichen Feuer sprach, das alles sagte. Für sie spiegelte das Stück ihre eigene Geschichte, doch sie hütete sich davor, es zuzugeben. Dennoch war es der Schatten eines Geständnisses.

Ein weiteres Indiz des andauernden inneren Dramas war ihr von einer bitteren Note gefärbter neuer Roman, *A Marriage of Convenience*, der ihr Publikum ein wenig vor den Kopf stieß.

Dann kam der Zweite Weltkrieg. Wir waren im Mai 1940 alle drei in Frankreich, Anne und Robert in Paris und ich in Pau, wo ich ein paar Tage bei einer amerikanischen Freundin verbrachte. Ich war überzeugt, daß die USA früher oder später in den Krieg eintreten würden, und so verließen Anne und ich Frankreich schweren Herzens, wenn auch nicht gleichzeitig.

Im Oktober waren wir alle in Baltimore vereint, bei Nan Williams, einer Cousine von Anne und mir. Sie empfing uns mit offenen Armen auf einem von Gärten umgebenen Landsitz inmitten großer Wälder. Eine nagende Sorge verhinderte, daß wir uns von diesem Refugium verzaubern ließen, denn wir waren buchstäblich mit nichts gekommen.

Robert blieb nicht lange bei uns. Er reiste im selben Herbst ab, um in amerikanischen Großstädten Vorträge über Frankreich zu halten. Ohne Zeit zu verlieren, arbeitete ich weiter an einem Buch, in dem ich über meine Kindheit und Jugend in Paris berichtete. Meine Schwester war eine Zeitlang wie vernichtet. Ihr ganzes Leben stürzte ein, diesmal ohne irgendeine Hoffnung auf ein Glück in dieser Welt. Auf Kosten von Nan zu leben, so taktvoll und zärtlich diese auch war, erschien einer stolzen Natur wie Anne undenkbar. Würde sie fern der Stadt und mehr noch, fern dem Land, das sie leidenschaftlich liebte, in diesem Landhaus auf das Alter warten müssen?

Sie setzte sich mit Organisationen in Verbindung, die infolge des Krieges in Not geratenen Franzosen halfen. Diese Tätigkeit schenkte ihr neue Energie, und ich meinte die Krankenschwester von 1915 wieder zu erblicken, natürlich mit den altersbedingten Änderungen.

Ich verdiente meinen Lebensunterhalt nun mit Vorträgen an verschiedenen Universitäten. Mein Buch mit den Frankreicherinnerungen brachte mir Erfolg und einen

Preis, der meine Lage erleichterte, bis ich dann von den amerikanischen Militärbehörden einberufen wurde und sechs Monate lang feststellen konnte, wie mein Grauen vor allem, was irgendwie mit Militarismus zusammenhing, täglich größer wurde.

Anne ihrerseits richtete zahllose bewegende Appelle an wohlhabende Leute in Baltimore und New York, um die von den Quäkern an Ort und Stelle konstatierten Entbehrungen der Franzosen zu erleichtern. Unglaublich emotional, vergoß sie immer wieder Tränen, und die Dollars strömten wie durch einen Zauber zusammen.

1945 kehrten wir nach Paris zurück und sahen uns mit einer drückenden Wohnungsnot konfrontiert. Erst 1947 fanden wir in den ehrwürdigen Häusern der Rue de Varenne zwei Wohnungen. Unser Haus stammte, um der Wahrheit die Ehre zu geben, erst aus der Restauration, hatte aber viel Charme und ging auf die Gärten dreier Botschaften hinaus, der italienischen, der sowjetischen und der niederländischen. Große Bäume wetteiferten an Pracht. In dieser wundervollen Umgebung konnte ich dank meiner Schwester Anne in aller Ruhe an meinem Werk arbeiten. Sie wachte darüber, daß mich niemand störte, und führte den Haushalt, wie sie es immer erhofft hatte. Die Sparsamkeit, die bei uns regierte, ohne jemals unser Glück zu trüben, weckte sehnsüchtige Erinnerungen an ihre Kindheit. Instinktiv sorgte sie dafür, daß wir das einfache Leben von damals wieder aufnahmen. Ich merkte es gar nicht, weil ich ganz in der halluzinierten, mir aber sonderbar real erscheinenden Welt meiner Psyche lebte.

Anne war nun eine Dame, durch deren wunderschönes blondes Haar sich silberne Fäden zogen. Immer noch schön und zurückhaltend elegant gekleidet, strahlte sie einen natürlichen Adel aus. Sie war sehr still geworden, doch die Fröhlichkeit der alten Tage brach sich immer wieder unvermutet Bahn. Sie war ebenso vom Dämon des Schreibens besessen wie ich. Sie ließ sich nicht von ihren hausfraulichen Pflichten daran hindern, diesem Drang zu folgen. 1948 veröffentlichte sie dieses, erst jetzt auf deutsch vorliegende Buch, das ebenso geistreich wie einfühlsam die Geschichte unserer Eltern im alten Süden und in Frankreich schildert und sehr erfolgreich war. Dann kamen historische Romane, die ebensoviel Anklang fanden. Die Nachkriegsjahre in Frankreich weckten in ihr den Wunsch, Menschen der unteren sozialen Schichten besser kennenzulernen, so daß sie die Einkäufe von nun an selbst erledigte. Ich flehte sie an, ein zweites Hausmädchen dafür einzustellen. Vergebliche Mühe. Sie wollte unbedingt mit den weniger Begüterten dieser Erde in Kontakt kommen. Ich habe mich oft gefragt, ob sie nicht von einer inneren Stimme gedrängt wurde, auf alle irdischen Güter zu verzichten und in Armut zu leben.

Das sonderbarste Phänomen unseres Zusammenlebens war zweifellos, daß wir fast nie ernsthaft über unsere Arbeit diskutierten. Sie sagte mir, daß sie meine Bücher bewundere, und ich erwiderte das Kompliment. Eines Tages erklärte sie unvermutet, daß ich sie mit meiner Höflichkeit ärgere.

Sie lebte seit ihrer Kindheit in dem anglikanischen Glauben, in dem meine Mutter uns erzogen hatte. Für Anne gehörte die tägliche Lektüre der Heiligen Schrift genauso zu den unerläßlichen Dingen wie für uns andere. Sie hielt sich eisern an den alten Brauch, und ich weiß nicht, wie viele Bibeln sie im Lauf ihres Lebens buchstäblich zerlesen hat.

Dennoch kam es zu folgendem kleinen Zwischenfall. Wir fingen auf einer Straße in Maryland plötzlich an, über Religion zu sprechen, was wir übrigens recht oft taten, und ich zitierte einen Vers aus dem Johannesevangelium: »So wird auch, wer mich isset, leben um meinetwillen.« Sie richtete sich auf und entgegnete: »Du bist verrückt, Jesus hat niemals so etwas gesagt.« Ich empfahl ihr, im fünften oder sechsten Kapitel nachzuschauen. Zu Haus angekommen, klappte sie die Bibel auf, vergewisserte sich und sagte nichts mehr.

Jahre vergingen, ohne daß wir noch einmal darauf zu

sprechen kamen. Als wir dann wieder in Paris waren, suchte sie einen Dominikanerpriester auf, Pater Couturier (derselbe, der Matisse und andere Künstler mit Kirchenfenstern beauftragte), den wir gelegentlich in Baltimore gesehen hatten, und 1948 erfuhr ich dann eines Tages, daß sie ihn gebeten hatte, sie im katholischen Glauben zu unterweisen.

Ein Jahr später trat sie zum Katholizismus über und fand dort endlich ihren inneren Frieden. Ihre treue Freundin Elie-Anne de Lubersac, Katholikin von altem Schrot und Korn, schüttete ihr höchstpersönlich einen ganzen Kelch Wasser über den Kopf, um – wie sie sagte – sicherzugehen, daß »die ganze Ketzerei« gründlich abgespült wurde. Trotzdem blieb wie bei jedem konvertierten Protestanten etwas zurück: Ohne Zögern griff sie wieder zu ihrer alten König-James-Bibel, die vor Fehlern strotzte, aber den rechten *Geist* atmete.

Ich würde es mir nicht verzeihen können, wenn ich nicht auch erwähnte, daß sie dem Marshallplan einen Teil ihrer Zeit widmete. Sie hatte bei dem berühmt gewordenen Projekt den Auftrag, der europäischen Landwirtschaft wieder auf die Beine zu helfen, und arbeitete jeden Nachmittag in einem eigenen Büro. Frankreich und Deutschland verdanken ihr viele Hilfsgelder.

Ich bewunderte, daß sie so verschiedenartige Dinge bewältigen konnte. Es war nur möglich, weil sie von einer nie erlahmenden Willenskraft angetrieben wurde.

Hier verlasse ich meine Schwester Anne. Sie ist nun schon lange fort, aber ich habe den Eindruck, daß ich sie heute besser sehe als in den Tagen, als wir zusammen lebten. Was ich am meisten an ihr bewundere, was mich am meisten in Erstaunen setzt, ist die Tatsache, daß sie den Träumen ihrer Kindheit immer treu blieb.

Man hat ihr manchmal einen Vorwurf aus ihrer sogenannten Dickköpfigkeit gemacht. Sie antwortete nur mit einem geheimnisvollen Lächeln. Sie kannte sie fast alle, die wechselnden Aspekte der Welt. Man könnte meinen, daß sie einen nach dem anderen Revue passieren ließ, bis sie den entdeckte, der ihr am meisten zusagte: die äußerste Schlichtheit, die sie zurückversetzte in die glückliche Zeit in der Rue de Passy, wo wir alle vereint gewesen waren in unserer kleinen Welt am Rande der Armut, doch mit der Freude zu leben im Herzen.

Julien Green